개정판

Social work in health care

의료사회사업론

| 이윤로 · 홍영수 공저 |

학지사

개정판을 내면서

2001년에 출판된 『의료사회사업론』 초판에 성원을 보내준 많은 동료 및 학생들에게 먼저 감사를 보낸다. 이 교재를 지난 4년간 활용하면서 부족하게 느낀 부분을 개정판을 통해 보완하였다. 이 개정판은 초판보다 3개장을 늘려 총 3부, 18장으로 구성되었다. 특별히 새로 추가된 내용은 다음과 같다. 2장의 의료사회사업 활동영역을 법률적 근거를 토대로 추가하였고, 3장에서는 의료사회사업실천의 이론적 모델을 보완하였다. 4장에서는 의료사회사업의 대상체계를 자세히 다루었다. 10장에서는 의료급여 수급자에 대한 사례관리 시범사업 결과를 새롭게 제시하였다. 제15장에는 발달장애아동 어머니의 정신건강 개선 프로그램 개발과 효과성에 대한 연구결과를 실었다.

21세기에는 우리나라의 의료환경에 많은 변화가 올 것으로 예상된다. 환자의 질병치료에만 국한하기보다는 복지에 대한 강조, 문제에 대한 포괄적 접근, 환자를 순종적 수혜자로 보기보다는 파트너로서의 강조 등의 변화가 그것이다. 의료사회복지사는 다양한 의료세팅에서 환자와 가족에게 직접서비스의 제공, 상담가, 교육가, 조사자 등의 중요한 역할을 수행함으로써 토탈케어의 정착에 많은 공헌을 할 것이다.

이 책을 통해 의료분야에서의 사회사업 서비스의 주요목적과 초점을 명확히 제시하고, 어떻게 사회사업의 가치와 기술이 적용될 수 있는지를 보여주고자 하였다. 저자들은 보건 분야의 사회사업실천가들이 주도적으로 자신의 역할 범위를 넓혀가면서 의료사회사업의 미래를 준비해 줄 것을 기대한다.

2005년 3월

저자

차 례

제 1 부

의료사회사업의 개관

제1장

의료사회사업의 개념과 목적

1. 의료사회사업의 필요성

우리는 다음에서 제시한 사례를 통하여 의료사회사업의 필요성을 알 수 있게 될 것이다. 우리는 인간의 건강에 대하여 말할 때 단지 신체적 측면이나 정신적 측면만을 말할 수 없으며, 신체적, 심리적, 사회적 건강이 상호 관련되어 있으며, 또한 물리적 환경의 영향을 받는다는 것을 알게 될 것이다.

사례 1

아들의 학교 부적응 문제로 신경을 많이 쓰게 된 박 아주머니는 요즈음 들어 소화가 잘 안 되고 가끔은 불면증으로 고생을 하고 있다. 이 사례에서 박 아주머니의 경우에 있어서 아들의 학교 부적응 문제가 해결되거나, 아니면 아들의 상황에 대한 박 아주머니의 대처 방법과 기술이 향상되지 않는다면, 박 아주머니의 소화불량과 불면증에 대한 의학적 치료가 매우 성공적이라 할지라도 박 아주머니의 건강이 좋아질 수 있을까?

사례 2

얼마 전 교통사고로 한쪽 다리를 절단한 15세 된 김 군은 지금까지 살던 세계와는 다른 세계를 접하게 될 것이다. 김 군은 자신의 장애를 수용해야 하며, 주변 사람들의 차가울 수도 있는 시선을 극복해야 할 필요도 있을 것이다. 김 군에게는 장애인 등록 절차와 장애인 복지시책에 관한 정보가 필요하기도 하다. 앞으로 남은 재활치료를 잘 받는다고 하더라도 김 군이 원활히 사회에 재적응하기 위해서는 해결해야 할 과제가 많이 남아 있으며, 장애로 인하여 새로이 발생하게 된 욕구도 존재한다. 김 군의 이러한 문제의 해결이나 완화 및 욕구의 충족을 위하여 누가 도움을 줄 수 있을 것인가?

사례 3

76세 된 김 노인은 관절염으로 고생하고 있다. 김 노인은 2개월 전에 S병원에 1주간 입원하여 재활치료를 받은 후 건강이 회복되어 퇴원하였다. 그러나 최근 관절염이 재발하여 다시 입원을 하게 되었다. 김 노인의 상황을 평가한 사회복지사는 김 노인의 주거환경과 교통편 등 물리적 여건이 재발의 주요 요인임을 밝혀 낼 수 있었다. 이러한 물리적 여건이 개선되지 않는다면 김 노인은 2회째의 입원에서 의학적 치료가 아무리 성공적이라 하더라도 재발 요인은 잠재하고 있다고 할 수 있을 것이다.

위 사례를 통하여 우리는 인간이 건강을 유지하고 회복하기 위해서는 의학적 서비스뿐만 아니라 심리사회적 및 환경적 지원이 필요함을 알 수 있다. 바로 이러한 심리사회적 및 환경적 측면에 대한 지원을 수행하는 것이 사회복지사의 역할이라고 할 수 있다.

2. 의료사회사업의 개념과 목적

의료사회사업은 의학과 협력하는 사회사업으로써 사회사업의 가치, 지식, 기술, 태도를 보건에 응용하는 것이다. 의료사회사업은 주로 병원에서 실천된다. 의료사회사업은 의학 및 관련된 전문직과 함께 심리적 · 사회적 · 환경적 차원을 동시에 고려하는 관점을 가지고 질환에 대한 측정과 치료에 개입한다. 의료사회사업의 대상은 질병이나 장애로 인한 사회적 · 심리적 욕구를 가지고 있고, 기능이 손상되었거나 위기에 처한 사람들로서 자신에게 주어진 다양한 사회적 역할을 적절히 수행하지 못하는 사람들이다. 사회복지사는 또한 환자가 다양한 역할을 수행하는 데 직접적으로 관계가 있는 사람들도 다루게 된다.

의료사회사업의 목적은 클라이언트, 가족 그리고 소집단의 사회적 기능이 실제적 또는 잠재적 질병이나 장애로 인해 손상받을 때 그들의 최적의 사회적 기능을 회복, 유지시키고, 증진시키는 것이다. 제공되는 서비스는 기관의 목적이나 세팅, 욕구에 따라 예방적 · 발달적 · 치료적 성격을 갖는다.

의료사회사업은 WHO(World Health Organization)의 건강에 대한 정의, 즉 "단지 질환의 부재가 아닌 완전한 신체적 · 정신적 · 사회적 안녕의 상태"를 받아들인다. 사회복지사는 다양한 차원의 예방에 관여하여 활동한다.

- 1차 예방: 보건교육, 예방접종 홍보, 산전 · 산후 보호
- 2차 예방: 질병의 조기발견을 위한 프로그램 운영, 질병의 점검과 치료를 고무
- 3차 예방: 질병이나 문제가 더 악화되는 것을 예방

다시 말해, 의료사회사업 실천의 특징은 의학과 관련되어 수행되는 실천 분야로서 사회적 관계형성이나 사회적 기능의 손상을 초래하는 질병을 다루게 되는데, 질병에 대한 이해와 환자의 복지는 물론이고 질병과 가족 붕괴, 사회적 스트레스, 환경적 압력과 영향의 상호관계에 관심을 가지며, 건강의 증진 및 예방에 이르기까지 그 범위가 넓다. 병원에서 사회복지사는 개인들로 하여금 질병과 관련된 신체적 · 정신적 위기를 잘 다루도록 도와주며, 개인들의 대처기술을 향상시키고, 사회적 지지를 확

보하도록 도우며 가족성원들을 다루게 된다. 이러한 목적을 실현하기 위해 사회복지사는 다음 활동에 관계한다. 사전심사 및 사례발견, 위기개입, 심리사회적 측정 및 개입계획, 단기상담, 집단지도, 재정적 후원, 유족 서비스, 퇴원계획, 사후지도 및 아웃리치 등.

사회복지사는 지역사회에 대해 어떤 보건서비스의 개발이 필요한지 방향을 설정해 주기도 한다(Skidmore et al., 1991).

3. 의료사회사업의 기본 전제

질병은 의료적 · 사회적 · 경제적 · 영적인 구성요소를 포함한다. 질병은 직접, 간접적으로 사람들에게 영향을 미치고 개인, 가족, 지역사회에 특별한 결과를 가져온다. 광범위하게 말해서 질병–손상된 역할 기능–은 완전히 기질적인 요인만이 아니라 사회적 · 심리적 · 문화적 · 경제적 요인으로부터 초래된다. 환자의 총체적 안녕에 영향을 주는 어떠한 것이라도 질병을 유발시킬 수 있고 정상적 역할 수행을 할 수 없게 한다. 질병은 가족과 사회에 대한 의존성을 증대시키며 가족이나 중요한 타인들에게 유용성을 떨어뜨린다. 그리고 즐거움이나 만족에 대한 개인의 접근성을 감소시킨다. 그러므로 사회사업은 질병을 문화적 · 환경적 맥락에서 연구하고 규정하며 이러한 소스로부터 보건에 대한 장애물을 제거한다.

다음의 다섯 가지 기본 전제는 보건 프로그램의 전달에 있어서 사회복지사를 활용하는 정당성을 제시해 준다(Bracht, 1978).

전제 1. 건강, 질병예방 그리고 질병으로부터의 회복은 단지 의학적 치료 이상의 것에 의해 영향을 받는다. 사회적 · 경제적 · 문화적 조건은 건강에 심원한 영향을 미친다. 예를 들어, 빈곤 상태에 있는 사람들은 더욱 장애를 갖게 되고 예방적 보호를 덜 받게 된다.

전제 2. 질병으로 인해 입원을 하게 되년 흔히 부수적인 어려움이 뒤따른다. 그리고 질병으로 인해 개인은 물론 가족의 균형이 깨어지고 대처기제가 무너지곤 한다. 사회복지사는 이러한 입원의 부작용을 경감시키고 가족 성원들이 질병으로 인한 어려움에 잘 적응하도록 돕는다.

전제 3. 사회적 서비스를 동반하지 않고 단지 의학적으로만 치료하는 것은 종종 불완전하다. 때때로 사회적 서비스가 동반될 때만 의학적 치료가 가능한 경우가 있다. 예를 들어, 사회복지사들은 암치료에 대한 두려움을 극복하도록 도와 무리 없이 암치료를 받도록 한다. 또한 사회복지사는 아이를 맡길 곳이 없어 치료를 제대로 받지 못하는 편모가 있을 경우 치료를 받는 동안 아동의 거처를 확보하도록 도와준다.

전제 4. 보건서비스 전달체계는 종종 접근상의 문제가 있어 소비자와 제공자가 적절히 연결되지 못하는 경우가 있다. 예를 들어, 십대 청소년들은 가족계획 프로그램을 적절하게 활용하지 못한다. 사회복지사는 지역사회 조직사업을 통해 자원과 환자를 연결시켜 준다.

전제 5. 다학문적인 팀 접근은 복잡한 사회의료적 문제를 푸는 효과적인 접근이다. 의료사회복지사는 의사, 간호사 및 기타 보건 전문가들과 아이디어를 공유하여 환자의 총체적 보호에 기여한다.

요약하자면, 보건 영역에서 사회복지사를 활용하는 정당성은 생물-심리-사회-환경적 상황의 관련성에 의한 전인적 접근의 필요성으로부터 발생한다고 할 수 있다. 구체적으로는 첫째, 심리적, 사회적, 환경적 문제의 해결 내지 완화를 위한 직접 서비스의 제공(예: 상담, 교육 등) 둘째, 심리적, 사회적, 환경적 문제의 해결 내지 완화를 위한 간접 서비스의 제공(예: 자원의 개발과 관리, 사례회의를 포함한 다학제적인 팀접근) 등으로 말할 수 있다.

4. 의료사회복지사에게 필요한 지식과 기술

재정적으로 어려운 시대에 병원에서 사회서비스가 필요한가라는 질문을 하는 의사들이 많다. 환자의 심리적 · 사회적 욕구는 그 자체로서 중요한 관심사다. 이를 고려해야 환자의 치료와 토털케어의 성공을 가져올 수 있다. 그러면 어떤 지식과 기술이 보건 분야의 사회사업실천에 필요한가?

의료사회복지사는 중요한 사회적 질환과 문제는 물론이고 효율적이고 효과적인 서비스의 계획 및 전달에 필요한 지식과 기술을 갖추어야 한다. 보건 분야에서 사회사업은 임상적 및 비임상적인 다차원적 서비스를 제공한다. 임상적 역할을 비롯하여 행정가로서의 역할, 사회계획 역할, 옹호자 역할, 지역사회조직 역할, 조사자 역할을 포함하는 다양한 역할이 제시되어 왔다. 따라서 의료사회복지사에게는 다기능적 책임과 기술이 필요로 된다. 의료사회복지사는 의료전달체계에 대한 지식이 필요하고, 질병의 특성과 질병에 대한 사회적 · 환경적 위기요인, 질병이 개인 및 가족의 사회적 기능에 미치는 심리적 · 사회적 영향에 대한 지식을 요구한다. 전문가간의 협력과 책임감에 대한 지식도 필요하다.

의료사회복지사는 또한 위기이론, 사회체계이론, 환경적 자원의 기술적 사용 방안에 대해 교육받을 필요가 있다. 이는 환자의 퇴원계획과 사회적 건강의 유지를 위해 매우 유용하기 때문이다. 덧붙여 팀으로 일하기 때문에 의료전문직에 대한 이해와 지식을 갖추어야 한다. 보건 분야의 사회복지사는 개인과 가족, 지역사회가 건강문제를 해결하는 데 도움을 주기 위해 문제해결 방법을 잘 활용해야 한다. 또한 위기개입에 능해야 하고, 죽음의 문제를 편안히 다룰 수 있어야 한다(Dinitto & McNeece, 1997).

요약하자면 의료사회복지사에게 필요한 지식과 기술은 다음의 네 가지로 요약할 수 있다.

첫째, 질병의 의학적 특성에 대한 이해가 필요하다. 이는 환자와 가족에 대한 이해의 향상 및 팀 협력을 위하여 필요한 부분이다.

둘째, 질병의 의학적 특성의 원인이거나 결과가 되는 심리적, 사회적, 환경적 문제에 대한 이해가 필요하다. 이는 문헌고찰이나 심층면접 등을 통하여 달성할 수 있다.

셋째, 사회사업 실천과정에 대한 이해가 필요하다. 접수와 사정으로부터 평가 및 종결에 이르는 실천과정은 체계적인 실천을 위하여 사회복지사가 늘 인식해야 한다.

넷째, 팀 협력에 대한 이해가 필요하다. 의료사회사업은 의사와 간호사 등 관련 전문가와 협력적으로 일하는 경우가 대부분이므로 관련 전문가들에게 의료사회사업의 가치와 효용성을 이해시키고 또한 관련 전문가들의 역할과 기능을 이해하는 것이 필요하다.

다섯째, 사회환경 및 자원에 대한 이해가 필요하다. 의료관련 법률과 서비스 전달체계 등의 제도적 환경에 대한 이해, 지역사회의 공식적 및 비공식적 자원에 대한 이해는 클라이언트의 사회적 기능을 향상시키고자 하는 우리의 노력이 결실을 맺는 데 큰 도움이 될 수 있다.

5. 보건서비스 전달에 있어서의 사회복지사 역할

오늘날 사회복지사들은 보건세팅에서 다양한 역할을 수행한다. 의료사회복지사는 주로 병원에 입원한 환자에게 사회적 서비스를 주도록 기대된다. 보건의료기관에서 사회복지사가 참여하게 되는 법적인 근거는 의료법시행령 제24조 제5항에 "종합병원에는 사회복지사업법의 규정에 의한 사회복지사 자격을 가진 자 중에서 환자의 갱생, 재활과 사회복귀를 위한 상담 및 지도업무를 담당하는 요인을 1인 이상 둔다."고 규정한 데서 비롯되었다(남세진 · 조홍식, 1995).

미국에서 최초의 의료사회복지사는 1905년 매사추세츠의 General

Hospital에 고용되었다. 환자의 경제적 · 정신적 욕구를 충족시키기 위한 것이었다. 그 당시 사회복지사는 의사, 병원직원 그리고 환자의 가족과 함께 환자에 대한 질 높은 보호를 제공함은 물론 퇴원 후에도 지속적인 관심을 가졌다. 지금도 퇴원 후의 보호에 대한 책임은 사회복지사의 주요한 책무다. 오늘날 사회복지사들의 또 다른 책무는 환자 가족과 의료직원간의 연결자 역할을 하는 것이다. 직원들이 환자 가족의 관심사를 이해하도록 돕고, 어떻게 가족의 장애물과 환경적 요인들이 환자가 회복되는 데 영향을 미치는지를 이해시킨다. 한편, 가족으로 하여금 질환과 간호, 회복하는 데 있어 가족 상황과 환경적 요인의 영향을 이해하도록 돕는다. 많은 경우, 사회복지사들은 환자의 상태가 악화되거나 죽음의 순간을 맞이할 때 가족에 대한 지지를 제공한다. 사회복지사들은 환자들이 고통에 적응하고 생활습관을 바꾸며 의료적 조치를 수용하도록 돕는다. 죽어가는 환자에게는 두려움을 표현하도록 돕는다.

또한 사회복지사는 치료진의 한 성원으로서 일하게 된다. 일반적 통념상 사회복지사는 환자의 책임을 맡고 있는 의사의 보조자라는 것이 만연되어 있다. 그러나 동등한 참여의 기회가 증가하고 있으며, 전문가로서 자율적인 판단을 행사하며 팀의 협력자로서 참여하게 된다. 사회사업은 의학에 종속되어 있다기보다는 협력하는 역할이고 의사는 팀의 한 성원일 뿐이다.

의료세팅은 사회복지사가 주가 되어 움직이는 1차 기관(primary settings)이 아니라, 대부분 비사회사업 전문가들에 의해 운영되기 때문에 2차 세팅(secondary settings)이라고 불린다. 보건세팅의 사회복지사들은 자신의 역할에 편하게 임해야 하며, 다른 전문가들에게 자신의 역할과 기능을 분명히 말할 수 있어야 한다. 강력한 전문적 정체감이 의료사회복지사들에게 매우 중요하다.

병원 사회복지사는 그들을 필요로 하는 모든 사람들에게 서비스를 제공하는 것이 일반적이지만 규모가 큰 병원에서는 응급실 사회복지사, 소아과 사회복지사, 중환자 사회복지사 등 전문화가 이루어져 있기도 하다.

어떤 병원들은 사회복지사를 예방적 차원에서 활용한다. 예를 들어, 자신의 병원에 있었던 한 어머니가 아동 유기나 학대의 가능성이 있었다면 가정방문 같은 아웃리치 활동을 한다. 사회복지사는 입원환자나 외래환자 모두에게 서비스를 제공한다. 더 나아가 예방적 차원에서 욕구를 발견하고 개인, 집단, 사회의 붕괴를 막기 위한 활동에 개입한다. 사회사업은 불완전한 사회에서는 어느 누구도 건강할 수 없다는 입장을 취한다.

점차적으로 보건세팅의 사회복지사는 환자 및 가족의 욕구를 파악하고 이 욕구를 충족시키기 위한 적절한 자원을 찾아내며 개입계획을 개발하고 계획의 수행을 점검하는 사례관리자로서 역할을 한다. 많은 부분 사회복지사는 환자의 가족을 다루게 되므로 이에 대해 좀더 살펴보면, 가족은 종종 '아픈 성원'에 의해 통제된다. 가족활동은 아픈 성원을 중심으로 행해진다. 예를 들어, 어린 아동은 부모나 조부모가 아플 때 응석도 부리지 못하게 되고 나이가 좀 든 아동이나 청소년은 집안일을 떠맡게 된다. 가족의 생활방식이 완전히 재조직되고 수정되며 가족의 역기능이 질병으로 인해 발생한다. 가족의 활동은 아픈 사람 위주로 수행되고 환자는 가족의 활동을 통제하는 위치에 있게 된다. 그러므로 사회복지사는 가족이 본연의 역할을 잘 수행하도록 돕는다. 질병이 가족의 와해를 불러오는 것이 사실일지라도 가족의 단합과 가족 목적을 성취할 수 있도록 가족을 건설적으로 활용할 수 있다. 흔히 지역사회 내의 서비스를 통해 가족이 아픈 성원을 돌보는 데 필요한 자원을 동원할 수 있게 한다. 예를 들어, 장애를 갖거나 정신지체된 아동일지라도 가족의 자원을 정비하거나 지역사회의 서비스를 활용함으로써 가족과 함께 거주하며 보호를 받을 수 있다. 사회복지사는 가족의 욕구를 현실적으로 평가하고 이 욕구를 충족시키기 위한 가족과 지역사회 내의 자원과 능력을 평가한다. 사회사업은 주어진 상황 하에서 개인과 가족의 장점을 찾고, 건강의 유지, 질병의 조기발견, 문제의 악화방지를 위해 개인과 체계(예: 지역사회) 간의 연계를 주도한다. 이를 위해 사회복지사는 지역사회를 조직, 개발하고 자원을 동원한다. 특히 빈곤층에서 질환의 발생률이 높고 사망률이 높기 때문에 이들의 특별한 욕구에 반응하는 것이 보건 분야의 사회복지사들이 직면하는 도전적 과제다.

보건세팅에서 사회복지사들이 수행하는 기능을 정리해 보면 다음과 같다.

- 보건상의 위기요인을 결정하기 위해 측정을 수행한다.
- 환자 및 가족에게 사회서비스를 제공한다(예: 환자가 질병 또는 질병으로 인한 기능 손실을 잘 극복하도록 상담을 제공; 가족 성원에게는 죽어가는 환자에 대한 슬픔을 극복하도록 도움; 10대 미혼모에게는 입양에 대한 상담).
- 다른 의료 및 사회시비스 기관들과의 협력을 포함하여 사례관리 서비스를 제공한다.
- 의료팀의 한 성원으로서 다른 성원들이 환자의 정서적 욕구와 가족 상황을 이해하도록 돕는다.
- 환자의 욕구를 옹호한다.
- 병원을 대표하여 지역사회기관에 상담을 제공한다.
- 가족계획, 영양, 산전 보호, 인간의 성장 및 발달에 관계된 예방적 상담과 교육을 제공한다.
- 지방 및 중앙 정부에 보건계획이나 정책에 관한 제안을 한다.

이러한 광범위한 목적을 성취하기 위해서는 총체적인 접근이 필요하다. 의료사회복지사는 일반 다른 사회복지사들과 달리 환자의 보호와 질병에 대한 생물학적 · 사회적 · 심리적 원인에 대한 이해가 있어야 한다. 즉, 체계이론틀이 필수적이다(Heffernan et al., 1992).

6. 의료사회사업의 역사

우리나라에서 현대적 의료사회사업의 기원은 1883년에 세브란스병원

여전도회 회원으로 구성된 자원봉사자들이 부녀봉사원(lady almoner)의 역할을 한 것으로 볼 수 있다. 이후 1958년에는 한노병원에서 사회사업을 전공한 사회사업가가 일하게 되었으며, 1959년에는 국립중앙의료원, 원주기독병원 등에서 의료사회사업이 시작되었다(김규수, 1994).

1973년 9월 20일에 대통령령 제6863호로 공포된 의료법 시행령 제24조 2항 5호는 종합병원에는 사회복지사업법 규정에 의한 사회복지사업 종사자 자격을 가진 자 중에서 환자의 갱생, 재활과 사회복귀를 위한 상담 및 지도업무를 담당하는 요원을 1인 이상 둔다고 함으로써 의료사회사업활동의 법적 근거가 마련되었다.

1973년에는 대한의료사회사업가협회가 창립되었고, 1981년에 의료사회사업직무의 표준화를 주제로 한 워크숍을 시작으로 연례적으로 워크숍을 실시하고 있다. 2000년에는 협회의 명칭을 대한의료사회복지사협회로 변경하였으며, 한국사회복지사협회의 산하단체로 등록되었다. 또한 2000년에 협회 홈페이지(http://www.kamsw.org)를 제작하여 활용함으로써 회원 간의 교류를 활성화하고 있다.

1977년에는 의료보험제도의 확대실시로 정신의학적 사회사업과 재활사회사업의 활동에 대하여 보험수가를 청구할 수 있게 되었으며, 근간에는 모든 의료사회사업활동에 대하여 의료보험 수가를 적용받기 위하여 대한의료사회복지사협회가 주축이 되어 노력하고 있다.

1981년, 대한병원협회는 종합병원에 대한 병원표준화심사제를 도입하였는데, 이 표준화심사 요강 중에 [C. 지원부서편, 〈22〉 의료사회사업부문(social work)]이 포함되었다.

1993년에는 한국정신보건사회사업학회가 결성되었으며, 1995년 정신보건법의 제정으로 정신보건전문요원 자격제도와 수련제도가 실시되고 있다.

이와 같이 지속적으로 발전을 거듭하는 가운데 2001년 6월 말 현재 전국 250개의 병원 등에서 500여 명의 의료사회복지사들이 활동하고 있다.

7. 의료사회사업의 과제와 전망

1) 의료사회사업의 향후과제

최근의 사회 환경 및 병원 경영 환경의 변화는 의료사회사업의 재적응을 요구하는 바, 표준직무의 개발 및 적용, 사회사업 서비스에 대한 의료보험수가 적용의 확대, 퇴원계획지도의 성공적 이행 및 외래 및 응급환자에 대한 지원의 확대, 정보화 등을 의료사회사업의 향후 과제로 꼽을 수 있다.

첫째, 직무표준화는 사회복지사 간의 의사소통을 명확히 하여 전문성을 향상시키고, 직무평가의 기준으로 적용할 수 있으며 의료사회복지사의 활동영역을 확대하는 계기가 될 것이다. 표준직무의 개발은 의뢰된 문제의 목록, 사정된 문제의 목록, 지원방법 및 지원내용에 대한 학문적 및 실천적 개념 정립을 통하여 달성될 수 있을 것이다.

둘째, 사회사업 서비스에 대한 의료보험 수가 적용의 확대는 병원의 수익증대를 가져옴으로써 의료사회사업의 활동 기반을 강화시켜 줄 것이다. 현재 대한의료사회복지사가 추진하고 있는 통합의료보험수가안의 실현을 위해서 꾸준한 노력이 필요하다고 할 수 있다.

셋째, 재원일수 단축을 통한 수익극대화를 추구하는 의료기관은 퇴원계획지도에 많은 관심을 기울이고 있다. 이는 장차 입원중심서비스에서 지역사회중심서비스로의 전환을 암시한다고도 할 수 있다. 따라서 의료사회복지사는 의료기관의 방침에 부응함과 동시에 환자의 원활한 사회복귀를 돕기 위하여 퇴원계획지도 업무를 성공적으로 수행해야 할 것이며, 나아가 외래 및 응급환자에 대한 사회사업서비스의 확대를 도모해야 할 것이다.

넷째, 의료사회사업의 정보화를 위한 노력은 사회사업실천을 효율적으로 이끌 것이다. 상담기록 등의 업무의 효율적 관리 및 공식적, 비공식적 자원의 체계적이고 효율적인 관리는 정보화를 통하여 달성될 수 있다.

다섯째, 의료사회사업의 법적 인정을 획득하기 위한 노력이 필요한데, 이는 각종 서식의 일원화, 업무내용의 명확한 규정 등을 통하여 이룰 수 있을 것이다.

2) 의료사회사업의 미래

21세기의 한국사회와 보건체계의 변화 속에서 삶의 질(quality of life)의 개념과 연결되는 다양한 주제들이 대두될 것으로 사료된다. 그러한 주제들을 다루는 데 있어 사회복지사는 매우 중요한 역할을 하게 될 것이다.

첫째, 노인이나 장애인 등 만성적 질환과 관련된 욕구다. 만성적 질환은 완전히 회복되지 않는다고 보아야 한다. 의사나 간호사들이 이러한 질환을 완벽히 치료할 수는 없다. 만성적 질환을 가진 사람들은 주로 자신의 가정이나 요양원, 주간보호센터 등에서 보호를 받는다. 대부분의 이러한 서비스는 사회복지사에 의해 계획되고 시행된다.

둘째, 빈곤, 실업, 폭력, AIDS, 약물남용 같은 사회적 문제의 희생자들과 관련된 욕구다. 이러한 문제는 쉽게 해결될 수 있는 문제가 아니며 어떤 한 전문직의 노력으로는 해결할 수 없는 문제다. 사회복지사들은 아마도 그러한 문제를 가지고 있는 사람들을 가장 가까이서 보아온 전문가들일 것이다. 따라서 그러한 사람들의 현실을 이해하고 그들의 삶에 어떻게 개입해야 하는지를 알고 있다. 사회복지사는 그들과 관계를 맺고, 동기화시키며 자원을 동원하는 지식과 기술을 통해 다양한 프로그램과 계획을 만들어 나가는 데 커다란 공헌을 할 것이다.

셋째, 보건에 관한 시민들의 견해의 변화에서 오는 욕구다. 대중은 이제 질환과 복지에 대한 태도를 바꾸어 가고 있고 보건서비스 제공자들에 대한 기대에도 변화를 갖게 된다. 단순히 질환의 치료보다는 삶의 질과 예방 차원을 중시하게 되며, 보건전문가들이 이러한 영역에도 신경을 써

주길 바라게 된다. 사회복지사들은 이러한 욕구에 잘 부응할 수 있는데, 이는 사회복지사들이 다른 보건전문가들보다 환경적 개입을 하거나 사람들을 교육시키고 지역사회를 조직시키며 정책 입안자들에게 로비를 행하는 역할을 하는 데 있어 더욱 적절한 기술을 가지고 있기 때문이다.

넷째, 환자를 파트너로 보고 가족 중심의 보호를 제공하기 위해 자신의 행동과 태도를 변화시키려는 보건서비스 제공자들의 욕구다. 보건전문가들은 환자의 문제에 대해 좀더 총체적인 견해와 복지 중심의 견해, 환자를 파트너로 인정하려는 의지, 전문직 간의 협력 같은 견지를 갖게 될 것이다. 이러한 견지는 이미 오랫동안 사회사업에서 중요하게 여겨온 가치들이다.

다섯째, 고급 테크놀로지를 적용하는 데 있어 윤리적 문제를 해결하기 위한 전문직의 욕구다. 죽어가는 환자의 보호에 관한 질문(안락사 등), 미숙아의 생명연장에 관한 문제, 시설보호와 지역사회보호의 문제 등 민감한 문제가 발생하게 된다. 사회사업의 실천에 관련된 원리와 기법은 이러한 윤리적 문제를 해결하는 데 많은 공헌을 할 수 있을 것이다.

변화는 숙명적으로 올 수밖에 없고 사회복지사들은 미래의 변화 속에서도 확신을 가져야만 한다. 어떤 변화이든 보건체계는 사회사업의 철학과 실천원리로부터 많은 이득을 얻을 것이다. 사회복지사는 바람직한 방향으로 변화가 진행되도록 전향적인 자세를 가져야 할 것이다.

걸어다니는 산타와 맞은 지난 크리스마스

크리스마스를 며칠 앞둔 작년 12월 어느 날, 점심식사를 마치고 사무실에 돌아온 나는 책상 위에 선물꾸러미가 올려져 있음을 보았다.

"이건 일거리야"라고 농담처럼 내뱉으며 한쪽 구석에 그 선물을 밀쳐놓고는 오전에 하던 일을 이어서 마무리하려고 서류들을 책상에 펼쳐 놓았다.

우리 병원은 환자나 보호자로부터 어떤 종류의 선물이든 받지 않는 것이 규칙이고 직원들도 이러한 규칙을 긍정적으로 받아들이고 있다. 원내 어느 부서를 막론하고 불가피하게 현금이나 현물 등의 선물을 받은 경우는 사회사업실로 접수를 하며, 사회사업실에서 접수한 대부분의 현금과 현물은 인근의 복지관을 통해 독거노인이나 소년소녀가장에게 전달하고, 술이나 액세서리 같은 물품은 바자회를 열어 현금으로 만들어 이 역시 경제적인 어려움이 있는 환자들을 위해 사용해오고 있다. 따라서 내가 받은 선물은 우리 부서에서 이러한 처리를 해야 하니 담당직원의 일거리(?)로 볼 수도 있기 때문에 한 농담이었다.

한참 일에 몰두해 있는데 잠시 후 한 아이가 엄마의 손을 잡고 수줍게 사무실로 들어왔다. 아이의 엄마는 "선생님 덕분에 우리 아이가 이렇게 건강을 찾게 되었어요. 정말 감사해요. 그리고 선물은 우리 아이가 선생님께 드리려고 직접 고른 거예요."라고 하였다. 선물을 뜯어보니 건전지를 넣으면 걸어 다니는 산타 할아버지 장난감이었다.

어른들은 이런 거 안 좋아한다고 그랬는데도, 어른들도 심심할 때 걸어 다니는 산타 보면 재미있어 하실 거라며 사더라는 것이었다.

"근데, 요새는 어때? 몸이 나아서 기분이 좋지?" 수줍은 듯 고개를 끄덕이는 그 아이의 눈빛은 맑게 빛나고 있었다. "이번 크리스마스는 정말 멋지게 보낼 수 있겠구나. 산타 할아버지랑 말야." 하며 나는 산타의 볼에 입을 맞추었다. 아이의 얼굴에도 미소가 흘렀다. 그리고 나는 그 해 크리스마스를 "걸어 다니는 산타"와 맞을 수 있었다.

빨간 옷은 건강의 회복이요, 하얀 솜털은 순수함으로 기억하고픈 산타의 모습을 떠올리며 맞는 5월의 아침이 더욱 싱그럽다.

제2장

의료사회사업의 활동영역

일반적으로 의료사회사업이라 하면 병원에서 이루어지는 사회사업을 떠올릴 것이다. 그러나 제1장에서 살펴본 바와 같이 의료사회사업을 의학과 협력하는 사회사업이라고 한다면 의료사회사업을 반드시 병원에서 이루어지는 사회사업으로만 제한할 필요는 없다.

한편 의료사회사업에 약간의 관심을 가진 학생이라면 일반의료사회사업/재활의료사회사업/정신의료사회사업은 각각 무엇을 말하는 것인지, 그들은 어떻게 서로 다른지가 궁금할 수도 있다. 따라서 이 장에서는 먼저, 의료사회사업활동이 이루어지는 현장을 중심으로 구분하여 살펴보고자 한다. 여기에는 의료기관, 사회복지관, 사회복지시설, 관공서 등이 포함될 수 있다. 둘째, 활동이 이루어지는 진료과를 중심으로 살펴보고자 하는데 정신과, 재활의학과, 기타 일반 진료과 등이 그 구분점이 될 수 있다. 이를 관련 규정을 중심으로 살펴보면 다음과 같다.

1. 활동현장을 중심으로 한 구분

의료사회사업이 이루어지고 있는 현장은 의료기관, 사회복지관, 장애인이나 노인을 위한 사회복지시설 및 시·군·구청 등의 관공서 등을 들 수 있다.

1) 의료기관에서의 사회사업

의료사회사업이 이루어지고 있는 주요 기관 중의 하나는 의료기관이다. 의료기관에서 이루어지는 사회사업은 주로 입원환자나 통원환자를 대상으로 한다. 나아가 원외활동을 통하여 의료기관에 대한 지리적 접근성이 매우 저하되어 있는 농어촌 주민이나 빈곤이나 장애 등의 이유로 진료를 받지 못하는 주민들을 대상으로 한 순회 진료를 실시하기도 한다.

의료기관에서의 사회사업이 다른 기관에서 이루어지는 의료사회사업과 구분되는 점이라면, 첫째, 환자에 대한 의학적 서비스가 1차적인 목적이 되고 사회사업은 주로 2차적인 차원의 심리사회적 지원을 위하여 필요하다는 점, 둘째, 사회복지사와 의료진의 상호 협력 하에 보다 양질의 서비스가 제공될 수 있다는 점, 셋째, 사회복지사가 의료기관의 직원이라는 점 등을 들 수 있다.

이러한 점들은 때로 사회복지사로 하여금 곤란을 겪게 하는 요인이 되기도 하다. 다음에 대하여 같이 논의해 보자.

첫째, 의료기관을 방문하는 환자와 가족이 원하는 1차적 목표가 의학적 치료임은 분명할 것이다. 이러한 점이 사회사업 전문직을 훼손하는 것인가? 환자와 가족을 위하여 사회복지사가 수행해야 할 부가적인 일은 없는가? 의사, 간호사 등 의료진이나 행정직원과 협력함에 있어서 어떤 부가된 노력이 요구되는가? 이에 대한 답변 중의 하나는 환자와 가족 및 관련 전문가들에게 의료사회사업의 기능을 이해하도록 노력하는 것이라고 볼 수 있다. 예를 들어, 병원 소식지나 방송 등의 홍보물을 활용하는 것, 의료진이나 직원을 대상으로 한 신입교육 시 사회사업 활동을 안내하는 것 등이 포함될 수 있을 것이다.

둘째, 사회복지사와 의료진의 상호 협력이 환자와 가족에게 매우 도움이 될 수 있다. 그러나 전문직 간의 협력 작업에 있어서 환자와 가족을 위하여 지켜야 할 윤리적 또는 법적 문제는 없을 것인가? 예를 들면, 비밀 보장의 원칙을 다시 한 번 확인하는 것은 중요한 일이 될 것이며, 사회사업 상담을 함에 있어서 의학적 문제에 대해서 사회복지사가 말하기보다는 환자나 가족이 의료진과 직접 상담할 수 있도록 중재를 하는 것이 전문가를 존중하는 태도일 뿐 아니라 환자와 가족에 대한 책임성을 확보하는 방법이 될 것이다.

셋째, 사회복지사가 의료기관의 직원이기 때문에 겪는 활동의 제약은 없는가? 예를 들어, 의료기관의 이익에 맞서 사회복지사가 옹호자의 역할을 무난히 수행할 수 있을 것인가? 정당하게 항의하는 환자를 설득하도록 상사의 요구를 받게 된다면 어찌할 것인가? 예를 들어, 의료사고에 대하여 항의하는 환자나 의료급여 환자를 기피하는 병원의 태도를 목격했을 경우 등을 생각해 볼 수 있는데, 이때 사회복지사는 사회복지사의 윤리에 입각한 분명한 태도를 견지하면서 의사소통기법의 적절한 활용을 통하여 이러한 난국을 돌파해 나아가도록 노력해야 할 것이다.

(1) 의료기관의 조직

우리나라에서 의료기관의 조직은 흔히 진료부서, 간호부서, 진료지원부서 및 행정부서 등으로 이루어져 있다. 사회사업부서가 속한 부서는 병원마다 약간 차이가 있다. 어떤 병원에서 사회사업부서는 진료지원부서에 소속되면서 진료부원장의 지휘와 감독을 받는다. 그리고 어떤 병원에서는 원무팀 등의 행정부서의 하위부서로 소속되어 있으며 행정부서장의 지휘와 감독을 받기도 하다. 또 다른 병원에서는 사회사업부서가 병원장의 직속 부서가 될 수도 있다. 저자의 견해로는 사회사업부서가 진료지원부서에 소속되어 있는가, 행정부에 소속되어 있는가 또는 병원장 직할 부서인가 하는 문제는 2차적인 문제라고 생각된다. 보다 중요한 것은 사회사업의 전문성과 활동의 가치를 인정받고, 창조적인 활동에 대한 격려와 지원을 받으며, 사회복지사의 권익이 옹호되는 조직상의 위치를 점유하는 것이라고 생각된다. 이를 위해서는 사회사업부서의 지도감독자에게 사회사업 활동의 전문성에 대한 이해를 향상시켜야 할 것이며, 사회사업활동이 환자와 가족을 위한 인류애를 실현함은 물론 병원 경영에 도움이 된다는 사실을 이해시키고 입증해 나아가야 할 것이라고 본다.

(2) 의료기관에서의 사회사업활동 관련 규정

① 의료법 시행규칙

의료법에서 "의료인"이라 함은 보건복지부장관의 면허를 받은 의사·치과의사·한의사·조산사 및 간호사를 말한다(제2조). 따라서 의료기관에서 종사하는 사회복지사는 의료법에 의한 의료인에 속하지 않는다.

다만, 의료법 시행규칙(보건복지부령 제00261호)에서 제28조의 6 제2항 제6호에서는 "종합병원에는 사회복지사업법의 규정에 의한 사회복지사 자격을 가진 자 중에서 환자의 갱생·재활과 사회복귀를 위한 상담 및 지도업무를 담당하는 요원을 1인 이상 둔다."고 정하고 있다. 따라서 이 규정은 의료사회복지사의 활동근거를 법으로 정하고 있는 것으로 볼 수 있다. 사회복지사 외에 포함되는 직종에는 영양사, 의료기사, 의무기록사, 간호조무사 등이 있다.

② 병원표준화 심사기준

대한병원협회와 병원신임위원회에서는 병원 업무의 표준화를 기하기 위하여 매년마다 심사를 실시하고 있는데 지원부서 편에서 의료사회사업부문(social work services)을 포함하고 있다. 2003년도의 수련병원 실태조사서 및 병원 신임 평가서에서 제시하고 있는 현지 심사 시 준비사항은 다음과 같다.

- 직원현황(사회복지사 자격증 사본, 대한의료사회복지사협회 회원증 사본 등)
- 의료사회사업부문과 관련된 병원의 기구조직표
- 의료사회사업부문의 예산서
- 업무규정
- 고위험환자 관리/퇴원계획/장기재원환자 관리 실적, 프로그램 평가 보고서
- 의료사회사업 상담 집계표, 진료비 지원실적(예산/집계표/지원서철), 외부자원동원 진료비 지원 집계표, 자원봉사활동 집계표와 교육실적
- 의료사회사업부문의 질관리(QI) 활동보고서
- 사회사업상담실의 위치도와 평면도
- Case 등록부, 사회사업기록 사본 3부, 사회사업 협의진료기록지 사본 3부

③ 장기 등 이식에 관한 법률(2002년 8월26일 개정, 법률 제06725호)

이 법에 의한 장기는 다음과 같다.

제3조 (정의) 이 법에서 사용하는 용어의 정의는 다음과 같다.

1. "장기 등"이라 함은 사람 내장의 여러 기관 등으로서 다음 각목의 1에 해당하는 것을 말한다.
   가. 신장 · 간장 · 췌장 · 심장 · 폐
   나. 골수 · 각막
   다. 사람의 기관 또는 조직 중 다른 사람의 장기 등의 기능회복을 위하여 적출하여 이식될 수 있는 것으로서 대통령령이 정하는 것

이 법은 장기이식 의료기관으로 지정을 받고자 하는 의료기관은 대통령령이 정하는 시설 · 장비 · 인력 등을 갖추어야 한다고 정하고 있다(법 제21조). 시행령 제17조에 의한 별표 1에서는 인력기준을 정하고 있는데, 1호 다항의 규정은 다음과 같다.

Ⅱ. 인력기준

1. 공통기준

다. 장기 등의 적출 · 이식을 위한 상담 · 연락업무 등을 담당하는 간호사와 사회복지사 각 1인 이상을 두어야 한다. 다만, 각막만을 이식하는 경우에는 그러하지 아니하다.

④ 국민건강보험 요양급여의 기준

보건복지부 고시(제2000-67호)에 의한 건강보험 요양급여행위 및 그 상대가치점수에서 사회사업활동을 요양급여비용으로 정하고 있다.

제7장 이학요법료

제3절 전문재활치료료

분류번호 사-128, 재활사회사업(Rehabilitative Social Work)

주: 1. 재활의학적 치료목적으로 사회복지사가 직접 실시한 경우에 산정 · 한다.

2.「가」는 치료기간 중 1회만 산정한다.

3. 「나」, 「다」는 각각 주 1회 산정하되, 치료기간 중 2회 이내만 산정한다.

가. 개인력조사(Individual History Taking)

나. 사회사업상담(Social Work Counselling)

다. 가정방문(Home Visiting)

제8장 정신요법료

정신의학적 사회사업(Psychiatric Social Work)

(3) "(2)"에서 규정한 분류항목(심층분석요법, 분석집단정신치료, 약물이용 면담, 지지요법, 가족치료, 전기충격요법, 지속적 수면요법) 이외는 정신과 전문의 지도 하에 정신과 전공의 또는 상근하는 전문가(정신간호사, 사회복지사 등)가 실시한 경우에도 산정할 수 있다. 다만, 정신의학적 사회사업은 사회복지사가 직접 실시한 경우만 산정한다.

〈"(2)" 이외의 분류항목 〉(사회복지사가 실시할 수 있는 항목)

분류번호 아-2, 집단정신치료(Group Psychotherapy)

주: 주 2회 이내만 산정한다.

가. 일반집단정신치료(General Supportive Group Psychotherpy)

나. 정신치료극(Psychodrama)

분류번호 아-4, 작업 및 오락요법(Operational or Recreational Therapy)

[음악, 서화, 조각, 운동, 작업 등]

주: 1. 실시종목 수에 관계없이 소정금액을 산정한다.

2. 외래의 경우 주 1회, 입원의 경우 주 5회 이내만 산정한다.

3. 각종 소모재료비용은 별도 산정하지 아니한다.

분류번호 아-9, 정신과적 재활요법(Psychiatric Rehabilitation)

주: 2~3개월 이상 장기입원 치료 후 퇴원 전 10회 정도 산정할 수 있는 요법이다.

분류번호 아-10, 정신과적 응급처치(Psychiatric Emergency Treatment)

분류번호 아-11, 정신의학적 사회사업(Psychiatric Social Work)

주: 1. 「가」는 치료기간 중 1회만 산정한다.

2. 「나」, 「다」, 「라」는 각각 주 1회 산정하되, 치료기간 중 2회 이내만 산정한다.

가. 개인력조사(Individual History Taking)

나. 사회사업지도(Social Work Guidance)

다. 사회조사(Social Investigation for Psychiatric Social Work)

라. 가정방문(Home Visiting)

2) 사회복지관에서의 의료사회사업

사회복지관 설치 · 운영규정(1998. 7. 27일 개정, 보건복지부 훈령 제68호)에 따르면, 사회복지관이라 함은 지역사회 내에서 일정한 시설과 전문인력을 갖추고 지역사회의 인적 물적 자원을 동원하여 "지역사회복지"를 중심으로 한 종합적인 사회복지사업을 수행하는 사회복지시설을 말한다(제2조).

사회복지관에서도 지역사회 주민을 대상으로 한 의료사회사업을 실시하고 있는데, 사회복지관의 사업 대상은 사회복지서비스 욕구를 가지고 있는 모든 지역사회주민으로 하되, 생활보호대상자 등 저소득층, 심신장애인, 노인 등 특수문제를 가진 주민 등을 우선적인 사업대상자로 하고 있다(제7조).

(1) 사회복지관의 조직

동 규정 제14조에서는 사회복지관의 조직에 관하여 정하고 있는데(〈표 2-1〉 참조), 이 중 가정복지담당을 포함하고 있으며, 제15조에 의한 업무분장 규정에서는 가정복지 담당이 무료진료실 운영에 관한 사항을 담당하도록 하고 있다(〈표 2-2〉 참조). 사회복지관의 사회복지사는 간호사와

표 2-1 사회복지관의 조직(제14조)

구분	조직	
종합사회 복지관 가형	복지1과	가정복지담당, 아동복지담당, 청소년복지담당
	복지2과	지역복지담당, 노인복지담당, 장애인복지담당, 서무담당
종합사회 복지관 나형	복지1과	가정복지담당, 아동복지담당(청소년복지담당)
	복지2과	지역복지담당, 노인복지담당, 장애인복지담당, 서무담당
사회복지관	총무과	가정복지담당, 아동복지담당(청소년복지담당), 지역복지담당, 노인복지담당(장애인복지담당), 서무담당

표 2-2 사회복지관의 업무분장 중 가정복지담당 부분(제15조)

담당	업무문	비고
가정복지담당	1. 종합상담 2. 직업 부업 기능훈련에 관한 사항 3. 취업 부업 안내에 관한 사항 4. 부녀복지에 관한 사항 5. 무료진료실 운영에 관한 사항 6. 그 밖에 복지부소관에 관한 사항으로 타과에 속하지 않은 사항	

협력하여 지역사회에 기반한 의료사회사업을 실시할 수 있다. 이에 사회복지관의 사회복지사는 의료사회사업에 대한 이해를 심화시킴으로써 클라이언트의 건강문제에 대한 보다 포괄적인 서비스를 제공할 수 있도록 해야 할 것이다.

(2) 사회복지관에서의 의료사회사업활동 관련 규정

동 규정에서는 사회복지관의 사업내용을 6개 영역으로 대별하고 있다(〈표 2-3〉 참조). 이 중 가정복지사업 분야는 단위사업으로 가정문제 종합상담, 직업·부업 기능훈련 등과 함께 보건·의료서비스를 포함하고 있다(〈표 2-4〉 참조). 구체적인 사업 내용에서는 사회복지관 내 일정한 시설을 갖추고 지역사회의 자원봉사 의료인력(의사, 간호사, 약사, 물리치료사 등)을 동원 활용하여 저소득층 주민들에 대한 보건 교육 및 상담, 치료서비스 등을 제공하거나 다른 의료기관으로 이송하여 진료를 받을

표 2-3 사회복지관의 사업내용

사업 분야	단위사업	
가정 복지사업	- 개인 및 가정문제 종합상담	
아동 복지사업	- 방과 후 아동보호(선도 및 사회교육) - 아동기능교실 및 교육	
청소년 복지사업	- 비행예방 및 치료(상담)	- 청소년 기능교실 및 교육
장애인 복지사업	- 서비스알선 및 이송	- 재활훈련 및 교육
노인 복지사업	- 공동작업장 운영 - 노인대학 및 교육 여가생활 제공	- 무료급식
지역 복지사업	- 후원자개발 및 자원봉사자 양성 - 법률상담 - 직업, 부업, 기능훈련 및 취업부업안내(저소득층, 노인, 장애자)	- 물리치료 및 진료 - 사회조사

수 있도록 하여 준다고 하고 있다. 이로써 사회복지사는 지역사회의 의료 인력을 동원하고, 프로그램을 개발하고 실시하며, 이에 대한 평가를 실시할 필요가 있다.

표 2-4 사회복지관의 사업내용 중 보건 · 의료서비스 부분

사업 분야	단위사업명	업부문
1. 가정복지 사업	4) 보건 · 의료 서비스	사회복지관내 일정한 시설을 갖추고 지역사회의 자원봉사 의료인력(의사, 간호사, 약사, 물리치료사 등)을 동원 활용하여 저소득층 주민들에 대한 보건 교육 및 상담, 치료서비스 등을 제공하거나 다른 의료기관으로 이송하여 진료를 받을 수 있도록 하여 줌.

2. 진료과목을 기준으로 한 의료사회사업 활동의 분류

진료과목을 기준으로 사회사업활동을 분류한다는 것은 정신과, 재활의학과, 소아과 등 진료과목을 중심으로 사회사업 활동을 고찰하는 것을 말한다. 이는 달리 말하면 환자의 의학적 상황을 중심으로 하여 사회사업활동을 분류하는 것이라고도 할 수 있다.

그동안 사회사업의 활동영역은 꾸준히 확대되어 왔는데, 이는 첫째 사회사업적 개입이 보다 많이 요구되는 환자를 중심으로 발전되어 왔다고 볼 수 있으며 둘째, 사회사업 개입의 필요성에 대한 이해와 협조가 잘 이루어지는 진료과를 중심으로 발전되어 왔다고 볼 수 있다.

오늘날 우리는 일반적으로 정신의료사회사업, 재활의료사회사업 및 일반의료사회사업(정신과와 재활의학과 외의 영역에 대한 사회사업)이라고 부르는데, 이는 진료과를 기준으로 한 사회사업 활동의 분류 방법이라고 하겠다.

현재 사회사업실천이 이루어지는 진료과는 매우 다양한데, 앞으로도 기관의 상황이나 사회복지사의 이론적 및 경험적 정체성에 의하여 영향을 받게 될 것이다.

사회사업인력이 제한적인 상황 하에서는 모든 진료과의 환자에 대하여 서비스를 제공하는 것은 그리 쉬운 문제가 아니다. 또한 모든 환자들이 사회사업적 개입을 필요로 하는 것도 아니다. 따라서 사회사업은 환자와 가족의 문제와 욕구를 기초로 하고, 기관의 상황을 포함한 제반 실천여 건을 분석하여 개입의 우선순위를 정하여 활동을 전개해 나아갈 필요가 있을 것이다.

제3장

관련 이론 고찰

1. 의료사회사업의 이론적 모델

의료사회사업 실천의 지식 기반을 조직하고 안내하는 모델을 소개한다(Poole, 1995).

1) 의료모델

의료모델(medical model)은 질환에 대한 조사(study), 진단, 치료를 강조한다. 이 모델은 질환의 실체와 원인을 결정하는 데 있어 전문가 진단의 중요성을 인정한다. 과학적 검사를 통한 질환의 성격, 증상과 역기능, 의료적 조건의 분류를 확보하는 것을 강조한다. 사회사업학자들은 이 모델을 비판하고 있는데, 이 모델은 질환에 대한 생물병리적 해석을 강조하고, 전문가에게 '질병 치료자'로서의 역할에서의 성취와 보상을 강조하기 때문이다. 이 모델에서는 환자의 다양한 욕구를 충족시킨다는 토털케어라는 개념으로 사회복지사가 활동하기는 어렵다.

2) 보건증진 및 예방모델

보건증진 및 예방모델(health prevention and promotion model)의 이론적 기원은 공중보건과 예방의학으로 거슬러 올라간다(Kumabe et al., 1977; Caplan, 1989). 이 모델에서는 질병보다는 보건이 주요한 초점이 된다. 사회복지사는 질환의 예방과 질환의 조기발견 및 개입 그리고 재활을 강조한다. 사회복지사들은 클라이언트, 그 가족 및 다른 지지체계의 신체적 · 정신적 · 사회적 보건을 증대시키고, 유지시키는 데 목적을 둔다. 이 모델의 실천 예를 들어 보자. 자신의 병원에 있었던 한 어머니가 아동유기나 학대의 가능성이 있었다면 가정방문 같은 아웃리치 활동을 한다. 더 나아가 예방적 차원에서 욕구를 발견하고 개인, 집단, 사회의 붕괴를 막기 위한 활동에 개입한다. 사회사업은 불완전한 사회에서는 어느 누구도 건강할 수 없다는 입장을 취한다. 그러나 이 모델의 단점은 효과에 대한 결과물을 검증하기가 어렵다는 데 있다. 예방 프로그램의 효과를 증명하기가 현실적으로 어렵기 때문이다. 병원 이외의 보건관련기관(예: 정신보건센터, 공공보건소 등)에서 많이 활용되는 모델이다.

3) 발달모델

발달모델(developmental model)의 틀 내에서 전달되는 서비스는 문제에 주안점을 두기보다는 사회적 생활 속에서의 성장과 지지(support)라는 인간의 공통된 욕구를 중시한다는 것이다. 그러므로 사회사업실천에서 중시하는 '강점 견지(strengths perspective)'와 맥을 같이 한다. 문제나 병리가 아닌 능력과 능력고취(empowerment)에 초점을 둔다. 이 발달모델은 에릭슨 같은 인간발달이론에 기초를 두고 있다. 이 모델은 클라이언트와 가족은 일련의 단계를 통해 발달하고 각 단계는 건강한 성장과 발달을 위한 기회를 제공한다고 가정한다. 그러나 각 단계마다 스트레스가 있고 위기를 초래할 가능성이 있는데, 전문가가 해야 할 주요 과제는 각 단계마다 기대되는 사건들에 대해 준비시키고 새로운 역할과 관계형성을 잘 다루어 나가도록 함으로써 클라이언트와 가족을 지지하는 것이다. 사회복지사는 클라이언트와 가족에게 필요한 서비스와 자원이 무엇인지 묻고 이를 제공할 방법을 찾게 된다.

이 발달모델은 아직 발전단계에 있지만 의료사회사업 실천에 많은 함의를 준다. 예를 들어, 건강한 아이의 출산을 준비하는 예비 엄마를 준비시킨다든지 효과적인 양육을 위해 어머니를 준비시키고 만성장애를 가진 클라이언트의 부양자를 지지하는 등의 실천현장에서 잘 활용될 수 있다.

4) 통합모델

통합모델(integrative model)은 개인과 환경의 분리를 개선하기 위한 노력으로부터 나온 이론적 모델이다. 전문직의 생물심리사회적 통합을 유지하기 위한 노력으로서 환경 속의 개인 같은 개념을 중시한다. 사정과 개입에서 생물학적 · 심리적 · 사회적 자료를 수집하고 적용하는 것을 강조한다. 예를 들어, 클라이언트와 가족의 사회적 기능에 영향을 주는 생물심리사회적 변수들, 즉 생활주기 단계, 보건상태, 가족관계, 사회적 지위, 직업, 재정, 교통수단, 주거, 정신기능 같은 요소들을 사정하고 이런 모든 측면에서 개입하는 것을 강조한다.

2. 인간행동이론의 적용

여기에서 제시하고자 하는 인간행동이론이 모두 심리치료를 위한 것은 아니다. 로저스의 이론은 우리가 상담관계를 수립하는 데 도움이 될 수 있으며, 매슬로우의 이론은 환자와 가족의 욕구와 문제를 평가함에 있어서 하나의 기준이 될 수 있다. 또한 자아방어기제 이론은 우리가 정신분석이론의 결정론적 가정(assumption)을 받아들이지 않는다고 하더라도 환자의 상황에 대한 대처방법을 평가함에 있어서 활용할 수 있다.

한편, 의료사회사업가가 환자와의 상담에서 심리치료이론을 적용할 때 정신과 의사나 간호사, 심리사 등 다른 전문가들과 활동영역의 중복을 가져올 수 있고, 이로 인하여 전문직 간의 갈등이 초래될 수도 있을 것이다. 그러나 때로 사회복지사가 환자와 가족으로부터 요구받는 상담자로서의 역할을 적절하게 수행하기 위해서는 심리치료이론을 활용할 필요가 있을 것이며, 환자의 행동에 대한 사회과학적인 이해를 갖기 위해서도 심리치료이론의 적용은 필요하다고 본다. 저자는 일반적으로 일컬어지는 상담과 치료의 연속체의 양극단에서 치료적 개입이 필요한 부분은 정신과 의사나 심리사가 담당할 수 있고, 상담적 개입이 필요한 부분은 사회복지사가 개입하는 것이 보다 편리하다고 생각한다. 물론 상담적 개입이 필요한 대상자에게 심리사 등이 개입할 수도 있고, 필요한 지식과 기술을 연마한 사회복지사가 치료적 개입을 가는 것도 가능한 일이라고 생각한다. 이에 몇 가지 인간행동이론을 의료사회사업의 실천과 관련하여 살펴보고자 한다.

1) 로저스의 인간중심상담 이론

로저스는 인간의 존엄성과 가치에 대한 믿음에 기초하여 인간중심상담 이론을 주창하였는데, 인간본성의 핵심(core)은 근본적으로 합목적적(purposive)이며, 전진적이며, 건설적이고, 현실적이며, 신뢰할 수 있다는 것이다. 로저스는 사람이 어떻게 행동하는가는 그가 세계를 어떻게 지각하느냐에 달려 있다고 생각한다. 즉, 행동이란 개인이 세계를 지각하고 해석한 직접적인 사건의 결과로 생긴다. 인간 행동을 잘 이해하기 위해서는 개인의 내적 준거틀의 이해가 필요하다고 보았다.

우리는 로저스가 말하는 치료자의 세 가지 태도는 의료사회사업 현장에서 클라이언트를 대하는 원리로 활용할 수 있을 것이다. 즉, 사회복지사가 인간중심 상담이론에 입각한 치료를 하지 않는다고 하더라도 이 이론은 전 사회사업 실천단계에 있어서 상담관계의 수립과 유지를 위한 중요한 원리가 될 수 있다. 로저스가 제시하는 치료자의 세 가지 태도는 다음과 같다.

(1) 일치성 혹은 진실성

이는 대인관계에서 느끼는 분노, 좌절, 좋아함, 매력, 관심, 권태, 귀찮음 등의 감정들을 표현하고 치료 시간에 순수하고 통합되어 있고 진솔하다는 것을 의미한다. 그러나 상담자가 진솔해지려고 너무 열심히 노력하면 함정에 빠질 수 있는데, 즉 개인적인 것을 진솔하게 표현하는 것이 아니라 내담자에게 유익할 거라 여기는 것을 표현하는 것은 불일치가 될 수 있다는 말이다. 따라서 상담자가 내담자를 좋아하지 않거나 인정하지 않으면서 수용하는 체 하면 치료 효과는 없을 것이다.

(2) 무조건적 긍정적 관심

관심이 내담자의 감정, 사고, 행동에 대해 평가나 판단하지 않으며 불필요한 탐색을 하지 않는 것을 의미한다. 치료자는 내담자를 존중하며 조건을 달지 않고 따뜻하게 수용한다. 또한 치료자의 관심은 비소유적이어야 한다. 관심이 내담자로 하여금 자신을 좋아하게 만들 목적에서 나왔다면 내담자의 건설적인 변화는 기대하기 힘들다.

(3) 정확한 공감적 이해

내담자의 주관적인 경험, 특히 '지금-여기의 경험'을 민감하게 이해하는 것을 의미한다. 이렇게 해서 자기 자신과 친밀해지고, 감정을 더 깊이 경험하며, 그들 내부에 존재하는 불일치를 인식하고 해결하도록 내담자를 격려하는 것이다. 치료자들이 내담자들의 감정에 빠져들지 않으면서도 그들이 느끼는 사적 세계에서 현재 경험하는 것들을 경험할 때, 내담자들이 거의 인식하지 못하고 있는 경험의 의미까지도 말해 줄 수 있는 것이다.

2) 매슬로우의 동기이론

매슬로우에 의하면 인간은 삶에 의미와 만족을 주는 일련의 선천적 욕구에 의해 동기화되며, 이 욕구는 강도와 중요성에 따라 일종의 계층적 단계로 배열된다. 매슬로우는 욕구를 크게 두 가지 형태로 구분하는데, 첫째는 기본적 욕구 또는 결핍성의 욕구이고 둘째는 성장욕구 또는 자기실현 욕구다. 기본적 욕구에는 생리적 욕구(음식, 물, 수면, 배설, 성에 대한 욕구)-안전 욕구-소속과 애정의 욕구-자존의 욕구 등이 포함되며, 자기실현 욕구는 자신의 잠재력을 성취하고 싶은 욕구를 말한다. 매슬로우의 동기이론은 우리가 환자와 가족의 문제와 욕구를 평가함에 있어서 하나의 기준이 될 수 있다. 만일 소아암 환자가 치료비 문제로 더 이상 치료를 받을 수 없게 된다면 이는 생리적 욕구가 해결해야 할 가장 우선적인 욕구가 될 수 있을 것이다. 또한, 폭력으로 인하여 외상을 입은 환자가 의학적 치료를 받는 경우에 이 환자는 치료 후 퇴원하여 생활할 수 있는 안전한 공간을 확보할 필요가 있는데 이는 안전의 욕구를 충족할 필요가 있는 경우라고 하겠다. 일반적으로 사회복지사와는 환자와의 상담을 통하여 어떤 특별한 욕구와 문제를 확인할 수 있는데, 이때 사회복지사는 클라이언트가 가진 욕구들에 대한 우선 순위를 구별해 내는 데 있어서 매슬로우가 제시한 욕구 서열을 참조할 수 있을 것이다.

3) 인지치료이론

인지치료는 Pennsylvania 대학의 Aaron T. Beck에 의해서 우울증의 치료법으로 개발된 구조화되어 있고, 단기적이며 현재 지향적인 심리치료다. 이 치료의 목표는 환자가 당면한 현재 문제를 해결하고, 역기능적인 사고(dysfunctional thought)와 행동을 수정하는 데 있으며, 1960년대 초에 개발된 이후 매우 다양한 심리적 장애를 지닌 집단에 적용되었다.

인지모델(cognitive model)은 모든 심리적 장애에서 왜곡되고 역기능적인 사고가 공통적이며, 이러한 역기능적인 사고는 환자의 기분과 행동에 영향을 미친다고 가정한다. 따라서 사고에 대한 현실적인 평가와 수정은 기분과 행동의 호전을 가져오며, 지속적인 호전을 위해서는 환자에게 내재하는 역기능적인 믿음의 수정이 필요하다고 가정한다. 인지모델은 다음과 같이 요약할 수 있다.

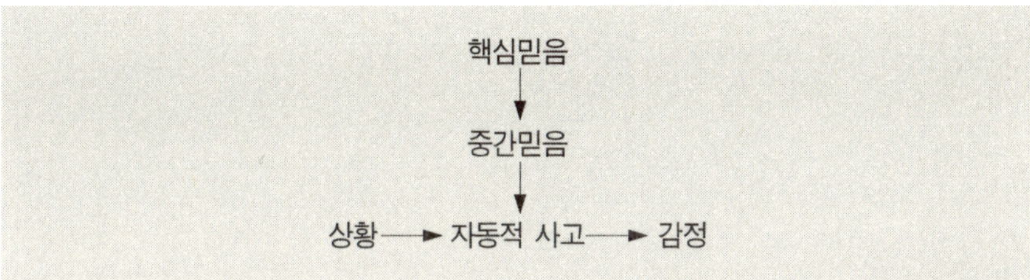

즉, 어떤 특정한 상황에서 한 사람의 내재된 믿음은 그 사람의 지각에 영향을 주고, 이것은 상황 특징적인(situation-specific) 자동적 사고를 통해서 표현된다. 그리고 이러한 자동적 사고들은 그 사람의 감정에 영향을 준다. 더 나아가서 자동적 사고는 행동에 영향을 주게 되며 생리적 반응에도 영향을 준다.

이 이론은 의료사회사업현장에서 우울을 포함한 심리적 장애를 가진 환자와의 상담에서 활용할 수 있을 것이다. 만일 소아당뇨를 가진 환자가 자신의 질병을 적절히 수용하지 못하고 있을 때 우리는 인지치료 이론을 활용함으로써 환자가 질병을 수용하지 못하는 이유를 식별할 수 있고, 이에 대한 지도를 수행할 수 있을 것이다.

제4장

의료사회사업의 대상과 관련 체계

1. 의료사회사업의 대상

우리의 개입 대상자는 주로 환자와 가족이지만 때로는 집단일 수도 있고, 때로는 지역사회가 될 수도 있다. 이는 통합방법론을 반영하는 것이기도 하다. 의료사회사업 분야에서 환자와 가족에 대한 이해는 사회복지사가 채택하는 인간행동에 대한 이론적 관점에 따라 달라질 수 있다. 그리고 환자의 의학적 특성에 따라 우선적으로 고려되어야 할 문제와 욕구가 달라질 수도 있다. 이 장에서는 환자와 가족의 일반적 특성과 의료사회사업 분야에서 고려되어야 할 관련된 체계의 특성들에 대하여 논의하기로 한다.

1) 환자

대개 사람들은 병에 걸리면 고통과 무력감을 느끼고 주위 사람에게 의존하게 된다. 질병행동(illness behavior)은 환자가 질병을 앓는 것에 대한 반응 내지 조치다. 여기에는 질병역할(sick role)과 도움요청행동(help seeking behavior) 등이 포함된다(민성길, 2000). 질병 행동 또는 환자 역할에는 일상적인 생활상의 책임에서 면제되는 것, 남의 도움을 구하는 것, 전문가를 찾아가는 것, 의료적 지시에 순응하는 것 등이 포함된다. 이러한 질병행동이나 환자 역할은 환자 자신의 과거경험과 평소의 사고방식이나 감정 내지 행동방식 그리고 사회의 질병에 대한 문화적 개념에 의하여 정해진다. 예를 들어, 암으로 아내를 잃은 가장은 자신이 암에 걸리게 되면 경제적 손실과 치료에 대한 비관적 전망 때문에 치료를 거부할 수 있다. 또한 치료를 위하여 단지 종교적 수단에만 의지할 수도 있다. 어떤 사람들은 에이즈에 걸린 사실을 알고 자살을 할 수도 있다. 어떤 환자들은 이 병원 저 병원을 찾아다니거나(Hospital Shopping) 이 의사, 저 의사를 만나러 다니느라(Doctor Shopping) 시간과 힘을 소모할 수도 있다. 우리는 환자와 가족이 질병을 받아들이고 치료를 위한 현실적 노력을 기울이도록 도울 필요가 있다.

한편 우리가 환자와 가족을 만날 때 활용할 수 있는 인간행동에 관한 이론 중의 하나는 에릭슨에 의한 것이다. Erikson은 인간의 발달이 심리사회적 영향을 받아 이루어진다고 보면서, 각 심리사회적 발달단계에서 수행해야 할 중요한 발달 과업들을 제시하였다. 우리는 에릭슨의 견해를 기반으로 환자와 가족의 정상적 발달을 지원하는 데 도움을 받을 수 있다. 다음은 에릭슨이 제시한 심리사회적 발달단계다.

- 1단계: 유아기–기본적 신뢰감 대 불심감
- 2단계: 초기 아동기–자율성 대 수치심과 의심
- 3단계: 유희기–주도성 대 죄책감
- 4단계: 학령기–근면성 대 열등감
- 5단계: 청년기–자아정체성 대 역할 혼란
- 6단계: 초기 성인기–친밀감 대 고립감
- 7단계: 중년기–생산성 대 자기 침체감

- 8단계: 노년기-자아통합 대 절망감

2) 가족

육체적 질병과 장애는 가족위기를 초래하는 중대한 사건 중의 하나다(Knox et al., 1999). 장애아동의 경우를 예로 들면, 장애아동의 어머니가 일반 아동의 어머니보다 높은 수준의 스트레스를 경험할 가능성이 있다는 증거는 명백하다. 또한, 고통은 어느 한 단계에만 국한된 것이 아니라, 가족생활 주기에 따라 다양한 단계에서 나타날 수도 있으며, 아동이 발달 과업을 달성하지 못할 때 반복적으로 경험할 수 있다(Davis, 1987). 이러한 스트레스는 우울을 유발할 수 있는데(박희석 외, 1993), 우울은 일상생활 수행능력을 저하시킬 뿐만 아니라, 심한 경우에는 자살을 일으킬 수도 있는 심각한 문제다. 아동이 장애로 진단을 받게 된 초기에 부모들이 가지는 공통된 지지욕구는 아동의 장애와 예후에 대한 정보 및 실제적으로 이용할 수 있는 자원에 대한 정보에 관한 것이다. 이러한 욕구를 충족시켜 주기 위해서는 의료적 도움과 더불어 사회사업가의 지원이 중요한데, 정보, 조언 및 상담에 대한 욕구는 이후에도 계속되는 것이기는 하지만, 진단 초기에 더욱 중요하다(Baldwin et al., 1994). 따라서 사회사업가는 장애아동의 어머니에게 지지를 제공함으로써 그들이 스트레스에 잘 대처하여 자신의 정신건강을 유지 또는 개선하고, 아동의 양육과 치료에 따르는 보호자로서의 역할을 원활히 수행할 수 있도록 도울 필요가 있다.

가족에 대한 이해를 하기 위하여 활용할 수 있는 가족발달/가족생애주기이론은 전통적인 가족생활주기의 단계, 가족 내 다양한 구성원의 지위, 그리고 각 단계에 따른 발달과업들을 확인함으로써 시간의 흐름에 따라 가족이 어떻게 변화하는지를 강조한다(〈표 4-1〉 참조). 사회복지사는 이러한 이론을 활용함으로써 가족에 대한 이해를 향상시키고 정상적인 발달을 도울 수 있다.

표 4-1 가족생활주기에 따른 단계별 가족발달과업

가족생활 주기단계	가족 내에서의 위치	단계별 가족발달과업
1. 신혼기	아내 남편	• 상호 만족하는 결혼관계 수립 • 임신과 부모가 되는 것에 대한 기대에의 적응 • 친척관계에의 적응
2. 자녀출산	아내-어머니 남편-아버지 딸-여자형제 아들-남자형제	• 유아의 발달, 유아의 발달을 격려, 유아의 발달에 적응 • 양부모와 어린 자녀들을 위한 만족스런 가정 수립
3. 학령전기	아내-어머니 남편-아버지 딸-여자형제 아들-남자형제	• 학령 전 자녀들을 자극하고 성장을 촉진하는 방식으로 자녀들의 중요한 욕구와 관심에 적응 • 부모로서의 사생활 부족과 에너지 고갈에 대처
4. 학령기	아내-어머니 남편-아버지 딸-여자형제 아들-남자형제	• 건설적인 방법으로 학령기 아동을 가진 가족들의 사회에 적응 • 자녀들의 교육적 성취를 격려
5. 청소년기	아내-어머니 남편-아버지 딸-여자형제 아들-남자형제	• 청소년이 성장하고 스스로 해방되어 감에 따라 자유와 책임 간의 균형잡기 • 부모가 나이 들어감에 따라 부모후기적인 관심과 경력의 수립
6. 진수기	아내-어머니-할머니 남편-아버지-할아버지 딸-여자형제-고모/이모 아들-남자형제-삼촌	• 적절한 의식 및 지원과 함께 청년기 자녀들을 직장, 군대, 대학, 결혼 등으로 보냄 • 지지적인 가정의 기반을 유지
7. 중년 부모기	아내-어머니-할머니 남편-아버지-할아버지	• 결혼관계의 재정립 • 나이든 세대와 젊은 세대간 친척 관계 유지
8. 노인 가족구성원	사별한 사람(과부/홀아비) 아내-어머니-할머니 남편-아버지-할아버지	• 유족이 된 것과 혼자 살게 된 것에 대한 대처 가족으로 이루어진 가정의 종료, 혹은 노화과정에의 적응 • 은퇴에의 적응

* 출처: *Marriage and Family Development* (5th ed.). by Evelyn Millis Duvall.

3) 사회적 관계망

사회적 관계망은 환자나 가족과 사회적 관계를 형성하고 있는 구성원들을 말한다. 이는 환자나 가족에 대한 사회적 지원(social support)의 효과 때문에 중요한 의미를 갖는다. 따라서 사회적 지원에 대하여 살펴보기로 한다.

사회적 지원에 대한 정의는 학자마다 약간씩 견해를 달리하고 있다. Cobb(1976)는 사랑받고 있는 느낌, 가치가 있거나 존중받는다는 느낌, 사회적 망에 소속됨 등 세 가지 구성요소를 사회적 지원으로 정의하고 있다. 또한, Tardy(1985)는 사회적 지원에 대한 개념화를 통해 5개의 차원을 정의하는 모델을 제시하고 있다. 이 모델에서 방향(direction)은 사회적 지원을 주고 있는지 또는 받고 있는지에 관한 것이다. 경향(disposition)은 지원에 대한 접근 가능성 또는 이미 이용을 한 지지를 포함한다. 묘사(description)/평가(evaluation)는 개인의 사회적 지원에 대한 평가 또는 사회적 지지를 받은 것에 대한 단순한 묘사를 말한다. 또한 이 모델에서 내용(content)은 네 개의 형태가 있는데 첫째, 신뢰, 사랑, 감정이입과 같은 정서적지원 둘째, 돈과 시간과 같은 자원을 포함하는 도구적지원 셋째, 특별한 분야에 관하여 제공받은 정보나 조언과 같은 정보적지원 넷째, 개인에 대한 평가적 언급 등의 평가적 지원 등이 그것이다. 마지막 차원은 관계망(networks)인데 이는 개인의 지원망의 자원이나 구성원을 말한다.

2. 관련 체계 및 팀 협력 활동

1) 의료진

의료진의 주요 역할은 다음과 같다.

- 의사-질병의 진단과 진료계획 수립, 치료, 수술을 실시한다.
- 간호사-질병 간호에 대한 책임을 지며, 간호교육을 실시하기도 한다.
- 치료사-운동치료, 작업치료, 언어치료를 실시한다.
- 임상심리사-각종 심리검사와 심리평가를 실시한다.
- 종교인-환자 및 가족에게 영적인 위안을 제공한다.

2) 팀 협력 활동

The American Heritage Dictionary는 "팀 활동(teamwork)은 공동의 목표에 도달하기 위한 단체나 팀 구성원들의 협력적인 노력"이라고 정의하고 있다. 환자와 가족의 심리사회적 문제와 욕구의 해결이라는 공동의 목표에 도달하기 위해서는 환자의 진료에 관련된 병원 내외 관계자 간의 협력적인 노력이 필요하다.

팀 협력 활동의 유형과 그 유용성은 다음과 같이 나누어 볼 수 있다.

(1) 한 기관 내에서 다른 사회복지사와 협력하는 경우 (사회사업부서 내에서의 협력)

- 사회복지사들은 case conference나 supervision 등을 통하여 사회사업 상담의 질 향상을 도모할 수 있으며, 환경적 자원에 대한 정보를 교환할 수 있다.

(2) 한 기관 내에서 타 직종의 전문가와 협력하는 경우 (사회복지사와 의료진과의 협력): 협의진료활동

- 사회복지사는 의료진에게 환자 가족의 심리사회적 상황의 조사평가에 대한 정보를 제공함으로써 의료진의 전인진료 수행을 도울 수 있다.
- 사회복지사는 의료진으로부터 환자의 의료적 상황에 대한 정보를 제공받음으로써 가족에 대한 이해를 바탕으로 한 상담 또는 자원연

결 등의 심리사회적 서비스를 제공할 수 있다.

(3) 한 기관 내에서 준전문가 또는 보조원과 협력하는 경우

(사회복지사와 자원봉사자와의 협력)

- 사회복지사는 자원봉사자에게 환자 가족에 대한 심리사회적 정보를 제공함으로써 자원봉사자가 원활히 활동을 수행할 수 있도록 도울 수 있다.
- 사회복지사는 자원봉사자의 봉사활동을 통하여 휴식, 말벗 등 환자 가족이 필요로 하는 자원을 제공받을 수 있다.

(4) 다른 기관의 사회복지사와 협력하는 경우

(사회복지사와 후원기관, 동사무소, 지역사회복지관 등의 사회복지사와의 협력)

- 환자와 가족이 후원기관의 후원, 동사무소의 국민기초생활보호 수급대상자 선정, 지역사회복지관의 보호서비스 및 프로그램 참가 등의 필요가 있을 때 의료사회복지사는 이들 기관이 필요로 하는 환자의 의료적 상황정보에 대한 중재와 심리사회적 정보 제공 및 병원의 행정절차에 대한 중재를 제공할 수 있다.
- 의료사회복지사는 이들 기관의 사회복지사로부터 환자 가족이 이용할 수 있는 사회적 서비스에 대한 정보를 제공받을 수 있다.

(5) 다른 기관의 타 직종과 협력하는 경우

(사회복지사와 후원기관, 방송기관 관계자와의 협력)

- 의료사회복지사는 후원기관, 방송기관 관계자에게 환자의 의료적 상황정보에 대한 중재와 심리사회적 정보 제공 및 병원의 행정절차에 대한 중재를 제공할 수 있다.
- 의료사회복지사는 이들 기관으로부터 후원 등 환자 가족이 필요로 하는 정보와 자원을 제공받거나 사회인식 개선활동 등을 위한 도움을 받을 수 있다.

(6) 자조집단이나 지지집단과 협력하는 경우 (사회복지사와 부모 모임과의 협력)

- 의료사회복지사는 이들 집단에게 병원의 행정적 지원을 중재하거나 집단지도에 대한 정보와 교육을 제공할 수 있다.
- 의료사회복지사는 이들 집단으로부터 경험의 공유, 정서적 지지 등 환자 가족이 필요로 하는 정보와 자원을 제공받을 수 있다.

3) 협의진료활동

사회복지사와 의료진과의 협의진료활동은 팀 협력 활동에 속하는 하나의 유형이다. 어떤 질환들은 단일한 진료과에 의해서만이 아니라 여러 분야의 의학적 협력을 필요로 한다. 예를 들면, 어떤 환자가 암을 앓게 되면, 혈액종양내과, 외과, 방사선과 등의 의사에 대한 치료를 필요로 하게 된다. 이때 사회복지사는 환자의 심리사회적 문제에 대한 개입을 할 필요가 있다. 또한 여기에는 임상심리사, 종교지도자 등에 의한 다학제적인 접근도 필요하게 된다.

환자에게 전인적 진료를 제공하기 위해서 여러 분야의 전문가들은 각자의 전문적 역할을 수행함과 동시에 협조적인 상호작용을 할 필요가 있으므로 의뢰서 및 회신서의 교환, 회진 참여, 회의 등을 통한 협의진료활동을 실시하고 있다.

사회복지사가 보건팀의 일원으로 일하기 위해서는 일반사회사업의 지식과 기술을 넘어서야 한다. 병원세팅에 대한 철저한 이해를 하여 어떻게 가능한 자원을 동원할 수 있을지를 파악해야 한다. 의학용어를 배워 다른 직원들과 효과적인 의사소통을 할 수 있어야 하고, 환자들에게도 그 용어를 쉽게 해석하여 전달할 수 있어야 한다.

다학제적으로 접근하는 것은 이점도 있지만 단점도 있다. 새로운 지식과 새로운 시각을 얻을 수 있다는 측면에서 전문적 성장을 유도할 수 있다는 장점이 있다. 사회복지사들은 질병에 대한 비의료적 요인을 다른 전문가들이 더욱 이해할 수 있도록 도울 수 있다는 데서 만족감이 증대된다. 그러나 역할갈등을 다루는 데서는 좌절감을 맛볼 수도 있다. 예를 들어, 의사들은 의학적인 진단과 치료에 직접적으로 연결되지 않는 보호적 측면을 다루는 데는 익숙하지 않기 때문에 사회복지사가 어떻게 공헌할 수 있는지에 대한 이해가 부족하다. 또한 역할이 중복되는 부분에서는 영역논쟁이 발생할 수 있기 때문에 그러한 문제는 즉각적으로 그리고 직접적으로 해결하여 목적 성취에 방해가 되지 않도록 해야 한다. 전문직간의 갈등과 반목은 클라이언트의 재활을 적절히 원조할 수 없을 뿐만 아니라, 실행자의 직무성취도를 저하시키는 요인이 될 수 있다. 따라서 사회복지사는 의사, 간호사, 치료사, 임상심리사, 자원봉사자, 행정직원과의 조화로운 상호행동과 관계유지를 통하여 재활원조 목표를 달성해야 한다.

제5장

주요 질병 개관

이 장에서는 의료사회복지사가 자주 접하게 되는 질환에 대하여 소개하고자 한다. 여기서 제시하는 내용은 삼성서울병원(1999), 충남대병원(2001), 대구 장애인복지관(1993) 홈페이지를 참조하였다.

1. 뇌성마비

뇌성마비(cerebral palsy)는 하나의 질병이 아니라 비슷한 임상적 특징을 가진 증후군들을 집합적으로 일컫는 용어로 미성숙한 뇌에 대한 비진행성 병변 혹은 손상으로 인하여 생기는 운동과 자세의 장애를 보이는 임상증후군이라고 통상적으로 정의를 내리는데, 뇌성마비의 임상 양상에 있어서 운동과 자세의 이상뿐만 아니라 정신박약, 간질, 언어장애, 시청각장애 등의 동반증상의 빈도가 매우 높다. 뇌성마비의 발생 빈도는 전체 인구 중 0.15~0.2% 정도로 1,500명 출생당 7명, 또는 연간 인구 10만명당 7명의 비율로 새로이 발생한다.

뇌성마비의 원인은 뇌의 발육부족 등의 산전 원인(prenatal factors), 난산 등의 주산기 원인, 유아기의 심한 황달 등 산후 원인(postnatal factors)으로 나눈다. 이 중 단일 인자로 가장 많은 것은 조산으로 인한 미숙아인데 미숙아는 출산 전, 출산 중, 출산 직후에 허혈성 뇌증을 겪는 경우가 많아 이로 인한 경직성 양측마비가 될 가능성이 높다.

분류는 여러 가지 형태로 다양하나 첫째, 심한 정도에 따른 분류로는 경증(mild), 중등도(moderate), 중증(severe)으로 나눈다. 경증은 후에 보장구 없이 독립적으로 걸을 수 있고 일상생활을 유지할 수 있는 경우고, 중등도는 보장구나 보조기구를 사용하면 어느 정도 독립적으로 걸을 수 있고 독립적으로 또는 최소한의 도움으로 일상생활을 유지할 수 있는 경우를 말하며, 중증은 보장구를 사용해도 독립적인 보행이나 일상생활의 영위 가능성이 없이 개호인의 도움이 필요한 경우이다. 완치는 어렵지만 다른 질병과 마찬가지로 조기진단과 치료가 장애증세를 완화시키는 데 매우 큰 영향을 준다. 대개의 경우 특수교육을 통하여 기능적 · 사회적 · 정서적 · 직업적으로 상당히 만족스런 능력을 갖출 수 있다. 치료방법은 물리치료, 작업치료, 언어치료, 정형외과적 수술, 보장구 이용 등이 있다.

2. 척수손상

척수란 척추 내에 있는 굵은 신경을 말하는데 질병이나 외상 등으로 척수에 손상을 입게 되면 그 손상된 부위 밑으로는 감각마비와 운동마비가 나타나는데 이를 척수손상(spinal cord injury)이라 한다.

척수손상의 원인은 종양, 척추결핵, 혈관질환, 선천성 기형 등의 질환에 의하여 발생하는 경우와 교통사고, 산업재해 또는 운동경기 중 부상 등의 외상에 의하여 발생하는 경우가 있다.

손상부위가 흉추나 요추인 경우에는 하지마비가 나타나고, 경추인 경우에는 사지마비가 나타난다. 또한 마비는 손상 정도에 따라 완전 마비와 불완전 마비로 나타난다.

치료는 크게 두 가지로 나눌 수 있는데, 그 하나는 마비로 인하여 이차적으로 발생할 수 있는 요로 감염, 욕창 등의 합병증에 대한 예방치료이고, 다음은 보장구, 기타 보행보조장구를 이용하여 기능을 향상시키는 치료다. 이 밖에 심리적인 문제와 성문제 상담이 필요하다.

3. 뇌졸중

뇌졸중은 중풍 또는 뇌혈관장애(Cerebral Vascular Accident; CVA)라고도 하는데, 어느 나라에서나 주요 사망원인이며, 성인에게 장애를 일으키는 원인질환 1위를 차지한다. 뇌졸중의 기전은 뇌혈관에 혈전(thrombosis), 전색증(embolism)과 출혈(hemorrhage)이며, 고혈압, 심장질환, 당뇨병, 동정맥기형 또는 동맥류 등에 기인한다.

뇌졸중의 정도와 회복은 손상부위와 손상 뇌반구의 위치, 경색의 크기와 부차적 순환(collateral circulation)과 연령에 따르게 된다. 신경회복은 3~6개월 사이에 가장 많이 일어나며, 그 후 9개월에서 12개월까지는 특히 뇌출혈 환자에서 완만한 회복을 기대할 수 있다.

대부분의 뇌졸중은 뇌졸중을 일으킬 수 있는 여러 요인들이 복합적으로 작용하여 발생하는데, 고혈압, 심장병, 나이, 이전의 뇌졸중 병력, 일과성 뇌허혈 발작, 흡연 및 당뇨병, 음주, 혈청지질이상, 경구용 피임약 복용 등이 뇌졸중을 일으키는 주요한 원인으로 되어 있다.

뇌졸중이 발생하면 한쪽 팔다리를 갑자기 못 쓰거나(운동마비), 감각이 둔해지거나(감각마비) 또는 저리거나 시린 느낌(이상감각현상), 말을 못하거나 이해를 하지 못하거나(실어증), 한쪽 또는 양쪽 눈 또는 시야의 일부분이 보이지 않거나(시야장애) 또는 빙글빙글 돌거나 어지럽고(현운증) 토하기도 한다. 그 외에도 잘 삼키지 못하거나(연하장애), 순간적으로 의식을 잃거나, 팔다리 운동을 조절하기 어렵거나, 발음이 우둔해지거나(구음장애), 물체가 둘로 보이는(복시) 현상도 나타날 수 있다.

치료방법으로는 뇌혈관질환 자체에 대한 약물치료 및 여러 가지 증상에 따른 대증치료가 있다. 재활의학적 치료는 조기치료를 원칙으로 하며 발병 후 72시간 내에 시작한다.

합병증으로는 인지기능의 저하, 언어장애, 우울증, 근심, 자존심의 결함 등의 감정적 문제, 경직(spasticity) 등이 나타날 수 있다.

4. 사지절단

사지절단이란 사지의 일부를 잃어버린 상태를 말하는데 하지절단의 경우는 주로 보행에 지장이 있으며, 상지절단의 경우에는 대부분 일상생활 동작과 작업에 지장을 받게 된다.

절단은 태아시절에 발육이 되지 않아 선천적으로 생긴 경우도 있으나, 이는 매우 드물며 외상에 의하여 절단되거나 또는 질병으로 인하여 의료적으로 질병부위를 절단하여 발생하는 경우가 대부분이다.

재활치료는 절단부위의 부종을 없애고 절단된 끝부분을 단단하게 단련시켜 의지를 착용하여도 아프지 않으며 오랫동안 서 있거나 걸을 수 있도록 하는 데 목표를 둔다. 근래에는 의지제작 기술이 많이 발달되고 새로운 소재 개발도 뒤따라 절단부위에 적절한 의지를 착용하고 훈련을 잘 받으면 큰 어려움 없이 사회생활을 해낼 수 있고 스포츠도 즐길 수 있게 되었다. 그러나 사지의 한 부분을 잃어버린 외관 때문에 다른 장애인에 비해 심한 심리적 갈등을 안고 있으므로 갈등해소를 위한 심리상담 및 치료도 동반되어야 치료효과를 극대화할 수 있다.

5. 근육디스트로피

근육디스트로피란 근육이 진행성이고 위축되고 점차 힘이 없어져서 움직일 수 없게 되는 근육질환의 하나로 감각은 정상이며 통증이 없는 것이 특징이다.

대개의 경우 유전에 의해 발생하지만 원인을 찾지 못하는 경우도 있다. 유전일 경우 병인은 여자를 통해서 유전이 되지만 남자에게만 나타나기 때문에 여자 환자는 거의 없다.

일반적으로 아픈 데는 없이 힘이 떨어져 차차 걷지 못하고 휠체어를 이용해야 하거나 자리에 눕게 된다. 여러 가지 감염에 대항하는 힘이 약해지며 호흡이나 심장의 기능이 떨어지기 때문에 사망에 이르게 된다. 가장 흔한 위비대성은 어릴 때 시작하므로 소아형이라고 하며 대개는 20~25세 전에 사망하나, 다른 형은 시작도 늦고 진행속도도 느리며 정상적인 수명을 누리는 경우도 있다.

확실한 진단을 위해서는 세밀한 병력진찰, 조직검사, 근전도, 혈청 내 여러 가지 검사 등이 수반되어야 하나, 그 치료에 있어서 아직 효과적인 약물치료 방법은 제시되지 않고 있으며, 물리치료, 작업치료 및 보조장구를 착용시켜 근위축과 근력약화를 지연하는 방법 등의 재활치료가 중심이 되어 있다. 가족관계를 조사하여 발생을 예방하는 것이 필수적이며 치료를 위해서는 근육이 피로하지 않은 범위 내에서 가벼운 운동이나 작업활동을 시키는 것이 효과가 높다.

6. 관절염

관절염이란 어휘는 관절의 염증이라는 뜻이나 우리 몸의 모든 결체조직에 올 수 있는 동통을 동반하는 여러 가지 병을 총칭하고 있다. 관절염의 종류는 100여 종이나 되지만 만성질환이고 잘 낫지 않으며 평생 지니고 있어야 할 때도 있다. 그러므로 조기치료, 적절한 주의, 여러 가지 치료를 계속적으로 해야 한다. 제일 흔한 관절염으로는 다음 네 가지가 있다.

첫째, 류머티즘성 관절염은 증상이 심하고 장애가 많이 남는 형이다. 이 병은 관절에만 국한해서 오는 것이 아니고 전신질환으로 피부, 근육, 혈관, 심장, 눈 등에도 이상이 생긴다. 열이 나고 입맛이 없고 체중이 줄며, 온몸이 아프고 쑤신다. 치료는 염증을 줄이며, 관절의 기능을 유지하는 데 목적을 둔다.

둘째, 퇴행성관절염은 나이가 많은 이에게 오는 형으로 기계도 오래 쓰면 닳듯이 관절의 조직에 변화가 오기 때문에 초래되는 관절염이다. 치료는 류머티즘성 관절염의 치료와 비슷하다.

셋째, 결핵성 관절염은 관절이 부었다가 내렸다가 하며, 차차 심해지면 동통이 심해지고 관절의 운동제한이 온다. 조기에 발견하여 충분한 항결핵제를 써가면서 적절한 휴식과 조심스러운 운동을 장기간 하는 것이 치료방법이다.

넷째, 통풍성 관절염은 관절 중에도 엄지발가락을 특별히 침범하고 남자들에게 많다. 이는 우리 몸 안에서 요산이라는 물질이 과도하게 생산되든가 배설이 안 되든가 하기 때문에 요산나트륨이란 결정이 형성되어 이것이 관절에 침범할 때 생기는 관절염이다. 통풍의 치료는 치료제가 우수하므로 효과는 있으나 평생 약을 먹어야 하는 부담이 있다.

7. 당 뇨

당뇨병이란 췌장에서 인슐린을 충분히 만들지 못하거나 혹은 그 작용에 이상이 있어 혈중의 당분이 비정상적으로 높은 대사이상 상태를 말한다.

당뇨병은 원인 및 병리 생리학적 기전에 따라 인슐린 의존성 당뇨병

(Insulin-Dependent Diabetes Millitus; IDDM, 제1형), 인슐린 비의존성 당뇨병(Non Insulin-Dependent Diabetes Millitus; NIDDM, 제2형), 2차성 당뇨병(secondary diabetes)으로 크게 분류된다.

증상으로는 다뇨(多尿), 다식(多食), 다음(多飮)이 있으며, 치료목표는 가능한 한 정상 혈당 농도로 감소시켜 정상적인 삶을 유지시키는 데 있다. 만성적으로 고혈당이 지속되면 장기간에 걸쳐 많은 장기, 특히 눈, 신장, 신경, 심장, 혈관에 손상과 기능장애 혹은 기능부전을 일으키게 할 수 있다.

1) 성인당뇨병

성인당뇨병은 생활수준의 향상과 함께 폭발적으로 증가하고 있다. 20년 전만 해도 전 인구의 0.3~0.5%에 불과했던 당뇨병의 유병률이 1990년대에 들어서는 약 3%에 이르고 있다. 당뇨병 발병의 가장 중요한 요인은 부적절한 식생활이며 이외에 유전, 바이러스, 비만증, 노화, 섬유질이 적은 식사, 스트레스, 이뇨제나 경구피임약 등의 약물 등이 원인이 된다. 일단 당뇨병이 발병되어도 철저한 치료를 하면 일생 동안 정상인과 거의 동일하게 생활할 수 있다.

당뇨병이 서서히 진행되는 경우 비특이적인 애매한 증상으로 표현되어 환자가 자각을 못하다가 우연히 발견되는 수도 있다.

진단기준은 공복시 혈당이 두 차례 이상 140mg/dL이 넘는 경우다. 당뇨병의 올바른 관리를 위해서는 식사요법의 준수, 규칙적인 운동, 스트레스의 관리가 중요하다.

2) 소아당뇨병

소아기에서 1형 당뇨병은 두 번의 최다 발병시기를 보이는데 첫 번째는 초등학교 들어갈 무렵인 5~7세 사이고, 두 번째는 사춘기가 시작되는 무렵으로 10~14세경에 해당된다. 이 시기에 당뇨병이 많이 발생하는 원인에 대해서는 먼저 초등학교에 들어감으로써 바이러스 등의 감염기회가 많아질 것이고, 또한 사춘기 전후로는 당대사에 관련된 여러 호르몬의 분비가 증가되고, 성장과 신체변화에 대한 정신적 · 육체적 스트레스가 관련될 것이라고 생각된다.

또한, 제2형 당뇨병은 소아기에 비교적 드물게 보이는 당뇨병이기는 하나 성장기 발현형 당뇨병(maturity onset diabetes in youth)이라 하며 비만이 관찰되는 청소년에서 발견된다. 진단기준은 무작위로 검사한 혈당의 농도가 200mg/dL인 경우다.

소아당뇨병의 관리도 성인당뇨병의 관리와 그 목표를 같이 하지만, 인슐린의 치료가 꼭 필요하고, 소아가 정상적으로 성장 및 발달을 할 수 있는 영양을 공급해 주어야 한다는 점에서 성인형 당뇨병과 다르다.

8. 암(cancer)

암은 일반적으로 악성종양을 일컫는 말이다. 암은 1990년까지는 우리나라 사망 원인 중 고혈압, 심장 및 뇌혈관 질환 등 순환기계 질환에 이어 2위를 차지하고 있었으나, 1991년부터는 사망 5명 중 1명꼴로 암이 사망 원인의 1위를 차지하고 있다. 암의 발생 빈도로 보면 남자의 경우 위, 폐, 간, 대장, 식도의 순이며, 여자의 경우 자궁경부, 위, 유방, 대장, 폐의 순으로 소화기에서 발생하는 암이 가장 많음을 알 수 있다. 특히, 폐암은 공업화, 흡연 등으로 최근 급증하는 추세다.

암의 원인은 대부분 알려져 있지 않으며, 벤조피렌 등의 화학물질, 바이러스, 방사선, 자외선, 흡연 등의 물리적인 자극이 발암물질로 알려져 있다.

암에 의한 증상은 크게 암 종괴 자체에 의한 국소적(局所的)인 효과(效果), 암에서 생성되는 호르몬이나 단백질 등에 의한 종양수반 전신증상

(腫瘍隨伴 全身症狀), 환자가 겪는 정신적인 고통 등으로 나눌 수 있다.

암의 가능성이 의심되면 진찰, 혈액검사, 조직학적 검사 등을 통하여 약 1~2주 후에 확진을 하며, 방사선 검사, 기타 특수검사 등으로 병기(병의 진행 정도)를 결정하여 병의 경과, 예후 및 치료방침에 대하여 전문의와 상담을 하게 된다.

대개 암이 진단되었을 때 40~50%의 환자가 완치의 가능성을 가지고 있다. 암의 치료법으로는 비교적 병변이 국한성인 경우에 적용하는 수술과 방사선 치료 및 병의 특성상 원격 전이의 위험이 높은 경우에 적용하는 전신요법인 항암화학요법과 면역요법이 있다.

9. 조혈모세포 이식수술

조혈모세포이식은 백혈병, 골수 이형성 증후군, 중증 재생불량성 빈혈 등 악성 혈액질환의 주요한 치료방법으로 자리하여 왔으며, 최근에는 고위험 고형종양, 대사성 질환, 유전성 질환, 면역결핍성 질환, 자가면역성 질환 등에서도 유일한 치료방법으로 시행되고 있다.

일반적으로 이해되고 있는 골수이식(bone marrow transplantation)은 정확하게는 조혈모세포이식(PBSCT)을 의미하는데, 조혈모세포이식은 외과적 치료방법이 아니라, 수혈과 같은 것으로 피 대신 조혈모세포를 주입하는 것이다.

조혈모세포이식의 공급원에 따른 구분에는 골수 자체를 주입하는 골수 조혈모세포이식, 말초혈액을 이용하는 말초혈 조혈모세포이식, 태아의 탯줄을 이용하는 제대혈 조혈모세포이식이 있으며, 조혈모세포 이식수술에 필요한 조혈모세포를 제공하는 사람, 즉 공여자에 따른 구분으로는 형제나 형제가 아닌 공여자로부터 얻을 수 있는 동종(allogeneic) 조혈모세포이식, 유전적으로 완전히 일치하는 일란성 쌍둥이로부터 얻을 수 있는 동형(syngeneic) 조혈모세포이식, 환자 자신의 골수를 이용하는 자가(autologous) 조혈모세포이식 등이 있다.

조혈모세포이식 과정은 골수이식 전검사, 중심정맥관의 삽입, 항암치료, 방사선치료, 골수주입, 임상검사로 이루어진다. 이식 후 여러 가지 부작용이 있을 수 있는데 가장 문제가 되는 합병증으로는 동종 조혈모세포이식 후의 이식거부반응과 환자의 몸속에서 공여자의 골수 세포가 환자의 조직을 공격함으로써 생기는 이식편대 숙주반응(GVHD)이 있다. 이식 후 6~9개월 안에 학교나 직장에 복귀하는 것은 어려우며, 혈액 검사가 정상이더라도 면역체계가 회복되는 데는 더 시간이 필요하다. 신체적으로나 정신적으로 회복하는 데는 대략 1년이 소요된다.

10. 장기이식

장기이식이란 신체부위의 전부 또는 일부를 떼어내어 동일한 또는 다른 사람의 신체에 심어주는 것을 말하는데, 공여장기의 근원에 따라 생체이식과 사체이식으로 나눌 수 있다. 생체이식이란 살아 있는 공여자의 장기 일부 또는 전부를 공여자에게 기능의 손상을 주지 않는 범위에서 기증받아 이식하는 것이며, 사체이식이란 뇌사 또는 심장사로 사망한 공여자에게서 장기를 기증받아 이식하는 것을 말한다. 장기이식은 현대적인 장비와 여러 분야의 전문가들의 협진으로 이루어질 수 있는 상당히 고도의 기술과 경험을 필요로 하는 수술이어서 현대의학의 꽃이라고도 불린다.

현재까지 이식이 가능한 장기는 매우 다양하여 피부, 각막, 뼈, 혈관, 신장, 간장, 소장, 심장, 폐 등의 이식이 보편적으로 이루어지고 있다. 우리나라에서는 1969년에 신장이식이, 1988년에 간이식, 1989년에 심장이식과 췌장이식, 1996년에 폐이식, 1997년에 심폐이식, 2000년에 소장이식이 처음으로 시행되었다.

수술 전에는 장기를 기증하기로 결정한 공여 예정자가 장기기증에 적합한지를 판정하기 위하여 기본검사, 조직 적합성 검사, 특수검사 등을 시행하며, 이식 수혜 예정자도 이식받을 장기의 기능 상실에 따른 문제 이외에 장기이식 후 생존율이나 합병증 발생에 영향을 줄 요소들을 찾기 위해 검사를 시행한다.

신장을 제외한 장기는 혈액 공급에 매우 민감하여 심장이 뛰고 있는 뇌사자에게서만 기증이 가능하다. 따라서 사체 공여자의 여러 가지 기증 장기를 4°C 보존액으로 씻어낸 후 심장, 간, 췌장, 신장 등의 순서로 절제하여 다시 4°C 보존액에 보관한다.

수술은 기능을 상실한 장기를 그대로 두거나(신장, 췌장) 제거한 후(간, 심장) 다른 적당한 장소나 원래의 자리에 공여장기를 이식한다. 이식과정은 첫째, 이식에 대한 상담과 교육, 환자와 가족의 결정, 이식에 대한 검사진행, 이식팀 회의, 대기자명단 등록의 순서로 이루어지는 사정과정과 대기 수술 및 회복, 추후관리 등 4단계로 이루어진다.

11. 만성 신부전과 신대체 요법

1) 만성 신부전

신장은 제11~12 흉추의 좌우에 위치하는 후복막 장기이며, 신장의 무게는 체중의 0.4 내지 0.5%에 불과하지만, 심장에서 박출되는 혈액의 25% 가량이 신장을 관류한다. 이는 신장이 단순히 노폐물만을 제거하는 기관이 아니라, 체내의 수분 및 전해질 양과 삼투질 농도를 조절하며, 산염기 평형에 기여하는 등 생체내 환경에 중요한 역할을 담당하고 있기 때문이다.

만성 신부전(chronic renal failure)이란 원인에 관계없이 3~6개월 이상에 걸쳐 신기능의 감소가 이루어졌을 때를 말하며, 서서히 진행되며 회복 불가능한 신기능의 소실이 나타나는 상태를 말한다.

만성 신부전은 여러 장기체계의 기능 이상을 초래하는데, 즉 고칼륨혈증, 대사성 산혈증, 동맥 경화증, 고혈압, 심낭염, 심근기능 부전, 빈혈, 백혈구 기능 이상으로 인한 감염, 혈소판기능 부전으로 인한 출혈경향 등이 나타난다.

만성 신부전의 원인이 되는 질환을 빈도순으로 보면 당뇨병, 고혈압, 사구체 신염, 원인 불명, 낭종성 신의 순서로 당뇨병이 원인인 경우가 가장 많은 것으로 알려져 있다.

2) 신대체 요법

만성 신부전의 경우에는 콩팥 기능이 비가역적으로 소실되어 호전되지 않으므로, 생명유지를 위해서는 계속적인 혈액투석, 복막투석 또는 신장이식 등의 대체요법을 필요로 한다.

첫째, 혈액투석이란 사람의 몸속의 노폐물을 반투막을 통해 여과시키고 제거시키는 것을 말한다. 혈액투석은 흔히 얘기하는 '인공 신장'으로 신장 기능을 대신하는 것이지 신장질환을 호전시키지는 않는다. 혈액투석을 하는 경우 주사바늘로 혈관을 찌를 때 약간의 통증이 있을 수 있는데 투석을 하는 그 자체는 아프지 않으며, 투석 도중에 간혹 혈압이 떨어지거나 구역질, 구토, 두통, 근경직 등이 일어날 수는 있다.

둘째, 복막투석은 투석액을 복강 내에 주입하며 하루에 3~4회 교환해 주면서 지속적으로 투석을 진행하는 것이다. 하루 종일 지속적으로 투석을 시행하는 것이므로, 요독의 농도에 변화가 거의 없어 혈액 투석 시에 투석 전후의 농도차에 의한 불균형 증상(두통, 구토) 없이 지낼 수 있다. 복막투석에는 지속적 외래 복막투석 외에도 자동 교환기(cycler)를 이용하여 주로 야간에만 투석을 수행하는 두 가지 방법이 있다.

셋째, 신장이식이란 타인의 신장을 옮겨 심는 수술을 말하는데, 살아 있는 공여자의 장기를 기증받아 수혜자에게 이식하는 생체이식과 뇌사 또는 심장사로 사망한 경우의 공여자에게서 장기를 기증받아 이식하는 사체이식이 있다. 세계적으로 이식 후 1년간 이식신장의 생존율은 95% 이상인 것으로 되어 있고, 그 이후에는 이식신장의 생존율이 매년 약간씩 감소하게 되는데 부모 자식 간에 기증이 이루어진 경우를 볼 때 5년간의 이식신장 생존율을 80%로 보고 있다. 신장이식 후 3~6개월간은 많은 용량의 면역 억제제를 복용하게 되는데, 대부분 1년간은 부작용 증상이 지속되며, 약의 용량이 줄어들수록 부작용의 증상은 점점 줄어든다.

제 2 부

의료사회사업 실천과정

제6장

초기단계

의료사회사업의 실천과정의 단계는 다음과 같이 구분할 수 있다.

즉, 초기단계로서 ① 대상자 발견 및 접수, ② 관계설정, ③ 사정 및 지원계획수립, 수행단계로서, ④ 지원 및 점검, 끝으로 종료단계로서, ⑤ 평가 및 종결 등 5단계로 구분할 수 있다. 여기서는 Germain(1984)의 실천과정을 근간으로 하여 제시하고자 한다.

초기단계는 대상자 발견과 관계설정, 탐색, 문제규정 및 사정, 계약, 목표설정 그리고 계획으로 구성된다. 이들 과정 각각에 대해 검토해 보도록 한다.

1. 대상자 발견 및 접수

대상자 발견단계는 해당 의료기관에서 제공하는 사회사업 서비스에 적절한 대상자를 발견하기 위한 활동단계며, 대상자 발견과 동시에 서비스 수급의 적격 여부를 심사한다.

1) 대상자 발견

사회복지사는 다음과 같은 경로를 통하여 서비스 대상자를 발견할 수 있다.

(1) 기관 내부에서의 협의진료 의뢰

의사, 간호사, 치료사 등 의료진이나 원무과 등의 행정직원이 사회사업 서비스가 필요하다고 판단되는 입원 및 외래 환자나 가족을 사회사업 부서로 협의진료 의뢰(consult)를 하는 경우다.

정신과나 재활의학과, 소아과 등 사회사업적 문제와 욕구가 빈번히 발

표 6-1 협의진료기록지

협의진료기록	
등록번호	병동-병실
성 명	전화번호
주민등록번호	__ 응급 __ 24시간 이내 __ 왕진요망
사회사업실 ________ 선생님께 • 환자유형 __ 장애 __ 정신장애 __ 암 __ 당뇨 __ 이식 __ 치매 __ 미혼모 __ 미숙아 __ 기타 • 의뢰문제 __ 사회사업조사(개인력, 가족력) __ 질병관리를 위한 생활지도 __ 진료비 문제 __ 퇴원계획지도(장기요양기관, 입양, 주거, 교통, 교육, 직업) __ 사회적 서비스(장애인등록정보, 사회보장혜택) __ 기타 ( ) 문제 위 환자에 대한 상담을 의뢰합니다. 의뢰일 : 진료과 : 의사 : 전화번호 :	
[회신]	

견되는 진료부서에 대해서는 특정 질환을 가진 모든 내원환자에 대하여 상담을 의뢰하도록 진료과와 사회사업부서 간에 계약을 맺기도 한다. 이때 상담의뢰를 위하여 협의진료기록지를 사용하는데, 그 예시는 〈표 6-1〉과 같다.

또한, 사회사업부서와 상담의뢰 계약이 맺어지지 않은 진료부서에 내원한 환자와 가족 중에서 사회사업 서비스가 필요한 환자를 발견하여 서비스를 제공할 필요가 있다. 이때 사회복지사는 〈표 6-2〉와 같은 사례선별양식을 활용함으로써 사회복지사가 미처 발견하지 못하는 대상자를 발견하는 데 도움을 받을 수 있다.

표 6-2 사례선별양식의 예

사회사업상담 의뢰서		
환자성명 :	환자등록번호 :	병동-병실 :
__ 의료보호 환자 또는 저소득층 환자 __ 장애로 진단받은 환자 __ 암으로 진단받은 환자 __ 학대 흔적이 있는 아동 또는 여성 __ 미혼모 __ 기타( )		
위 환자의 사회사업상담을 의뢰합니다.		
의뢰일 :	의뢰부서 :	의뢰자 :

(2) 환자나 가족의 자발적인 방문

환자나 가족이 자발적으로 사회사업부서를 방문하여 서비스를 요청함으로써 사회복지사가 대상자를 발견할 수 있다. 이때 그들의 문제해결을 위하여 생물-심리-사회적 접근(bio-psycho-social approach)이 필요하다고 판단되는 경우에는 의료진에게 문제에 대한 정보를 제공하여 공유하는 것이 바람직하다.

(3) 타기관으로부터의 의뢰

기관간의 의뢰는 문서를 사용하는 것이 바람직하다. 문서는 기관간의 의사소통의 수단이며, 협의 결과를 보존하고, 장래에 발생할 수 있는 책임을 명확화하는 데에 중요하다. 또한 활동의 평가 근거가 되기도 하는데, 이는 빈번히 의뢰되는 클라이언트들은 대체로 어떠한 사람들인가, 어떤 내용으로 의뢰되는가 등을 평가함을 말한다. 이러한 평가내용은 향후 활동방향을 계획하는 자료로 활용될 수 있다.

① 관공서로부터의 의뢰

동사무소의 사회복지 담당자, 보건소나 시 · 군 · 구청의 지역사회보건 담당자 등에 의해 의뢰되는 경우다.

② 사회복지기관으로부터의 의뢰

지역사회복지관의 재가복지담당 사회복지사, 기타 사회복지기관(장애인, 노인, 아동, 여성복지시설 등)의 사회복지사 또는 간호사로부터 의뢰되기도 한다.

③ 후원기관으로부터의 의뢰

진료비 수납에 따른 행정처리는 대개 후원기관과 병원의 원무부서가 처리하지만, 후원기관은 환자에 대한 심리사회적 정보를 수집하거나 사회사업 서비스 제공 요청을 위해 사회사업부서로부터 의뢰되기도 한다.

(4) 사회복지사가 발견하는 경우

① 프로그램의 홍보에 의한 경우

특정 질환에 대한 집단 프로그램이나 지역사회 자선진료 프로그램을 실시하는 경우 적절한 대상자가 해당 서비스를 이용할 수 있도록 신문, 방송 등의 언론매체를 통하여 홍보함으로써 대상자를 발견할 수도 있다.

② 언론 등의 보도에 나타난 경우

의료서비스가 요구되는 환자나 가족이 언론 또는 인터넷에 보도된 경우, 사회복지사가 대상자를 발견하여 서비스를 제공할 수도 있다.

2) 접수: 서비스 수급자격심사 및 의뢰

앞의 경로를 통해 환자가 의뢰되면 환자 또는 가족이 병원에서 제공하는 서비스를 받을 자격이 있는지를 심사한다. 이때, 환자와 가족이 호소하는 문제와 의료진의 의뢰 이유, 환자나 가족의 욕구가 기관의 자원과 정책에 부합되는지의 여부, 해당 기관의 서비스 제공목록, 재정적 능력, 인적 자원을 종합적으로 고려하여 결정한다. 접수(intake)단계에서 사회복지사는 우선적으로 환자나 가족에게 사회복지사의 역할과 기관에서 제공할 수 있는 서비스에 대해 명확히 설명해야 한다. 서비스 대상자로서 부적격하다고 판단되는 경우는 부적격한 이유를 설명하고, 적절한 서비스기관에 대한 정보를 제공하거나 타기관에 의뢰를 한 후 종결한다. 또한, 사회복지사로부터 해당 기관의 서비스에 대한 설명을 들은 환자나 가족이 자신의 상황을 고려한 다음 서비스 수급을 거부하는 경우에도 종결한다.

환자와 가족의 문제와 욕구를 파악하기 위하여 사회복지사는 환자나 가족, 집단들이 빈번히 보고하는 문제들을 수집, 분류, 정리함으로써 문제확인표를 구성하여 활용할 수 있다. 환자나 가족으로 하여금 문제확인표에 나타난 목록에 자신의 문제를 기록하거나 의견을 제시하게 함으로써 사회복지사는 효율적으로 업무를 수행할 수 있다. 문제확인표의 유용성은 다음과 같다(김융일 외, 1998).

- 환자나 가족이 자신의 문제를 쉽게 확인할 수 있다.
- 환자나 가족이 자신만이 그런 문제를 가지고 있는 것이 아니라는 것을 확인시킴으로써 불안감을 해소할 수 있다.

- 기관과 사회복지사의 지원 내용을 알려줄 수 있다.
- 환자나 가족과 사회복지사의 대화의 초점을 제공해 주기도 한다.
- 환자나 가족과 자신의 문제를 개념화하여 말로 표현할 수 있게 한다.
- 병원에서 다룰 수 없는 문제를 쉽게 구분할 수 있다.

다음은 문제확인표의 일례다.

표 6-3 소아당뇨환자 부모의 문제확인표

다음은 소아당뇨를 가진 아동의 부모들이 흔히 겪는 문제들을 모아 놓은 것입니다. 귀하에게 해당되는 항목에 V하십시오. 이 질문에 대한 답변은 귀하가 가진 문제의 해결을 위해 도움을 드리는 데 참고가 될 것입니다.
__ 1. 아동의 당뇨관리 문제로 인한 가족 간의 불화가 종종 발생한다.
__ 2. 아동이 주사, 영양, 운동에 관한 지시를 따르지 않아 속상하다.
__ 3. 아동의 친구관계가 염려된다.
__ 4. 아동의 정서적 발달에 대한 정보를 알고 싶다.
__ 5. 아동의 교사에 대한 대처방법을 모르겠다.
__ 6. 친척이나 이웃들에 대한 대처방법을 모르겠다.
__ 7. 응급상황 또는 예후에 대하여 불안하다.

3) 타 기관으로의 의뢰

환자나 가족의 문제와 욕구가 당 기관에서 해결할 수 없을 때 다른 적합한 기관으로 환자나 가족을 보내는 것을 의뢰(referral)라 하는데, 사회복지사는 적절한 의뢰를 위한 준비를 하고 있어야 한다. 즉, 사회복지사는 자신의 기관뿐만이 아니라 다른 기관의 정책과 자원, 그리고 지역사회의 여타 자원에 대해 소상히 파악하고 있어야 한다. 다음은 병원에서 나타나는 의뢰의 이유와 실례다.

(1) 환자나 가족의 문제가 당 기관의 목적 또는 기능에 부합되지 않을 때

예를 들어, 당 기관에서는 뇌성마비아동의 부모를 위한 사회사업 프로그램이 제공되지 않으나, 클라이언트가 사회사업 프로그램에 대한 참여 욕구가 있는 경우에 클라이언트가 속한 지역사회의 복지관으로 의뢰를 한다.

(2) 환자나 가족의 문제해결에 더 전문적인 서비스를 제공하고 있는 기관으로 의뢰하는 것이 좋다고 판단될 때

예를 들어, 출생아의 입양을 결정한 미혼모에게 적절한 입양상담을 받을 수 있도록 하기 위해 입양기관에 의뢰를 한다.

(3) 의료서비스의 종료로 퇴원을 하게 되었으나, 지속적으로 지역사회의 사회사업 서비스가 제공되는 것이 필요할 때

예를 들어, 퇴원을 앞둔 소년소녀 가장의 환자 또는 독거 노인 등이 지속적인 보호의 필요가 있다고 판단되는 경우에 동사무소나 복지관에 사례관리를 의뢰한다.

2. 관계형성

관계형성(engagement)이란 환자, 가족 또는 집단과 치료적 관계형성을 수립하는 것을 말한다. 이를 통해 목표성취를 향한 클라이언트와 워커의 과업이 성공적으로 수행될 수 있다. 먼저 클라이언트와 초기 접촉을 하기 전에 사전준비를 함으로써 돕는 과정을 성공적으로 시작할 수 있다. 사회복지사의 첫 번째 과제는 클라이언트의 생활공간에 민감하고 적절하게 들어갈 수 있도록 자기 자신이 준비를 하는 것이다. 정서적 및 인지적으로 워커는 환자와 가족이 무엇을 경험하고 느낄 것인지를 상상하고 또한 파악하려고 노력하여야, 질병으로 인해 발생한 그들의 관심사와 두려움 그리고 희망과 욕구를 발견해내고 적절히 반응할 수 있을 것이다. 또한 그렇게 함으로써 환자의 상태나 모습, 증상에 대한 워커의 주관

적 생각이나 감정도 더 잘 통제할 수 있게 되며, 클라이언트와 워커 간의 연령, 성별, 계층 차이를 잘 극복할 수 있고 클라이언트의 욕구에 대응하는 적절한 서비스를 제공할 수 있게 된다. 정서적으로 공감하면서(타인의 입장에 자신을 놓고 보는 능력) 인지적으로는 객관적 측면에서 환자를 볼 수 있는(왜곡된 사고 없이 객관적으로 세상을 보는) 능력이 필요하다.

환자와 가족에 대한 사전 정보 수집도 필요하다. 이러한 정보를 미리 확보하게 되면 클라이언트의 상황에 대한 이해도가 매우 높아져 관계형성에 도움이 된다. 상담 전에 수집해야 할 정보는 환자의 일반적 사항과 의료적 상태에 관한 사항이다. 이는 환자의무기록, 의료진과의 면담, 간호일지, 협의진료 의뢰기록지로부터 수집되는 것으로서 상세한 내용은 〈표 6-4〉와 같다.

원활한 관계형성을 위해서는 먼저 사회복지사를 찾아오기 이전의 환자나 가족의 심리적 상황을 이해할 수 있어야 한다. 병원에서 진단을 받은 상태에 있는 환자와 보호자의 경우는 극도의 불안감을 갖고 있는 경

표 6-4 환자의 일반적 정보 및 의료적 상태에 관한 정보

가. 일반적 정보의 내용
환자등록번호, 성명, 성별, 생년월일, 연령, 주민등록번호, 주소, 연락 가능한 전화번호, 입원일, 의뢰자, 의뢰 경위 및 이유, 입원 또는 외래 여부 등이 필요하다. 이러한 정보는 환자상담 기록관리와 사정을 포함한 이후의 사회사업 실천과정에 필요한 것들이다.

나. 의료적 상태에 관련된 정보의 내용
세부진단명, 환자의 내원 경위 및 경로, 방문목적(진단을 위한 방문인지, 치료를 위한 방문인지의 여부), 주치의, 지금까지의 입원경험 여부, 발생원인, 발병시기, 발병 시의 특정 사건, 합병증이나 다른 건강문제의 유무, 다른 병력, 약물복용 여부, 주된 호소(chief complains), 가족의 병력, 주간호자(main caregiver), 가사수행자, ADL(Activity in Daily Living, 일상생활동작; 식사, 착탈의, 용변, 목욕, 쇼핑, 걷기), 보조기 착용 여부, 기대되는 의료적 회복의 수준, 시각, 청각, 미각, 촉각 등을 포함한 감각능력 등에 대한 정보와 특정질환의 의학적 특성에 따른 부가적인 정보를 수집한다.

우가 많으므로, 가능한 한 환자에게 편안한 시간과 장소를 배려하는 것이 바람직하다.

대다수의 환자와 가족들은 의료사회복지사에 대해 잘 모르고 있고 상대적으로 소수의 환자와 가족이 사회사업 서비스를 요청하기 때문에 원조관계의 초기에는 환자나 가족이 사회복지사와 사회사업상담에 대하여 의문을 가질 수 있다. 따라서 사회복지사는 환자나 가족에게 원조의 목적을 명확히 하며, 워커 자신의 기능과 역할을 분명히 제시해야 한다. 워커의 기능과 역할을 설명할 때는 워커와 의사, 간호사, 기타 직원들과의 관계를 설명해 주어야 한다. 또한, 사회복지사는 건강의 회복을 위하여 생물-심리-사회적(bio-psycho-social) 측면의 접근이 필요하다는 것을 설명해 주어야 한다. 질병과 관련된 스트레스를 잘 다루도록 돕고 욕구를 충족시킬 수 있는 자원을 찾도록 도와주며 퇴원계획을 세우는 데 도움을 주는 등 사회사업 서비스가 어떻게 환자와 가족을 도울 수 있는지를 환자의 연령, 학력 등을 고려하여 설명함으로써 상담에 적극적인 자세로 임하도록 유도한다. 기관이 갖는 서비스의 제한점에 관하여도 설명한다.

관계설정은 클라이언트가 서비스나 관심사 등에 대해 궁금해하는 질문에 적절히 반응하면서 발전해 간다. 그렇게 하는 동안 워커는 클라이언트가 상담에 임하는 태도를 확인하고, 클라이언트의 비언어적 행동과 모순되는 점 등을 잘 관찰해야 한다. 특히 양가감정, 즉 도움을 받는 것이 필요하다고 느끼지만 그것이 자신의 약점을 드러내는 것에 대하여 수치심을 느끼는지, 낙인이 붙는다고 느끼는지 또는 그저 어떤 두려움을 갖고 있지는 않은지를 잘 살펴야 한다. 이런 경우 감정이입적 측면에서 다음처럼 말을 해 주는 것이 필요하다. “저의 제안에 대해 어떤 다른 생각이 있는 것 같군요.” 또는 “이런 도움을 요청하는 것이 사실 쉬운 일은 아니라고 생각합니다.” 이러한 질문은 클라이언트가 가지고 있는 의심, 걱정 등을 표현하도록 이끌며 동시에 워커가 실로 관심과 이해를 갖고 있다는 점을 전달할 수 있어 신뢰를 형성하게 된다.

비자발적인 환자나 가족 그리고 문제해결을 위한 노력을 하였으나 좌절을 경험한 환자나 가족을 성공적인 원조 관계 속으로 끌어들이기 위해서는 동기화가 필요하다. 사회복지사는 환자나 가족의 저항감에 대하여 이해하고, 이에 대하여 대처해야 한다. 동기화를 위하여 사회복지사는 상담원칙에 입각한 기술을 활용한다. 클라이언트의 저항감을 이해하고 지지해 주면 클라이언트는 변화하고자 하는 결심을 갖는다(김융일 외, 1998). 그러나 사회복지사의 권위적인 태도, 전문용어의 남용, 심판적인 태도는 환자나 가족의 수치심, 열등감 등을 자극하여 저항감을 일으킬 수 있다.

상담이 보다 효과적으로 이루어질 수 있도록 비밀보장의 원칙에 대하여 알려준다. 왜냐하면 클라이언트는 사생활이나 비밀보장이 침해받을까 걱정하기도 하며, 가족의 약점이나 비밀을 사회복지사가 노출할까 봐 두려워한다. 이런 모든 것은 그냥 넘기지 말고 그러한 점을 말로 표현하고 탐색하고 도움과정의 성격을 분명히 하여 해결해야 한다.

클라이언트는 서비스를 거절할 권리를 갖는다. 그러나 그러한 결정은 가정(assumptions)에 기초하기보다는 정확한 정보에 기초를 두어야 한다. 그러므로 워커가 분명하게 도움의 목적, 상담의 진행과정, 환자나 가족의 결정에 수반되는 긍정적, 부정적 결과를 설명해야 한다.

3. 사정 및 지원계획 수립

1) 사정

사정단계에서는 사회복지사가 환자나 가족의 욕구에 관한 정보를 수집하고, 수집된 자료를 검토하고, 해석하고, 분석하며, 우선 순위화하고, 의미를 부여하고 종합화하여 실천적 개입을 위한 합의를 도출해낸다. 사정은 환자나 가족에 대한 병리학적 접근, 즉 환자나 가족이 할 수 없는 것은 무엇인가 하는 진단적 접근(diagnostic approach)과는 구별되는 개념으로서 환자나 가족의 발전과 성장을 가져올 수 있는 상황의 강점(strengths)을 인식하면서 동시에 환자나 가족의 제한점(limitations)을 인식하는 더욱더 적극적인 개념인 것이다(김만두, 1997). 환자나 가족의 문제뿐만 아니라 문제를 해결하기 위한 중요한 자원과 자료를 수집하는 점이 중요하다. 사회복지사들은 자신의 전문지식으로만 사정과정을 제한하지 않고, 다른 전문가들과 협력하여 활동하기도 하는데, 이때 조정자나 팀 지도자의 역할을 할 수 있다. 자료수집은 사회사업 실천과정 전반에 걸쳐 실시된다.

보건세팅의 속성상 사정, 계획 및 계약이 신속하게 이루어져야 한다. 장기보호의 경우를 제외하고는 수차례의 면접에 걸쳐 정보를 얻는 것이 용이하지 않다. 대신 신속히 상호 간에 합의된 목표와 이에 도달하기 위한 과업을 설정해야 한다. 때때로 첫 번째 면접에서 이런 모든 것이 결정되는 경우도 있다. 사회복지사가 자료를 수집하는 방법은 다음과 같다.

- 협의진료기록지, 상담의뢰서, 문제확인표 등의 서류
- 환자나 가족과의 면접
- 환자나 가족의 언어적/비언어적 행동에 대한 사회복지사의 관찰
- 의무기록 및 의료진 등 관계된 전문가로부터의 정보
- 심리검사 결과
- 사회적 관계망으로부터의 정보
- 가정방문 등을 통한 일상생활에 대한 사회복지사의 관찰
- 환자나 가족에 대한 사회복지사의 개인적인 경험과 통찰

사회복지사는 환자와 가족의 주된 호소(chief complains)를 중심으로 현재 명백하게 드러나는 문제를 확인하고, 점진적으로 문제의 심층부분으로 확대시켜 나아간다. 접수과정에서 환자나 가족이 제시하지 않은 문제를 사정과정에서 발견하는 경우도 있다. 사회복지사는 클라이언트가 호소하는 문제를 문제의 심각성과 지속성, 문제의 과거기록, 문제에 대해

갖는 관점, 문제해결을 위해 기울였던 노력의 종류와 정도, 상황을 변화시키려는 의지의 정도에 대하여 사정해야 한다(김만두, 1997).

문제를 탐색하고 사정하는 데 있어서는 개인적 및 환경적 요인이 질환요인과 어떻게 상호작용하여 추가적인 스트레스를 발생시키는지를 이해하는 것이 중요하다. 이를 위해서는 워커가 클라이언트의 발달단계와 과업을 잘 이해해야 한다. 예를 들어, 만성질환은 아동이나 청소년의 동료관계, 정체감 형성, 독립심 유지 등에 중대한 영향을 끼친다. 또한 이러한 과업들이 어떻게 다루어지는지가 클라이언트의 질병을 극복하는 방법에도 영향을 끼칠 것이다. 개인의 자아개념, 생의 목적, 가족, 직장 및 지역사회에서의 지위와 역할은 질병에 의해 지대한 영향을 받는다는 점도 인지하고 있어야 한다.

또한 가족의 발달단계를 고려하는 것도 중요하다. 개인의 삶의 과업과 상호작용하게 되는 가족의 과업을 이해하게 되면 환자 개인의 질병이 가족의 기능에 어떻게 영향을 주는지 이해할 수 있다.

질병은 가족의 구조를 변화시켜 부부체계, 부모자녀체계, 형제체계를 변화시킬 수 있고, 기존의 의사소통 유형이나 관계를 혼란시키며 지위나 역할 그리고 과제의 재할당 욕구가 창출된다. 그러므로 질병 이전에는 잘 기능하던 가족이 질병이 부과하는 스트레스로 인해 가족이 적응적으로 기능하지 못하고 와해되는 경우도 있다. 그러므로 보건 분야의 사회복지사는 가족의 구조, 발달적 단계와 과제, 환자의 발달적 단계와 역할 및 과제 그리고 외부의 자원을 잘 알아보아야 한다.

다음에 탐색기술을 몇 가지 제시한다.

- 환자와 가족이 질환의 성격에 대해 어떻게 생각하는지, 즉 질환의 원인, 질환에 대한 개인적 의미, 효과적 도움에 대한 아이디어 등을 이끌어낸다.
- 대처자원, 질환을 극복하는 데 방해가 될 수 있는 문제, 그리고 환자의 개인적 · 대인적 · 환경적 영역에 대한 질병의 영향을 확실히

알아보기 위해 환자의 생활공간을 탐색해 본다.

- 환자의 불안, 죄의식, 우울 등 정서적 상태를 기록하고, 인지기능, 자아개념, 대인관계의 성격, 초기 대처노력을 기록한다.
- 정서적 지지를 제공한다.
- 클라이언트의 사회적 · 문화적 요인 등이 환자의 질병경험, 역할, 대처유형 등에 대해 어떻게 영향을 줄 수 있을지 고려한다.

이러한 측면을 잘 활용하여 측정에서는 다음 내용에 대한 정보를 확실히 얻도록 한다.

- 질병의 진단과 예후에 관한 질병 요인
- 환자의 연령, 성별, 지위, 역할과 연관되어 있는 환자의 발달적 단계와 과제, 정서적 · 심리적 특징 등 개인적 요인
- 가족의 발달단계와 과제, 의사소통과 구조적 양상 등을 포함하는 대인관계적 요인
- 사회환경적 측면에 있어서의 장애물과 재원을 포함하는 환경적 요인
- 질병에 대한 규범, 태도 그리고 종교 같은 문화적 요인
- 스트레스를 발생시키고 유지시키는 데 있어서 위의 다섯 가지 요인의 상호작용 그리고 내적 · 외적 대처 자원의 존재 유무

사정단계에서 생태도를 활용하는 것이 환자의 생활공간을 이해하는 데 많은 도움이 된다. 생태도는 환경과의 상호작용 속에서 장점 및 장애물을 보여준다. 상호작용 속의 갈등 상황 및 우호적인 상황을 보여주고 도구적인 도움의 존재 유무도 보여준다. 생태도는 클라이언트와 워커에게 스트레스에 대한 설명 및 극복상의 어려움을 그림으로 제시해 주는 장점이 있다. 또한 클라이언트가 변화시킬 수 있는 가능한 부분도 제시해 주고, 워커에게 어떤 체계의 경계(boundary)를 어떻게 확대시켜야 하는지도 분명하게 해 준다.

생태도를 통해 본 클라이언트의 문제상황 측정의 예

김 부인은 36세의 여성으로서 3명의 자녀를 두고 있다. 그녀는 18개월 전부터 백혈병을 앓고 있고, 현재 유일한 희망은 골수이식수술이다. 남편은 현재 아이들을 돌볼 가정부를 찾고 있으며, 김 부인의 친정어머니는 재혼하고 현재 사별한 상태로 있다. 친정어머니는 딸을 매우 걱정하고 있지만 딸들에게도 불만이 많은 상태다. 친정아버지는 알코올 중독자였고 자녀들에게 매우 학대적이었다고 한다. 부모의 이혼 후 딸들은 어린 시절 이후 아버지를 한 번도 본 적이 없었다.

환자의 언니가 골수를 기증하려고 한다. 하지만 환자에 대한 진찰 결과 여러 질병이 발견되었고 몸 상태가 별로 좋지 않아 언니가 먼저 당분간 치료를 받아야 한다. 골수기증이 불가능할 수도 있다. 가족으로부터의 수혈이 필요하므로 환자의 아버지를 찾게 되었다. 골수이식수술은 절차상 스트레스가 많게 되므로 사회복지사가 참여하여 환자와 가족을 돕고 있다.

- 환자의 남편과 친정어머니는 환자의 질환으로 인한 스트레스를 극복하는 문제뿐만 아니라 일상생활의 문제에 대해서도 도움을 필요로 한다. 이들은 또한 환자의 죽음의 가능성과 위험 요소를 이해하는 데 도움이 필요하다.
- 골수 기증자인 언니도 자신의 욕구가 있을 것이며 심리적 스트레스를 가지고 있다. 언니에 대한 관심을 기울일 필요가 있다.
- 환자의 아버지는 특이한 상황에 놓여 있다. 32년간 아버지로서 남편으로서의 역할을 못해 오다가 이제는 딸의 생명을 구할 수 있는 유일한 희망자로 떠오르고 있다. 그러나 환자의 어머니 입장에서는 노여움을 불러일으킬 수도 있다.
- 환자의 자녀들도 또한 사회복지사의 관심을 필요로 한다. 환자와 그 남편이 자녀들과 전화나 편지로 계속 접촉을 유지하도록 돕고 자녀들의 두려움과 슬픔 그리고 외로움의 문제를 돕는다.
- 환자는 원치 않는 결과가 나올까봐 걱정이 많기 때문에 사회복지사의 관심이 필요하다.
- 치료진이 환자의 심리사회적 욕구에 잘 반응하도록 치료진의 수용과 협조를 이끌어내야 한다.

이후의 단계를 통해서도 지속적인 재사정의 필요가 있는데, 사회복지사의 상담과 관찰, 전문가나 사회적 관계망의 의견 등을 토대로 환자나 가족의 욕구 변화를 지속적으로 파악하고, 클라이언트가 속한 환경의 변화에 대한 지속적인 자료수집을 실시함으로써 재사정을 실시한다. 재사정의 결과 필요한 경우에는 서비스의 강도나 종류를 수정하거나 다른 서비스로 대체한다.

초기단계가 순조롭지만은 않다. 클라이언트의 저항은 원조과정 동안에 흔히 있게 마련인데, 이는 대부분 클라이언트와 사회복지사 간의 개인적 · 사회적 · 문화적 차이에 기인한다. 연령, 성별, 사회계층, 종교 등의 차이로 인해 저항을 보이는 예가 많다. 남성들은 여성 사회복지사의 지식이나 기술을 신뢰하지 않을 수도 있다. 노인 클라이언트는 젊은 사회복지사가 병든 노인이 직면한 문제를 이해하지 못한다고 느낄 수도 있다. 이러한 모든 태도, 기대, 인식은 모두 효과적인 원조에 장애물이 된다. 초기단계에서 저항을 쉽게 다룰 수 있는 방안이 물론 있다. 감정이

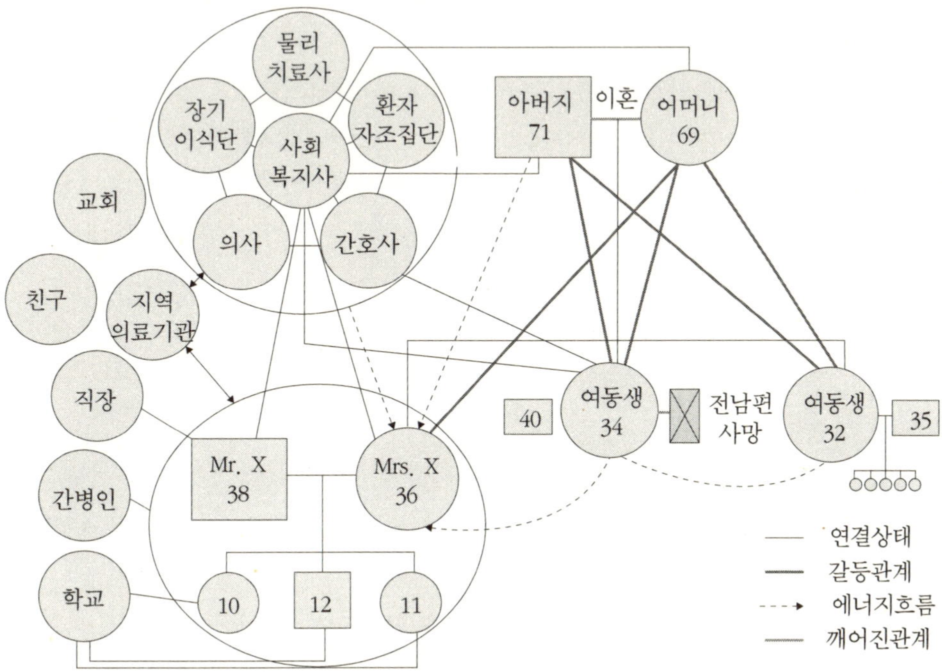

[그림 6-1] 김 부인에 대한 생태도

입적, 비심판적, 수용적인 분위기 속에서 클라이언트의 생각을 개방적으로 표현하도록 고무하는 것이 비결이다. 예를 들면, 다음과 같은 표현이다. "아마 젊은 사람이 노인 어르신의 문제를 이해할 수 있을까 의아해하실 수도 있으리라 봅니다." "전에 사회복지사와 상담해 본 적이 있으신지요?" "어떠셨어요?" "여자 상담가와 함께 이야기하는 것이 편하지는 않으실 겁니다."

의료사회복지사는 사정단계에서 클라이언트의 문제와 욕구를 파악하기 위하여 다음과 같은 사정틀을 활용하는 것이 도움이 된다. 다음은 PIE를 응용하여 저자들이 개발한 사정틀이다.

(1) 환경 속의 개인(Person-In-Environment; PIE) 문제 분류체계

PIE 분류체계는 성인 클라이언트의 사회적 기능수행 문제를 묘사하고, 분류하고, 기호화하기 위한 체계다(NASW, 1995). 미국 NASW의 지원 하에 개발된 PIE 분류체계는 클라이언트의 대인관계적, 환경적, 정신건강적, 신체적 건강문제의 간결한 묘사 체계를 제공하기 위한 조직적인 개념이다. 또한, PIE 분류체계는 모든 분야의 사회사업실천 및 다양한 이론적 성향을 가진 실천가들에 의해 사용되도록 계획되었다. Karls와 Wandrei가 제시한 PIE 분류체계는 클라이언트의 문제상황을 네 가지 축으로 분류한다.

축 I에서는 클라이언트의 사회적 기능수행상의 문제를 파악하고 묘사한다. 문제의 유형과 심각성과 지속 정도 그리고 문제를 해결할 수 있는 클라이언트의 능력/강점을 묘사한다. 축 II에서는 클라이언트의 문제에 영향을 주고 있는 환경상의 문제를 묘사한다. 요소 I(사회적 기능수행 문제)과 요소 II(환경적 문제)에서 사용되는 개념들은 사회사업실천에 고유한 것이다.

축 III에서는 정신건강 문제를, 축 IV에서는 신체적 건강문제를 파악한다. 축 III은 DSM-4에서 사용되는 임상적 증후군과 성격적 · 발달적 장애의 개념들이 활용된다. 축 IV는 의사에 의해 진단되거나 클라이언트 혹은 나른 사람들에 의해서 보고된 질병이나 건강문제를 기록한다. 여기서는 PIE 분류체계 중에서 축 I, II를 응용한 사정틀을 제시한다.[1)]

① 사회적 기능수행의 문제

사회복지사는 클라이언트의 사회적 기능수행 문제의 사정에 있어서 가족, 중요한 타인과의 관계, 직업상에서의 역할, 환자로서의 역할수행을 사정한다. 또한 문제해결 능력에 관한 사정에 있어서는 클라이언트의 신체적 · 심리적 강점을 포함한다. 역할수행상의 문제에 대해서는 역할이론을 적용하는 것이 좋다.

▶ 사회적 기능수행의 문제에 대한 사정

첫째, 가족 간의 기능수행에 대한 사정은 다음을 포함한다.

가족구성원의 성명, 성별, 연령, 종교, 학력상태, 직업, 환자와의 관계, 결혼상태, 동거 여부, 성격 등에 대한 조사와 아울러 가족력을 조사하며, 입원이나 외래 진료기간 동안 및 퇴원 후의 질병관리에 대한 가족 협조의 중요성에 대한 가족구성원의 인식, 환자의 가족에 대한 심리적 의존도와 정서적 지지 정도 및 간병 등에 관한 업무분담 정도, 발병으로 인한 가족간의 관계변화, 질병관리에 따른 가족갈등, 여가에 대한 욕구와 여가활용 방법 및 간병을 교대할 수 있는 인적 자원, 가족의 특별한 문제, 아동 환자에 대한 부모역할에 대한 지식 정도, 부모의 자녀교육 방법, 아동의 발달에 대한 지식, 가족의 의사소통, 가족구성원 간의 의사결정 과정, 가족구조, 가족주기에 따른 중요한 변화, 가족 내 역동, 가족 외부체계, 즉 환경과의 상호작용에 대하여 사정한다.

가족에 대한 사정에서는 가계도와 생태도를 활용할 수 있다.

둘째, 중요한 타인과의 관계 및 직업상에서의 역할에 대한 사정은 다음을 포함한다. 즉, 발병으로 인한 환자의 친구관계, 학교나 직장생활에

---

1) 본래 PIE 분류체계는 그 사용방법이 따로 있으나 본 서에서는 PIE의 내용을 응용하여 저자들 고유의 사정틀을 개발해 보았다. 독자들의 혼돈이 없기를 바란다.

서의 대인관계 변화, 사회적 관계상 질병관리에 도움이 되는 요인과 방해가 되는 요인, 대인관계상의 주요 스트레스 요인 및 대처방법, 사회적 관계망에 대한 질병노출 여부 등이다.

셋째, 특정 생활상황(환자로서의 역할)에 대한 사정은 다음을 포함한다.

즉, 의료진에 대한 요구사항, 진료일정의 준수상태, 환자와 가족의 질병 전반에 대한 이해도, 발병원인에 대한 이해도, 질병과 관련된 과거의 문제해결 능력과 의사결정 능력, 의료적 지시에 대한 환자의 순응도 등을 환자와의 상담과정을 통하여 파악한다. 또한, 환자와 가족이 갖는 회복에 대한 기대와 의료진이 설정한 의료적 목표의 일치도를 점검하는데, 환자와 가족의 기대는 직접적 진술 또는 사회적 관계망으로부터 정보를 수집하며, 의료진의 진료계획에 대한 정보는 의무기록 또는 면담으로부터 수집한다.

▶ 문제해결을 위한 클라이언트의 능력

문제를 해결하기 위한 클라이언트의 능력을 사정하기 위하여 사회복지사는 생활력에 대한 조사자료와 상담, 관찰 등의 방법을 활용하여 신체적 · 인지적 · 감정적 · 행동적 기능과 상태를 사정한다. 이 부분은 김만두(1997)의 내용을 위주로 제시하도록 한다.

- 신체적 기능과 상태
  - 사회적 상호작용과 자아개념에 영향을 줄 수 있는 신체적 특성, 즉 신체적 매력, 표정, 용모, 상처 등을 점검한다.
  - 일상생활, 여가활동 등을 할 수 있는 신체적 기력의 상태를 점검한다.
- 인지적 기능과 상태
  - 상황 적응력: 사람, 장소, 시간에 대한 적응능력을 포함한 현실적응 능력과 관계에 영향을 미치거나 관계를 형성하는 능력에 대한 이해
  - 지적 능력: 추상적 개념을 인식하는 능력, 논리적 사고과정, 어휘

구사 능력

- 상황 판단력: 문제에 대한 선택을 하는 능력, 계획하고 예측하는 능력
- 인식의 융통성과 일관성: 사고와 감정의 통합, 새로운 개념에 대한 개방성, 다른 관점에서 문제나 상황을 분석할 수 있는 능력
- 자아개념: 현실성을 지닌 자아개념, 자신에 대한 기본적 믿음, 자신의 강점 및 제한점에 대한 직관

• 감정적 기능과 상태

기쁨, 슬픔, 분노, 우울, 불안, 감정의 쇠약 정도 등 가지고 있는 감정의 내용, 개인이 경험하는 문제에 대한 감정의 적절성, 감정의 표현 정도(온화함, 흥분성), 감정을 조절하는 스타일, 감정에 대처하는 방법, 일상생활에서의 감정상태로 미루어 볼 때 질병관리에 방해가 되는 요인과 도움이 되는 요인, 환자와 가족의 질병의 진단 및 관리에 대한 심리적인 반응과 상태(치료 의욕, 죄책감, 분노, 우울, 불안, 강박, 무력감, 거부, 수용, 자신감 등) 및 환자와 가족의 치료태도를 점검한다. 특히, 유전질환자, 장애인, 난치병 환자의 경우에는 심한 감정적 혼란을 경험할 수 있음을 유의한다.

• 행동적 기능과 상태

타인의 감정에 대한 민감성, 협동성, 단호성 등 타인과 관계를 만들고 유지하는 사회적 기술, 개인의 위생, 정리정돈 등 개인적 습관, 자기표현 기술과 경청하는 기술, 책임성을 받아들이고, 책임을 이행하는 것, 자신을 개선하고자 하는 욕망, 목표달성에 대한 의지 및 진전을 향해 나아갈 수 있는 의지 등 동기화의 수준, 공격적 행동의 유무, 자신의 감정에 대한 행동적 반응

② 환경적 문제

축 II에서는 사람들이 살고 있는 물리적 환경 · 사회적 맥락에서의 문제를 파악한다.

▶ 경제적/기본적 욕구체계

• 음식/영양

환자의 영양상태와 이에 영향을 줄 수 있는 상황에 대하여 사정한다. 즉, 영양상태, 식사를 준비하는 가사책임자, 외식의 빈도, 가족 및 개인의 식습관 등에 대하여 사정한다.

• 주거

단독/연립/아파트에 관한 사항, 계단/엘리베이터의 사용 여부, 큰길에서 집까지의 경사로 여부, 화장실 형태(양변기/좌변기/재래식/이동식), 방의 수 등의 주거상태와 거주지 주변환경의 상태가 환자의 생활에 도움이 되는 요인과 장애가 되는 요인을 사정한다.

• 고용

최종 학력 및 전공, 자격증 소유 여부, 장래희망, 취업경험 등의 이력사항, 현재의 직업상태, 현재의 직업에서 나타나는 문제상황, 아동 환자의 경우는 학업계획과 직업과의 관련성, 성인 환자의 경우는 앞으로의 직업계획 등에 대하여 조사된 자료를 바탕으로 향후의 구직이나 이직 등의 직업적 여건에 대하여 사정한다.

• 경제적 자원

수입 및 재산 정도, 수입원, 금융기관 부채, 사채, 경제적 자립 여부 및 자립가능성, 경제적 지원의 필요성에 관하여 사정한다.

• 교통/이동수단

이동수단(도보, 승용차, 택시, 버스), 교통의 연결성, 자동차 소유 여부, 집에서 병원(응급실)이나 학교, 직장까지의 거리 등을 사정한다.

▶ 교육과 훈련체계

학력상태, 학교수업 정도, 과외활동, 학원수강, 취미, 특기, 전공, 컴퓨터 활용 능력 등에 대하여 조사된 자료를 바탕으로 학업욕구, 아동환자의 학교에서의 적응문제, 성인환자의 사회교육 프로그램에 관한 욕구 및 계획상태와 이를 지원할 수 있는 교육적 여건에 관하여 사정한다.

▶ 사법적 · 법적 체계

학대받은 아동이나 여성의 경우에는 법적 대응을 위하여 이용할 수 있는 법적 서비스에 대하여 사정한다.

▶ 건강, 안전, 사회적 서비스

- 건강/정신건강

  질병과 관련하여 의료진으로부터 받게 될 서비스 내용, 의료진과의 접촉빈도, 접촉방식 등에 대하여 사정하며, 이것은 의료진과의 면담, 협의진료기록 등을 참조한다.

- 안전

  환자와 가족의 안전에 위협이 되는 요소가 있는지를 사정한다.

- 사회적 서비스

  의료보장 상태를 조사하고, 국민기초생활보장법, 의료보험법, 의료급여법, 산재보호법, 장애인복지법 등 환자가 이용할 수 있는 법적 서비스에 대하여 사정한다.

▶ 자발적 교제체계/정서적 지지체계

환자가 속한 종교나 지역사회단체 등의 자발적 교제체계와 정서적 지지체계에 대한 자료를 조사하기 위하여 사회복지사는 사회적 관계망을 살펴볼 필요가 있다. 사회적 관계망의 구조와 상호작용 및 사회적 관계망으로부터 제공받을 수 있는 물적 자원과 정서적 지지도를 사정한다. 사회적 관계망이란 한 개인이 지속적으로 관계를 맺고 있는 사람들이나 집단을 의미하는데, 클라이언트에게 정보와 조언 또는 구체적인 원조나 행동으로 도움을 주는 지지망과 스트레스를 가중시키거나 해로운 영향을 미치는 비지지망으로 구분할 수 있다.

2) 지원계획수립

정보수집이 끝나게 되면 잠정적 가설을 개발하고 일시적 목표와 장기적 목표를 정하고 목표도달을 위한 즉각적 개입을 결정한다. 사정 결과를 통해 사회복지사는 클라이언트의 강점을 증진시켜야 하는지, 환경의 강점을 증진시켜야 하는지를 결정해야 하므로 환자나 가족의 상황적 맥락에 관한 유능한 판단력을 발휘해야 한다.

이런 모든 과정 속에서 필요한 것은 바로 워커와 클라이언트 및 가족의 상호동의이다. 문제의 성격에 대한 환자와 가족의 동의, 그리고 목적과 개입방안에 대한 동의에 도달해야 하며 이러한 동의를 계약서로 작성하게 된다.

계획에서는 환자나 가족, 지지망을 형성하는 사람, 전문가 간의 역할과 활동을 정하며, 포괄적 계획을 수립하기 위하여 여러 분야의 상호 제휴적 팀을 형성하기도 한다. 환자나 가족과 관련된 사회적 관계망은 문제의 일부로서 보이기도 하지만 해결을 위한 자원으로 고려해야 한다.

계획을 수립하는 방법은 다음과 같다.

(1) 해결해야 할 문제의 우선순위를 결정한다. 문제나 목표의 우선순위를 결정하는 지침은 다음과 같다(김융일 외, 1998).

① 환자나 가족이 문제로서 인식하고 해결되기를 바라는 모든 문제를 기록한다.

② 사회복지사 차원에서 해결해야 할 문제로 인식된 것을 모두 기록한다.

③ 상호 관련된 문제를 묶는다.

④ 위의 3번 중에서 환자나 가족이 2~3개의 중요한 문제를 선택하도록 한다.

⑤ 문제의 우선순위에 대해 사회복지사의 의견을 제시한다.

⑥ 환자나 가족과 사회복지사가 다음 기준을 고려하여 합의점을 찾는다.

- 환자나 가족 상황에 가장 크게 영향을 미치고 있는 문제는 무엇인가?

- 가장 효율적으로 해결될 문제는 무엇인가?
- 실현가능성이 있는 문제는 무엇인가?

(2) 우선순위가 정해지면 지원계획을 곧 수립한다(김만두, 1997)

- 각 문제에 대한 기대되는 변화, 즉 활동의 목적을 확인한다.
- 계획의 목표달성을 위해 고안된 특정활동을 수행할 사회복지사, 환자나 가족, 사회적 지지망의 역할과 책임에 대해 규정한다.
- 각각의 목표달성을 위한 시간을 안배한다.

(3) 계획수립이 완료되면 계약서를 작성하고 지원활동을 개시한다

지금까지 설명한 의료사회사업 실천과정의 초기단계를 간단한 예를 들어 살펴보면 〈표 6-5〉와 같다.

표 6-5 의료사회사업 실천과정의 예

대상자 발견 수술거부의 문제로 의사로부터 사회복지사에게 상담이 의뢰됨.
접 수 서비스 수급자격 심사
관계설정 사회사업상담이 환자의 문제해결에 도움이 될 수 있음을 설명하고 상담관계를 수립함.
사 정 사회복지사는 사정을 통하여 그 원인이 막연한 불안 등의 심리적 요인이거나, 진료비에 대한 부담 또는 수술과정이나 예후에 대한 이해부족임을 알게 됨.
지원계획수립 (1) 만일 예후에 대한 불안이 문제의 원인으로 사정된다면, 사회복지사는 심리상담을 계획할 수 있음. (2) 진료비에 대한 부담감이 문제의 원인으로 사정되었다면, 사회복지사는 후원금 모금을 계획할 수 있음. (3) 또한, 수술과정이나 예후에 대한 이해의 부족이 문제의 원인으로 사정되었다면, 의료진에 의한 추가적인 의학적 설명이 제공되도록 중재계획을 세울 수 있음.

– 경제적 상황 평가방법 –

사회복지사는 환자가 진료비 마련의 어려움으로 인하여 치료의 기회를 잃어 건강을 악화시키거나 귀중한 생명을 포기하는 일이 발생하지 않도록 관심과 노력을 기울여야 한다.

1) 평가의 필요성

진료비 마련의 어려움이 있는 환자를 돕기 위해서는 먼저 환자 및 가족의 경제적 상황에 대한 엄격한 평가가 이루어져야 한다. 정확한 평가가 필요한 이유는 다음과 같다.

(1) 한정된 자원의 효율적 분배

한정된 자원을 효율적으로 분배한다는 것은 진료비 지원이 가장 적절한 대상자를 파악하여 지원한다는 것을 의미한다. 대개 자선기금이나 모금액은 한정되어 있다. 따라서 사회복지사는 후원을 받기에 가장 적절한 대상자에게 분배되도록 노력해야 할 것이다.

이러한 견해는 몇 가지 논의점이 있다. 먼저, 후원을 받기에 가장 적절한 대상자란 누구일까? 진료비 조달능력이 가장 취약한 빈곤층의 사람인가? 아니면 완치 가능성이 가장 높은 사람을 의미하는가? 또는 후원자에게 비추어진 모금의 대상자를 말하는가? 저자의 견해로는 이러한 대상자 선정에 대한 절대적 기준이 있다기보다는 사회복지사, 사회복지사가 속한 기관, 모금기관 등의 합의에 의하여 정한 기준에 의하여 대상자를 선정하는 것이 가장 적절한 대안이라고 생각한다.

(2) 후원자에 대한 윤리적인 문제

후원자는 사회복지사의 평가를 근거로 후원에 참여하게 된다. 따라서 만일 정확한 평가내용을 제공하지 않는다면, 이는 본의 아니게 후원자를 기만하는 결과를 가져올 수도 있는 것이다. 따라서 사회복지사는 정확한 평가를 실시하여 후원자에게 정보를 제공하고, 후원자는 사회복지사의 평가내용을 기초로 후원여부를 판단하도록 해야 한다. 이는 사회복지에 대한 후원자 및 일반 대중의 신뢰 확보와도 관련이 있는 중요한 점이라고 하겠다.

(3) 객관적 증거의 확보

자금과 관련된 업무는 언제나 증빙자료가 확실하여 불필요한 오해가 발생하지 않도록 해야 한다. 만일 경제상황을 평가함에 있어서 사회복지사가 자신의 주관적 판단이나 감정에 치우친 결정에 의하여 특정 환자에게 진료비를 지원한다면, 이는 자칫 사회복지사의 윤리성과 신뢰를 저해하는 요인이 될 수 있다. 따라서 반드시 필요한 증빙서류를 확보하는 것이 필요하다고 하겠다.

2) 수행방법

경제력 평가 및 지원요청을 위한 업무의 수행방법은 다음과 같다.

(1) 소요 진료비 파악

진료상황과 관련된 현재까지의 진료비 지출액 및 향후 필요한 진료비 액수 및 지출 용도에 대하여 파악한다. 이는 진료의사 및 간호사의 소견을 참조해야 한다.

(2) 경제적 상황 평가

- 지원자의 현재 경제적 상황 및 지원자가 진료비 마련을 위하여 노력한 과정에 대하여 조사한다.
- 지원자 가족 및 관련자들이 조달할 수 있는 능력에 대하여 평가한다.
- 진료비 지원을 위한 평가 상담 시 특별히 주의해야 할 사항은 다음과 같다.

  ① 객관적인 평가태도 견지하도록 한다.

  ② 낙인감을 주지 않도록 한다.

③ 의존감을 부추기지 않도록 한다.

④ 지원이 확정되기 전까지는 다만 지원을 위한 노력 과정임을 주지시킨다.

- 필요한 증빙서류를 안내한다.

(3) 증빙서류 접수

- 증빙서류를 접수한다.
- 상담내용과 증빙서류를 대조하여 사실관계를 확인한다.
- 증빙서류를 통한 확인 내용은 다음과 같다.

① 진단서: 진단명 및 진료내용 확인

② 동사무소의 자산조사서

③ 의료보험증 또는 의료보장증: 자격취득일, 피보험자 및 피부양자 확인

④ 주민등록등본: 가족관계, 전출입 일자 확인

⑤ 전·월세 계약서 또는 무료임대 확인서: 계약 금액 등 확인

⑥ 지방세 과세증명서: 주소지와 과세물건지의 일치 여부, 과세대상자의 확인. 과세물건 소유자에게는 건축물 관리대장, 토지대장, 개별공시지가 확인서 등 요청

⑦ 근로소득 원천징수 영수증: 근로수입 확인

⑧ 사실증명원 또는 소득금액증명원: 사업여부 및 사업소득 확인

⑨ 현재까지의 진료비 영수증

⑩ 금융기관 부채증명서

단, 의료급여 대상자의 경우에는 위의 ①, ②, ③만으로 확인할 수 있다. 또한 서류 접수 시에 향후 지원검토 과정 및 예상 지원결정일을 알려준다.

(4) 상담내용 기록 및 후원 요청

- 지원자와 실시한 상담내용을 상담기록지에 자세히 기록한다.

- 기관이 보유한 기금에 의한 지원을 요청할 경우에는 기안서 작성 등 필요한 조치를 취한다.
- 외부 기관에 후원을 의뢰할 경우에는 후원의뢰서를 작성한다.
- 기안서나 의뢰서에 증빙서류를 첨부한다.
- 결재자에게 결재서류를 상신하거나 해당기관에 의뢰서를 송부를 한다.

(5) 지원결정의 확인

- 지원이 결정되면 지원자에게 통보하고, 확인 서명 등 필요한 행정조치를 취한다.
- 지원자에게 후원금의 모금과정에 대한 설명을 제공한다.

3) 지원방법 모색

진료비 조달의 어려움을 겪는 환자를 위해 사회복지사가 도울 수 있는 방법으로는 의료급여 대상자 선정의뢰, 모금, 진료비 감면 또는 원내기금 지원요청 외부후원기관 의뢰 등을 생각해 볼 수 있다.

제7장

수행단계: 지원활동 및 점검

지원활동단계는 사회복지사와 환자 및 가족이 상호 합의한 사정과 계획내용을 실천하는 단계로써 직접적 서비스와 간접적 서비스의 형태로 지원활동을 수행할 수 있다. 먼저 이에 대해 살펴보고 사회복지사의 역할에 따른 개입방안을 살펴보도록 한다.

1. 직접적 서비스

직접적 서비스 제공의 목적은 환자와 가족의 사회적 기능을 향상시키는 것으로써 사회복지사는 환자와 가족에게 정서적 지지를 제공하고, 인지적 · 감정적 · 행동적 능력의 향상을 지원하며, 대인관계적 기능을 회복 또는 향상시키기 위한 활동을 한다. 또한, 환자 및 가족에게 중요한 타인, 즉 친구, 친척, 이웃, 학업 또는 직업적 관계에 있는 사람들의 태도변화를 목적으로 한 활동이 포함된다. 의료세팅에서 직접적 서비스는 환자와 가족을 대상으로 한 상담이나 교육의 형태로 실행된다.

상담은 개별상담, 소집단상담, 가족상담의 방법으로 시행할 수 있다. 이러한 상담에서 활용될 수 있는 다양한 기법들은 사회복지 실천기술론이나 기타 교재를 참고하기 바란다.

교육은 의료사회사업의 실천현장에서 빈번하게 활용되는 방법으로써 환자와 가족을 대상으로 개별적이거나 집단적으로 실행될 수 있는데, 사회복지사 혼자서 또는 타 전문가와의 협력하에 수행된다. 교육의 목적은 환자와 가족들에게 질병에 대한 정보를 제공하고, 습득하게 함으로써 질병에 대한 이해를 돕고, 클라이언트와의 생활에서 비롯되는 제반문제나 어려움을 극복하게 하는 심리적 지지환경을 조성함으로써 가족구성원들이 치료와 재활에 적극적으로 참여하도록 돕는 과정이다. 교육은 환자나 가족에게 필요한 정보와 지식을 단시간 내에 체계적으로 전달하기에 유용한 방법인데, 때로는 지지집단 운영에 적용할 수도 있다. 사회복지사는 타 전문가와 함께 집단교육 프로그램을 기획, 실행, 평가하는 업무에 참여한다. 교육은 대개 ① 질병에 대한 의학적 설명(의사), ② 질병관리에 있어서의 간호(간호사), 영양관리(영양사), 운동관리(치료사, 운동처방사) 등에 대한 설명, ③ 질병과 관련이 있는 심리사회적 문제에 대한 환자와 가족의 대처요령에 대한 설명(사회복지사), ④ 필요한 자원을 얻는 방법 안내(사회복지사) 등으로 구성된다.

2. 간접적 서비스

간접적 서비스 제공의 목적은 환자와 가족의 사회적 조건을 향상시키는 것으로서 직접적인 접촉과정에서 드러난 문제의 해결을 위해 인적·물적 자원을 동원하여 수행하는 서비스를 말한다. 간접적 서비스 모델로는 지역사회조직, 재정 및 인력관리, 정책분석, 프로그램 평가, 사회행동, 슈퍼비전 등이 있으며, 의료기관에서 수행되는 주요 내용은 다음과 같다.

첫째, 지역사회 자원이나 사회적 서비스를 직접 연결시키거나 정보를 제공하는 활동

둘째, 의료진과의 협의진료 활동

셋째, 환자나 가족 욕구에 대한 책임이 보장될 수 있도록 환자나 가족을 옹호하는 활동

넷째, 환자나 가족과 관련된 조직, 제도, 프로그램의 개선을 위한 활동

다섯째, 자원이나 프로그램 개발을 통하여 사회적 지원 범위를 증가시키는 활동

이 중에서 자원연결 업무는 클라이언트에게 음식/영양, 주거, 고용, 경제적 자원, 교통/이동, 교육/훈련, 법, 건강/정신건강, 안전, 사회적 서비스 등의 자원을 연결시켜주는 것을 말한다. 사회복지사는 환자의 입원기간 동안에 발생하거나 퇴원 후 지역사회로의 복귀과정에서 발생할 수 있는 자원의 부재나 결핍 문제를 해소하여 환자의 욕구가 충족되도록 지원하여야 하는데, 활동단계는 ① 필요로 하는 자원에 대한 조사 및 평가, ② 자원의 확보 및 개발, ③ 정보제공 및 자원연결, ④ 후속조치 등으로 구분할 수 있다.

사회복지사는 자원연결 업무를 원활히 수행하기 위해서 공식적 · 비공식적 자원에 대한 정보습득, 체계적인 정보관리, 자원체계와의 협조적인 업무관계 수립을 위하여 노력해야 한다.

의료세팅에서 사회복지사는 때때로 환자의 진료비 후원기관이나 퇴원관련기관과 연계하여 업무를 수행하기도 하는데 그 내용은 다음과 같다. 먼저 후원금 연결 업무를 보자면, 사회복지사는 환자의 진료비 문제 해결을 돕기 위해서 후원기관, 지역사회복지관, 보건소, 언론기관 등에 후원의뢰서를 보내거나 동사무소 등에 의료보호 추천서를 작성하여 보내기도 한다. 해당 기관들은 결과를 회신한다. 다음으로 퇴원기관 연결 업무는 환자의 퇴원계획지도의 일환으로 장기요양기관, 입양기관, 지역사회복지관 등에 환자 상담기록지를 보내기도 한다. 해당 기관들은 결과를 회신한다.

한편 사회복지사의 가정방문 활동은 환자의 생활환경을 사정하여, 지역사회로의 복귀가 원활히 이루어지도록 지원하기 위한 서비스다. 가정방문을 통해서 사회복지사는 집안의 내부구조 및 환자의 방의 구조 및 특성, 주변환경의 특성 등을 포함한 물리적 환경과 각 가족원의 가정방문에 대한 태도, 언어적·비언어적 표현을 통해 관찰된 가족원의 관계 등 심리적 환경에 대하여 조사하고 평가한다. 또한, 가정방문을 실시한 후에는 가정환경에 대한 사정내용을 명확히 하고, 지원목표를 재검토하며, 지역사회 복귀 일정을 조정하는 등의 후속 조치를 취한다. 가정 방문을 통하여 직접적 서비스가 이루어질 수도 있다.

3. 사회복지사의 역할

수행단계 동안 환자와 가족이 취할 과업은 다음과 같다.

- 희망적인 태도를 유지한다.
- 개인적·환경적 장애가 있을지라도 극복 노력을 지속한다.
- 필요에 따라 대처 유형을 바꾼다.
- 피드백을 받으면서 대처활동을 재형성하거나 변형한다.

수행단계 동안 사회복지사의 과업은 클라이언트의 스트레스를 줄이고 개인적·환경적 자원을 강화하도록 도움으로써 클라이언트가 자신의 목적과 과제를 성취하도록 지원하는 것이다. 특히 사회복지사는 다음 과제를 수행해야 한다.

- 양가감정이나 저항의 문제를 잘 도와 질병을 극복하고자 하는 동기를 강화한다.
- 대처기술을 교육, 지도, 모델링시킨다.
- 자존감 향상을 위해 정서적 지지를 보낸다.

• 결정이나 행동을 취할 상황에서는 필요한 정보와 기회를 제공한다.

그러면 사회복지사의 역할을 자세히 살펴보도록 한다(Germain, 1984).

1) 클라이언트의 동기고양과 동원자로서의 사회복지사의 역할

클라이언트의 동기는 자신의 대처노력에 대한 자극과 보상이 있을 때 더욱 증대된다. 그러므로 사회복지사의 역할은 조직의 직원이나 외부 환경을 동원하여 클라이언트의 동기를 지지하고 유지하도록 하는 동원자(mobilizer)로서의 역할을 수행해야 한다. 환자나 가족은 초기단계에서는 동기가 고양되나 의료적 치료가 어렵거나 진전이 없을 때는 의기소침하게 된다.

사회복지사는 질환 전반에 걸쳐 환자, 가족들의 동기와 희망을 유지시켜 질환을 성공적으로 극복하도록 도와야 한다. 가능한 대로 에너지, 사기, 시간, 기타 자원을 보유할 수 있는 기회를 주어야 한다. 클라이언트의 강점을 확신시키고 재확신시키며, 문제는 운용할 만한 수준으로 나누어 다루고, 시간을 갖고 천천히 각종 압력에 대처하도록 하며 목적과 과제를 재협상하는 등 동기를 유지하고 강화할 수 있는 모든 도움을 제공해야 한다.

이미 효과가 있었던 대처기술을 파악하고 계속적인 노력으로부터 얻을 수 있는 이득을 다시 말해 주고 격려해 주는 것이 중요하다. 새로운 과제나 압력을 해석해 주고, 재규정해 주며 잘못된 인식을 명확히 해 주는 것도 동원자의 갖추어야 할 기술이다.

클라이언트나 가족은 저항을 보이기도 한다. 약속을 어기거나 위험한 행동을 하거나 충동적으로 행동하는 경우가 그런 예다. 이때 비심판적인 코멘트를 통해 그들을 괴롭히는 것이 무엇인지 토론할 수 있어야 한다. 무엇을 두려워하고 있고 무엇이 어려운지를 말하도록 이끌어야 하며, 그들의 장점과 그들이 지금까지 이루어 놓은 것을 재인식시켜 준다. 자존감을 지킬 수 있는 방식으로 문제를 재조명하며 체면을 유지하는 대안을 제공하는 것도 유용하다.

때때로 저항은 워커에 대한 부정적 감정으로 야기되기도 한다. 워커가 부적절하게 일을 처리했거나 했어야 할 것을 하지 않았기 때문이다. 그런 실수는 솔직하게 인정되어야 하며 자신이 클라이언트에 대해 매우 긍정적 관심을 가지고 있음을 보여주어야 한다.

워커는 팀성원이나 기타 직원들에게도 개입하여 클라이언트의 욕구와 행동을 해석해 주며, 클라이언트가 어떤 대처노력을 하고 있으며 어떻게 인정해 주어야 하는지를 인식하게 해 준다.

외부환경에 관련하여 워커는 지역사회 서비스나 사회적 네트워크를 연결하여 클라이언트의 동기를 유지할 수도 있다.

2) 교사와 중재자로서의 역할

사회복지사는 환자와 가족에게 문제해결 기술을 가르치고 대인관계나 의사소통 기술, 서비스 및 수혜자격을 확보하는 기술, 그리고 질병의 심리사회적 결과를 다루는 기술을 가르친다. 교수방법은 비디오나 책자를 통하는 것도 좋고, 직접 설명할 수도 있으며, 모델링을 통해 바람직한 행동을 보여줄 수도 있다. 개별적으로 할 수도 있고 집단을 통해 할 수도 있다.

White(1974)는 사회복지사가 스트레스를 극복하기 위한 전략에 대해 제시할 수 있어야 한다고 주장한다. 또한 환자와 가족이 낙천적이고 현실적인 태도를 갖게 하기 위해 과거보다는 현재와 미래에 대한 행동대안을 생각하도록 고무하는 것이 효과적이다. 화상환자, 소아마비 환자, 백혈병 어린이에 대한 개입에 기초하여 Hamburg와 그의 동료들(1953)은 환자와 가족들에게 질병으로 인한 욕구가 발생했을 때 이에 대처하기 위한 정보를 제공하고 전략을 제시하는 것이 효과가 있다고 적고 있다. 전략을 제시할 때는, 각 상황에 대한 각 전략의 위험요소, 비용, 기회, 이점

등을 고려해야 한다. 정보와 기술을 교수하는 데 있어, 중요한 것은 부분으로 나누어 고도로 구체적으로 제시해야 한다.

문제해결을 위해 사회복지사는 중재자(mediator) 역할을 하기도 한다. 중재적 개입은 의료팀성원들이 환자의 질문에 잘 반응하도록 영향력을 행사한다거나 직원들이 환자에게 필요한 의학적 정보를 제공하도록 고무한다거나 재활세팅이나 가족서비스 기관에 의뢰를 계획하여 환자 및 가족이 새로운 역할이나 대처기제를 배우도록 하는 것 등을 들 수 있다.

3) 가능케 하는 자와 조직가로서의 사회복지사의 역할

스트레스로 인한 부정적 감정을 조절하고 정신적 평온을 얻기 위해서는 개인적 및 환경적 자원을 필요로 한다. 가능케 하는 자(enabler)로의 역할을 통해 클라이언트에게 정서적 지지를 제공하는 것이다. 정서적 지지 개입은 클라이언트가 고통스런 감정을 관리하도록 돕고, 자신의 이미지를 유지하며, 자존감을 확보하도록 돕는 것이다. 클라이언트가 갖는 감정은 불안, 우울, 죄의식, 부끄러움, 노여움, 절망 등인데 이러한 감정들은 회복이나 동기고양, 문제해결을 방해하기 때문에 통제되어야 한다. 가능케 하는 기술은 지지적 조치, 즉 확신, 제안, 감정의 수용 등을 포함한다. 지지와 공감이라는 맥락 속에서 가능케 하는 역할은 종종 현재 발생하고 있는 것에 대한 해석과 명확화를 하는 것이다. 질문과 지지적 코멘트를 통해서 클라이언트로 하여금 현재 상황에 대해 스스로 해석하게 하고 자신의 반응방식을 인식하도록 돕는 것은 매우 유용하다. 다음의 사례를 보자.

사 례

강 여사의 남편은 암으로 투병 중이다. 강 여사는 남편이 회복될 것으로 확신하고 있다. 워커는 강 여사의 행동의 결과에 대해 지적해 줌으로써 강 여사로 하여금 어떤 인식을 하도록 이끌기를 원한다. 즉, 강 여사 자신의 행동이 남편은 물론 자신으로 하여금 임박한 남편의 죽음을 효과적으로 극복하지 못하게 만들고 있다는 것을 인식하도록 하는 것이다. 워커의 가능케 함의 목적은 강 여사가 남편의 죽음에 대해 부정하거나 투사하거나 회피하거나 자신을 합리화하지 않고 자신의 욕구를 인정하도록 돕는 것이다.

강 여사의 남편인 박 선생은 55세로, 결혼한 지는 30년 되었다. 중산층으로써 박 선생은 사회적으로도 명망이 있다. 강 여사는 자신이 좋아하는 파트타임 일을 가지고 있고, 두 자녀가 있다. 박 선생은 급작스럽게 폐암에 걸렸다는 것을 알게 되었다. 즉시 입원을 했지만 폐암 말기로 판명되었다. 그러나 강 여사는 남편에게 진단 사실을 알리는 것을 원치 않았다. 강 여사는 자녀나 시부모에게도 그 사실을 알리지 않았다. 강 여사는 남편을 방문할 때마다 낙천적인 입장으로 밝게 대하였다. 그러나 남편이 우울해 보이는 점에 대해 불만이 많다. 워커는 박 선생을 만나 면담을 해 보니 박 선생은 이미 자신이 죽을 것임을 인식하고 있었고, 매우 고립감을 느끼고 있었다.

면담을 통해 워커는 강 여사가 남편의 다가올 죽음에 대해 준비하고 슬픔과 고통, 노여움의 감정을 나눌 필요가 있음을 인식하도록 도왔다. 워커는 남편의 죽음 후에 생활은 어떨 것인지에 대해 강 여사와 이야기했다. 강 여사는 무엇을 할 수 있을지에 대해 자신을 합리화하는 방식으로 이야기했다. "나는 모든 것을 잘 견디어 왔기 때문에 이것도 잘 극복할 것이라고 믿는다. 나는 더 열심히 일할 것이고 집에만 앉아 우울해하지는 않을 것이다. 외부에서 계속 활동하겠다."라고 강 여사는 웃으면서 담담하게 이야기했다. 워커는 강 여사에게 "그러나 생활에 변화가 있을 것"임을 이야기했다. 남편과 함께 보낸 시간이 매우 길었기 때문에 그런 관계를 잃는다는 것이 쉽게 적응할 수 있는 것이 아니기 때문이다. 워커는 강 여사가 남편의 죽음에 대해 슬픔의 감정을 준비할 수 있도록 고무했다. 그러나 강 여사는 자신의 감정을 감추고 표현하지 않았으며 모든 상황을 자신에게 적합하게 합리화하려는 태도가 강했다.

워커는 강 여사에게 남편이 원하고 필요로 하는 것은 자신의 상황에 대해 이야기하는 것이며 강 여사가 고통스런 감정을 감추려 하는 것이 남편을 더 힘들게 함을 인식하도록 도왔다. 강 여사는 "왜 남편이 자신이 죽는다는 것을 알아야 하느냐?"고 물었다. 워커는 남편은 이미 알고 있다고 말해 주면서 얼마나 상황이 빨리 악화되고 있는지에 대해서도 알고 있고 그래서 두려워하고 우울해하고 있다는 것을 명확히 했다. 지금 중요한 것은 남편의 죽음에 대해 공개적으로 이야기하는 것이며 남편이 어떤 감정을 가지고 있는지 들어보는 것이라고 말해 주었다. 각자가 따로 고통을 느끼기보다는 함께 고통의 부담을 나누는 것이 서로를 돕는 길이라고 말해 주었다.

가능케 하는 자로서의 워커는 상황과 과제를 명확히 하고 강 여사의 감정표현을 고무하는 역할을 하였다. 시간이 허락된다면 강 여사로 하여금 상황에 대하여 자신의 해석과 결론을 내리도록 이끌 수도 있을 것이다. 강 여사의 대처기제는 남편과 자신에 대한 희망을 유지하는 것이었는데 사실 이것이 효과적으로 작용한 것 같지는 않다. 회피, 부정, 투사라는 대처전략이 적합하지 않았던 것이다. 워커는 감정이입을 통해 강 여사가 감추고 있던 것들로부터 자유롭게 하고 남편과 함께 짐을 나누도록 도왔고, 또한 앞으로 다가올 일들에 대해 준비하도록 주문하였다. 미망인이 된다는 생활주기의 변화에 대한 인지적 · 정서적 준비를 시키는 것이다.

워커가 가능케 하는 자로서의 역할을 지속함에 따라 슬픔, 우울, 불안, 죄의식 등을 다루기 위해 워커로부터 더 많은 지지를 필요로 한다. 워커는 환경적 요소인 가족, 친구, 병원직원 등을 동원하여 지지를 제공해야 할 것이다. 물론 후에는 지역사회의 서비스에 의뢰하여 미망인으로서 갖게 되는 스트레스적 요인들을 다룰 수 있는 도움을 받도록 해야 할 것이다.

비공식적 지지망을 동원하여 스트레스를 줄이고 또한 예방하는 것은 의료 및 정신보건에서 중요한 관심사다. 사회적 지지는 환자가 돌봄을 받고 있으며 사랑받고 있고 존중받는다는 점을 전달하는 도구다. 사회적 지지체계에는 가족 및 친구뿐만 아니라 이웃에 살고 있는 미용사, 약사, 목사 등을 포함한다. 조직가(organizer)로서의 역할은 자연적 지지체계를 동원하여 도움을 줄 수 있는 사람들을 모집하는 것이다. 다음 예에서 노인을 위한 비공식적 지지체계를 동원하는 역할을 살펴보자. 워커는 인근 고등학교의 선생님과 학생들을 접촉하였다.

사 례

나는 고등학교 교장 선생님과 윤리 선생님을 만나 노인들과 학생들이 네트워크를 형성하는 방안에 대해 논의하였다. 선생님들은 나의 아이디어에

동의하였고 윤리시간에 나를 초청하여 이야기하도록 하였다. 나는 노인과 건강에 대해 설명하였고, 사회복지사가 하는 일을 설명하였다. 학생들은 노인에 대한 질문지를 작성하였고 노인에 대한 고정관념에 대해 토론하는 시간을 가졌다. 나는 노인의 고립감과 외로움을 해결하기 위한 가정방문 프로그램에 대해 설명하였다. 노인이 가정에서 머물면서 도움을 받는 것의 이점을 이야기하였고 젊은 사람들의 방문이 어떤 효과를 주는지에 대해서도 이야기하였다. 수업시간에 60%의 학생들이 자원하였다. 나는 어떤 노인들이 있는지를 이야기하였고 학생들이 돌볼 노인을지명하도록 하였다. 16명의 노인이 지명되었다. 그 후 나는 지명된 노인들을 방문하여 학생들이 방문할 시간과 날짜를 협의하였다. 학생들은 매주 하루 방문하고 방문 후에는 간단한 방문기록지를 제출하기로 하였다.

비공식적 지지망에는 자조집단도 포함된다. 자조집단에 대해서는 이윤로(2002)의 『정신보건 사회복지론』(학지사)을 참고하기 바란다.

4) 클라이언트의 자기관리와 촉진자로서의 사회사업가의 역할

클라이언트는 질병의 치료과정 속에서 더욱 적극적인 역할을 하여야 하며, 현재 및 앞으로의 과제와 자원에 대한 정보를 확보해야 하고, 의존성의 문제도 잘 해결해야 한다. 이러한 클라이언트의 자기관리적 측면을 해결하기 위해 사회복지사는 촉진자 역할을 수행하게 된다.

만성적인 질환을 앓는 환자들은 자칫 자신에 대한 정체감이나 자아감을 상실하게 되고 독립적인 결정이나 행동을 하지 못하게 되며, 의존적이 되고 자신의 삶에 대해 통제력을 잃게 된다. 사회복지사는 환자가 자신의 시간을 잘 관리하도록 돕고 활동이나 사회적 관계형성을 고무하여 자기통제력을 갖도록 도울 수 있다. 어떤 결정이나 행동을 할 수 있는 기회를 제공하고, 상실을 다룰 수 있는 대처전략을 개발하여 시도할 수 있는 시간과 공간의 제공이 필요하다. 또한 가족이 너무 과보호하지 않도록 돕는 것도 필요하다. 가족은 환자의 시간과 활동을 과도하게 통제하는 경향이 있다.

5) 옹호자로서의 역할

환자나 가족의 입장을 대변하고 변호하는 역할로서, 사회복지사는 클라이언트를 옹호하는 업무를 수행한다는 점을 환자에게 이해시켜야 한다. 단, 환자나 가족의 권리나 이해는 법적으로 보장된 것에 한한다. 피학대 아동의 권리를 확보하기 위한 사회복지사의 활동은 옹호자로서의 역할이다.

옹호를 위해서 사회복지사는 첫째, 클라이언트의 상황에 대한 명확한 상황판단 둘째, 적절한 시기의 선택 셋째, 옹호기술에 대한 학습이 필요하다(김융일, 1998). 사회복지사는 병원의 임상심사위원회, 윤리위원회에 참여하여 환자의 입장을 옹호하기도 한다. 팀활동에 있어서도 사회복지사는 때로는 클라이언트를 위한 옹호활동을 하기도 한다.

옹호의 예를 들어보면 다음과 같다. 퇴원을 앞두고 있는 환자의 경우, 퇴원 후에 계속적인 보호를 받을 수 있는 보호시설에 대한 안내를 받았음에도 불구하고, 환자나 보호자가 이를 원치 않는 경우에 의료진이나 원무담당자는 퇴원결정을 내릴 수 있다. 이때 사회복지사는 환자의 입장에 대해 자세히 상담한 결과를 팀원에게 설명하고, 시간을 더 벌 수 있다. 옹호에 대한 다양한 기법에 대해서는 제8장에 있는 퇴원계획과 옹호 부분을 참고하기 바란다.

6) 보건서비스의 지역사회 네트워크 개발과 조정자의 역할

정보의 전달은 서비스 네트워크 개발에 있어 필요한 조건으로 인식되어 왔다. 사회복지사의 역할에는 보건서비스 전달이 효과적으로 전달되도록 하기 위해 '정보 중재자'의 역할이 포함되어야 한다. 다양한 조직의 직원들 사이에 정보를 교환하는 것은 지역사회의 사회복지기관과 보건조직 사이의 연결을 추구하는 사회복지사에게는 매우 중요한 기능일 것이다. 또한 정보를 전달한다는 것은 바로 권한(power)을 구축하는 것일 수 있다.

다음은 서비스 조정자로서의 역할이 필요하다. 사회복지사는 지역사회의 각 기관의 철학, 견해, 기술, 역할, 자원 등에 대한 의견교환이 일어날 수 있는 공식 미팅을 주선하여 네트워크를 형성할 수 있고 결과적으로 서비스의 조정(coordination)을 증대시킬 수 있다. 각 기관들이 서로의 활동에 대한 이해를 증대시킴으로써 직·간접적으로 협력의 가능성을 증대시킬 수 있다.

이러한 협력 가능성을 더욱 구체화하기 위해 필요한 것은 특별한 이슈를 한 가지 규정하는 것이다. 특별한 클라이언트 그룹의 문제를 선정하여 면밀한 분석을 한 후 협력을 통한 서비스 조정의 잠재성을 제시하는 것이다. 한 예를 들어보자. 중간규모의 한 병원의 사회복지사는 조정자 역할을 수행할 수 있다. 이 병원의 사회사업부는 십대의 임신문제에 관심이 많다. 십대의 임신은 많은 서비스를 필요로 한다. 십대들은 주거, 고용, 교육, 양육 등 여러 문제를 효과적으로 극복하기 위한 방법을 잘 모른다. 사회복지사는 지역사회 내의 보건소, 가족계획기관(모자복지기관, 입양기관), 고등학교, 주변 개인병원 등을 찾아내었다. 그리고 몇 차례의 공식적인 미팅을 통해 각 기관이 십대의 임신문제를 어떻게 인지하고 규정하고 있는지를 파악하였다.

이 토론을 통해 십대의 임신문제를 해결하기 위해 공동으로 협력할 수 있는 방안이 나올 수 있었다(성교육 프로그램의 제공, 아웃리치 프로그램제공, 임신기간 동안의 보호 프로그램 등). 이러한 운동을 통해 지역사회의 인식이 확산됨에 따라 지방정부기관은 태아기 서비스를 확장하도록 자극을 받기도 했다.

학교에서는 자퇴나 퇴학 같은 기존의 정책에서 벗어나 임신한 십대에 대한 새로운 대책을 수립하게 되었다. 이처럼 사회복지사는 지역사회 네트워크를 만들어 여러 서비스를 조정할 수 있었다.

4. 점 검

개입과정 동안에는 계획에서 정해진 서비스와 지원이 제대로 수행되고 있는지를 검토해 보아야 한다. 점검은 지원활동의 타당성, 정확성, 효율성을 검토하여 활동을 지속하거나 수정하기 위한 것이다. 따라서 점검은 서비스와 지원에 대한 자료를 수집 · 검토 · 분석 · 해석하는 일들을 포함하며, 서비스가 전달되는 실제적 과정 동안 실행된다. 점검을 통해 서비스가 계획된 바에 따라 전달되고 있는지, 서비스가 적절한지, 서비스의 질이 높은지, 환자와 가족이 욕구를 충족하고 있는지 등을 모니터링하고 환자와 가족의 상태에 따라 보호계획을 수정해 나간다.

점검의 이점은 첫째, 효과가 나타나지 않는 원인을 찾아내어 제거하거나 대안을 강구할 수 있고, 둘째, 목표달성을 향한 환자나 가족의 노력을 평가하여 원조과정에 대한 환자나 가족의 동기와 자신감을 고양시킴으로써 지원활동의 초점을 지속시키고 투입되는 시간의 효율성을 높일 수 있다는 것이다. 셋째, 목표달성이 미미할 때 나타날 수 있는 환자나 가족의 부정적 태도와 느낌에 즉각적으로 대처하여 실행과정에 저해되는 요인을 사전에 통제할 수 있다는 것이다. 넷째, 서비스 계획의 변화를 요구하는 환자나 가족 욕구의 등장을 알아낼 수 있다는 것이다(김만두, 1997; 김융일 외, 1998).

5. 의료사회사업 실천 사례

이 절에서는 다양한 실례를 선보여 의료사회사업의 이해를 돕도록 한다.

먼저 신장이식을 위해 병원에 입원한 환자의 사례를 통해 의료사회사업을 이해해 보자.

사 례

접수단계에서 사회복지사는 박 군의 질병에 대한 내력을 조사했다. 박 군은 15세에 급성 신장염에 걸렸었다. 그 후 수년 동안을 불안과 죽음에 대한 두려움을 갖고 살아야 했다. 병의 차도가 있어 그는 결혼하여 아들 하나를 두었고 페인트 가게를 운영하며 정상적으로 생활하였다.

27세에 다시 병이 재발하여 입원하게 되었다. 정밀진단과 상담을 통해 그는 콩팥이식을 계획하게 되었다. 사회복지사를 포함한 의료팀은 박 군과 그의 가족이 수술에 대한 준비를 하도록 도왔다. 사회복지사는 박 군의 아버지, 즉 신장기증자와 수술의 파생효과에 대해 토론을 하였다. 아버지는 아들을 돕길 원하고 있을지라도 콩팥 하나를 떼어내는 데 대해 두려워하고 있었다. 아버지는 생명을 구하는 자신의 역할에 대해 지지와 확신을 필요로 했고, 신장을 기증하는 것을 조금이라도 주저하는 데 대한 죄의식을 갖지 않도록 하는 데도 도움이 필요했다.

사회복지사는 또한 입원, 수술, 약값에 대한 비용을 처리하는 데 있어서 중재자로서 역할을 했다. 비용이 너무 비싸 외부의 도움이 없으면 가족경제가 파산할 지경이었다. 박 군과 가족은 자신의 페인트 가게를 처분하여 비용의 일부를 충당하기로 계획했다. 남은 비용은 병원의 자선진료 프로그램으로 충당하였다. 비용문제 외에 박 군과 그 가족은 혹시라도 있을 이식 거부반응에 대해 마음의 준비를 할 필요가 있었다. 사회복지사는 이에 대해 지지를 해주었다.

수술 이틀 전 날 박 군은 심각한 호흡기 감염에 걸려 수술을 연기해야만 했다. 이것은 매우 큰 좌절감을 맛보게 했다. 몇 주 후 마침내 박 군의 신장이식 수술이 집행되었지만 결과는 성공적이지 못했다. 이식 거부반응에 대해 많은 준비와 토론이 있었지만 박 군과 가족은 극도로 절망했고 미래에 대한 두려움은 너무 벅찼다. 박 군의 아버지에게는 그가 할 수 있는 모든 것을 했다는 확신을 줄 필요가 있었고 한쪽 신장만으로도 정상적 생활을 할 수 있다는 것을 확신시켜 주어야 했다. 사회복지사는 온 가족 성원들이 서로 이 위기를 극복하도록 격려하였다. 그리고 박 군이 투석을 하도록 하였다. 가족은 병원으로부터 1시간 30분 거리에 살고 있었고 이틀에 한 번씩 병원을 들러야 했기에 생활에 많은 지장이 있었다. 모든 이러한 문제는 사회복지사의 지속적인 지지와 도움을 필요로 하였다. 사회복지사는 박 군이 투석 스케줄에 잘 적응하도록 도왔고 의존성에 대한 적대적 감정을 잘 다루도록 도왔다.

이처럼 사회복지사는 환자가 의료환경 및 치료에 잘 적응하도록 도울 수 있고 재정적 어려움을 해결하도록 도울 수 있다. 한편, 환자가 입원해 있으면 환자의 말을 들어주는 서비스를 제공해 줄 수도 있다. 환자가 어떤 문제에 관해 걱정할 때 그 불안이 말로 표현된다면 환자는 훨씬 편안해질 것이다.

사회사업 목적의 하나는 가족의 삶을 지지하고 강화하는 것이다. 다음의 사례는 질병의 사회적 · 심리적 구성요소와 환자 및 가족을 다루는 데 있어서 사회사업의 기능을 설명해 주고 있다.

사 례

송병래, 14세 된 소년이 종합병원에서 위궤양으로 치료를 받고 있었다. 치료는 효과적이지 못했다. 약물치료나 식이요법은 효과가 없었고, 오히려 출혈이 시작되었다. 그래서 송 군의 상황에 대한 철저한 조사를 다시 시작했다. 사회복지사는 송 군의 엄마와의 면담을 통해 송 군과 엄마만이 함께 살고 있음을 알았다. 아버지는 3년 전에 죽었고 형은 분가했다. 송 군의 엄마는 병래에게 매우 의지하게 되었다. 자신의 외로움을 송 군을 통해 달랬고 집안 살림을 송 군과 모두 상의했다. 그리고 송 군이 가장으로서의 역할을 할 것을 기대했다. 엄마의 요구는 송 군에게는 매우 벅찬 것으로 보였다. 가족의 생계는 매우 어려운 형편이었으며 아버지의 연금과 큰아들이 보내는 생활비로 근근이 이어가고 있었다.

의료적 조치가 송 군의 증상을 전혀 개선시키지 못한 것은 바로 비현실적인 가정환경 때문이었다. 단지 14세에 가장으로서의 역할을 맡게 되었고 엄마의 유일한 의지가 되는 것이 병래에게는 커다란 스트레스가 되었던 것이다. 사회복지사는 분가한 형과 당분간 함께 살도록 조정했고 아동상담소에 의뢰하여 스트레스에 대한 치료를 받게 했다. 송 군의 증상은 호전되었다.

송 군의 엄마는 병래에 대한 계획을 수용했고 애정과 관심을 기울일 수 있는 대상을 찾을 수 있도록 도움을 받았다. 무엇보다도 일거리의 제공이었다. 송 군의 엄마는 일하는 데 대해 두려움과 의심을 하였지만 건강한 신체를 가지고 있었다. 병원에서 필요로 하는 간병인 자리를 한번 맡아보도록 알선해 주었다. 일을 통해 송 군의 엄마는 재정적인 문제의 해결은 물론 새로운 인생 경험을 맛보게 되었다.

송 군에 대한 의료적 보호는 사회서비스의 원조를 받았다. 측정을 통해 질병의 사회적 정서적 구성요소에 초점을 맞출 수 있었다. 송 군에 대한 주거환경의 변화를 통해, 그리고 엄마에 대한 지지와 일거리의 제공을 통해, 그리고 아동상담소에 의뢰하여 송 군의 위궤양은 완치될 수 있었다.

제8장

종료단계: 종결 및 평가

1. 도움관계의 종결

종료단계는 도움관계의 종결과 결과 평가로 구성된다. 지원활동으로 이끌어낸 변화를 지속시키고 종결의 감정을 잘 처리하며, 지원활동의 적절성과 효과를 평가하는 것이 종료단계에서 사회복지사가 수행해야 할 과제다. 덧붙여 보건 분야에서는 두 가지 특징이 종료단계의 과정과 내용에 영향을 준다.

첫째는 퇴원 후 계획을 세우기 위해 학제간 협력이 필요하다는 것이다. 둘째는 질병의 성격으로부터 나오는데 바로 사망의 문제다. 의료사회사업 실천의 종료단계에서는 퇴원계획을 잘 세우기 위한 지식과 기술이 필요하고 죽음의 문제를 잘 돕기 위한 지식과 기술이 필요하다.

급성질환이나 응급질환의 경우에는 클라이언트와 워커와의 접촉이 짧고 정규적이지 않으므로 종결에 대한 감정이 발생하지 않는 것이 일반적이다. 반면 만성질환이나 장기보호의 경우에는 접촉이 정규적이고 잦기 때문에 종결의 시기에는 강한 감정이 수반된다. 특히 노인들은 무력감,

절망, 외로움 등의 감정에 휩싸여 있다.

그러므로 그동안 도움이 되어 왔던 워커와의 이별은 매우 고통스러울 수 있고 노여움, 자기증오, 슬픔을 유발할 수 있다. 사회복지사도 그들을 버리는 것 같은 죄책감을 가질 수 있다. 이별에 대한 반응은 연령, 성별, 신체적 상태, 과거 경험에 따라 다양한데, 불안, 죄의식, 두려움 같은 비합리적인 감정, 부정적 감정을 가질 수도 있고 성취에 대한 만족, 새로운 시작의 기대 같은 긍정적이고 현실적인 감정을 가질 수도 있다.

종결에 대한 감정을 다루기 위해서는 마지막 회합시간에 감정의 표현과 조정을 위한 시간을 갖는 것이 좋다. 물론 장기적인 관계의 경우에는 더 많은 시간을 할애해야 한다. 처음 관계설정 단계부터 종결의 시간을 미리 정해두는 것도 좋다.

종결에 대해 전문적 관심을 갖는 중요한 이유는 다음과 같다. 환자가 질환의 심리적 · 사회적 장애를 극복하면서 얻게 된 이득이 잘 유지되도록 하기 위해서다. Shulman(1979)은 다음과 같은 종결의 기술을 제시하고 있다.

1) 종결 알리기

마지막 회합 얼마 전에 종결을 준비하는 조치를 취한다. 즉, 종결시간이 처음부터 정해져 있으면 그 날짜를 환자에게 회상시킨다. 목표가 성취되었다면 워커와 클라이언트가 상호 합의하여 종결날짜를 결정한다. 클라이언트는 종결날짜를 잊어버리거나 무력감의 표현, 의존적 행동, 새로운 문제와 욕구의 제시, 주제를 회피하는 등의 반응을 보인다.

2) 클라이언트의 간접적 표현(부정적 행동)에 직접적으로 반응하기

종결이 거절의 형태로 받아들여질 때 환자는 노여움 같은 부정적인 감정을 간접적으로 표시하여 적대적인 코멘트나 질문(예: 퇴출되셨나요?) 또는 부적절하고 파괴적인 행동, 약속을 어기거나 늦는 행동을 한다. 어떤 클라이언트는 자신이 무가치하다고 느낀다. 이런 경우 워커는 클라이언트의 노여움의 표현을 비방어적으로(즉, 당연히 그럴 수 있다고) 받아들이고, 간접적으로 표현된 감정을 직접적으로 표현하도록 고무해야 한다.

3) 종결에 대한 감정을 함께 공유하기

그 동안의 관계의 의미를 서로 감사히 표현하고 헤어져야 한다는 사실에 대한 아쉬운 감정을 공유한다. 워커가 종결에 대한 자신의 감정을 잘 파악하고 있어야 이러한 과정을 잘 통제할 수 있다.

4) 클라이언트의 성취인정과 평가 시행

그동안 성취한 것을 식별하고 다음 단계를 계획한다. 초기에 합의한 바 있던 목표와 과제를 회상시키고 성취한 것을 다시 한 번 인식시켜 클라이언트의 자존감과 능력을 확고히 한다. 또한 어떤 점이 효과적이지 못했는지, 그리고 왜 그랬는지도 함께 살펴본다. 후속조치의 필요 여부도 결정한다.

2. 평 가

의료사회사업 분야에서도 서비스의 질적 수준과 책임감 확보에 대한 노력이 지속되고 있다. 이를 위해서는 병원 사회사업실천이 평가구조틀 위에서 시행되어야 하고 이를 위해서는 문제중심기록(problem-oriented medical records)과 개별화된 목표성취 척도를 활용하여 결과를 사정하는 것이 좋다.

원래 의사들을 위해 고안된 문제중심 기록방법은 사회복지사들에게서도 활용되고 있다. 클라이언트의 참여, 상호계약 과정, 지속적인 상호평가 등이 사회사업의 강조점과 일치하고 있다.

POR(Problem-Oriented Record)는 보호의 질과 책임감을 증진하는 데 있어 체계적이고 객관적인 기반을 제공하는데 구성요소는 다음과 같다. ① 데이터베이스 구축(클라이언트의 내력, 가족 검사결과), ② 문제목록(클라이언트가 호소하는 문제와 전문가에 의해 사정된 문제), ③ 목적과 계획(각 문제에 대한 구체적 목적과 계획) 그리고 ④ 점검 및 관리(각 문제에 대한 진행사항과 피드백을 진행노트에 기록).

단일사례설계 방법으로 평가설계를 하는 것도 유용하다고 판단된다. 단일사례설계는 단일 피험자, 즉 단일 환자나 가족(한 개인, 가족, 소집단)을 대상으로 하는 것으로 그들의 표적행동(target behavior)—개입을 통해 변화시키려는 행동—을 설정하여 개입과정 및 개입 후에 표적행동이 변화되었는지를 그래프로 나타내어 알아보는 설계다.

이 설계에서는 기초선(baseline)을 기록하게 되는데, 이는 개입 이전에 표적행동의 빈도, 강도 또는 기간을 여러 날 또는 여러 주에 걸쳐 관찰함으로써 수립된다. 개입 이전에 관찰할 수 있는 시간이 없다면, 과거 행동패턴에 초점을 둔 환자나 가족과의 면접이나 그의 가족이나 중요한 타인들과의 면접 또는 기관, 경찰, 학교기록 등에서 얻은 정보를 가지고 소급해서 기초선을 수립할 수도 있다. 가장 전형적인 설계유형으로는 AB, ABAB 등(A는 기초선, B는 개입)을 들 수 있다.

이 방법에 대한 자세한 소개는 『사회복지실천기술론』(이윤로, 2005, 학지사)을 참고하기 바란다. 또한 집단활동에 대한 효과성 평가나 과정평가, 그리고 만족도 등에 대한 평가방안은 『집단사회사업의 실천과 평가』(김동배 · 이윤로, 2004, 21세기사)를 참고하기 바란다.

POR과 목표성취척도의 활용 외에도 거시적 차원에서 관심을 두어야 할 부분이 있다. 의료사회사업실에서 신경 써야 할 부분은 바로 정보관리체계(management information system)를 구축해 두는 것이 필요한데, 이는 프로그램 목표의 달성에 필요한 활동의 종류와 양을 점검하기 위한 것이다.

이 체계를 통해 다음 세 차원에 대한 정보를 구축해두는 것이 좋다.

① **클라이언트의 서비스 활용도**(예: 얼마나 많은 클라이언트가 어떤 서비스를 활용하였고 어떤 유형의 클라이언트가 그런 서비스를 활용하였는가, 어떤 이유에서 어떻게 활용하였는가, 서비스의 사용 도중 그리고 사용 후에 어떻게 되었는가)

② **직원의 배치와 직원의 노력**(직원은 어떤 종류의 서비스를 제공했고, 얼마나 자주, 얼마나 오래 제공하였는가)

③ **물질적 · 재정적 자원의 제공비용**(서비스나 프로그램의 비용, 그런 서비스나 프로그램으로 인한 수입과 이득.

그러면 사례를 통해 평가방안을 살펴보도록 하자.

사 례

김 여사는 50세의 디스크 환자로 의사에 의해 사회사업실로 의뢰되었다. 김 여사는 디스크뿐만 아니라 우울증을 가지고 있고, 또한 습관적으로 약물을 남용하고 있었다.

사회복지사는 아래 〈표 8-1〉처럼 POR를 활용하여 데이터베이스를 구축하였고, 이를 바탕으로 하여 치료계획을 마련하였다. 계획의 성공 여부를 평가하기 위한 수단으로 목표성취척도를 활용하여 성공적 결과기준을 마련하였다.

결과는 다음과 같은 기준에 의거하여 구체화되었다.

① **현실성**(예: 환자의 조건과 과거 치료의 성공 여부를 종합해 볼 때, 실제로 실현가능성이 있는가)

② **타당성**(결과의 성취 여부가 클라이언트의 문제가 변화되었다는 것을 직접

적으로 말해 줄 수 있는가)

③ **객관성**(외부사람의 판단으로도 결과성취 여부의 증명이 가능한가)

다음 표들은 김 여사의 퇴원계획을 문제중심기록의 SOAP 포맷을 활용하여 제시하고 있다. 문제중심기록의 SOAP란 다음과 같다.

- S: 주관적 정보(subjective information)란 클라이언트가 상황을 어떻게 느끼고 인지하는 가를 말한다. 이는 클라이언트의 자기보고를 통해 도출된다.
- O: 객관적 정보(objective information)는 전문가의 관찰, 임상적 검사, 체계적 자료수집 같은 방식으로 얻어진 정보를 말한다.
- A: 측정(assessment)은 주관적 및 객관적 정보로부터 얻어진 정보를 검토하여 얻은 전문가의 결론을 말한다.
- P: 계획(plan)은 전문가가 어떻게 구체적 문제를 해결할 것인가에 대한 방안이다.

표 8-1 문제중심 의료기록체계에 기초한 자료

제시된 문제들	발병일
1. 요통	1997년 5월
2. 약물중독	1998년 7월
3. 우울증*	미확실
문제 1과 2 : 요통 및 약물 중독	
S : 환자는 1997년 5월 사고 이후로 허리 부분과 다리가 심하게 아프다고 한다. 수술을 받았으나 회복되지 않는다고 한다. 1998년 7월 수술 이후로는 정기적으로 약물(진통제)을 투여받고 있다.	
O : 환자는 과체중(90kg)이다. 간호사들은 그녀가 거의 대부분의 시간을 병상에 누워서 치료를 요구한다고 말하고 있다. 보험회사에서는 환자에게 매주 10만원씩 장애 보상을 제공하고 있다고 한다.	
A : 전반적 무기력증과 약물에 의존하는 만성적 고통 증후군	
P : ① 그룹 및 개인상담, ② 활동 수준을 높이기 위한 물리치료, ③ 체중감량 프로그램, 그리고 ④ 약물의존을 해소하기 위한 해독치료를 계획	

〈계속〉

문제 3 : 우울증
S : 자신에게는 더 이상 아무것도 중요치 않다고 생각되며 기분이 처진다고 한다. 누군가가 자신의 체중에 대한 문제를 지적한 이래로 이러한 감정을 느끼게 되었다고 한다. 장기간 누군가로부터 사랑받지 못한 것에 대해 이야기한다. 계속해서 고통에 대한 불만을 토로한다.
O : 환자는 매일 운다. 벽을 보고 침대에 누워 있다. 병실에만 있고, 커튼도 내려져 있다. 활동은 둔하고, 혼란 상태다.
A : 환자는 우울증을 가지고 있다. 고통을 대처기제로 사용한다.
P : 환자는 다음과 같은 목표를 가지고 매일 상담 세션에 참여할 것을 동의한다. ① 아픈 문제에 대한 통찰력을 개발한다. ② 문제들을 피하기보다는 문제들을 규명하는 것을 배운다. ③ 문제해결기술을 배운다. ④ 긍정적인 자아상을 개발한다.

표 8-2 목표달성 관리표

목표달성 관리표			
예상 목표 수준	측정: 1 신체적 문제 : 요통	측정: 2 약물남용 : Percodan에 중독 가능	측정: 3 우울증 : 사람들과 얘기하는 것을 거부
	목표수준에 대한 협의 Yes/No	협상은? Yes/No	협상은? Yes/No
가장 나쁜 결과 (−2점)	환자가 요통으로 움직일 수 없게 되어 병상을 벗어나지 못하는 경우	환자가 매일 3회 또는 그 이상으로 Percodan을 투여받음.	환자가 의료진들 외에는 누구와도 대화하지 않는 것
기대되는 성공보다 약간 못 미침(−1점)	환자는 침상을 벗어날 수 있으나, 병원을 떠나지 못함.	환자는 매일 Percodan을 1~2회 투여받음.	환자는 의료진이나 가족들과만 대화함
기대되는 성공의 단계 (0점)	환자가 퇴원할 수 있으나, 일어날 때마다 버팀대를 사용	환자는 Percodan을 일주일에 한 번 또는 그보다 덜 투여받음.	환자는 의료진과 가족들, 그리고 친구들과 대화함.

〈계속〉

기대되는 성공 이상의 단계 (+1점)	환자는 퇴원할 수 있으나, 일어나 있는 시간의 50% 동안은 버팀대를 사용	환자는 더 이상 Percodan을 투여받지 않는다. 그러나 여전히 그것을 요구한다.	위의 경우와 더불어 환자는 새로운 사람과도 대화를 시작한다.
가장 좋은 결과로 예상되는 것 (+2점)	환자가 퇴원하고, 더 이상 버팀대도 필요 없는 경우	환자는 더 이상 Percodan(또는 다른 비교될 만한 약물)을 요구하지 않는다.	위의 경우와 더불어 환자는 사회적 활동에 참여를 시작한다.

환자 이름 : ______________ 작성일 : ______________

병원 번호 : ______________ 작성자 : ______________

표 8-3 퇴원계획 요약

문제 3: 우울증(문제 1과 2는 생략)		
S : 환자는 입원하고 있는 동안 매일 상담을 받아오고 있다. 그녀는 이제 퇴원 후의 문제들과 이를 해결하기 위한 구체적인 목표, 그리고 그 목표들을 달성하기 위해 수행되어야 할 과제들을 알고 있다.		
문 제	**과 제**	**목 표**
(1) 현재 체중 90kg	다음 주에 행동수정 프로그램을 시작한다.	이상적인 체중 60kg
(2) 직업이 없다: 해야 할 일이 아무것도 없다.	3월 19일에 직업재활부에 연락	직업훈련 프로그램을 완수한다.
(3) 가족과 친구 누구와도 긍정적인 관계가 없다.	상담을 받는다. 의사소통 기술을 배우고, 책임감을 받아들인다.	지속적이고 긍정적인
(4) 낙담/의기소침	상담을 받는다. 자신의 감정을 검토하는 법을 배운다.	관계형성을 한다.
O : 환자는 직접적으로 자신의 감정을 말할 수 있다. 고통에 대한 불만은 거의 없다. 그룹과 개인 상담 세션에 적극적으로 참여하고 있다. 퇴원 후 활동계획을 세우는 데 협력한다.		

〈계속〉

A : 환자는 모든 영역에서 눈에 띄게 향상되고 있다(진행노트에 있는 목표달성표의 점수들을 참고할 것).

P : 계획상에 있는 대로 계속 환자와 작업해 나간다. 환자의 목표에 기초해 4개월 후 진전 사항을 평가할 것.

3. 퇴원계획과 옹호

병원퇴원계획은 많은 논점의 대상이 되어 왔다. 보건전문가들은 효과적인 퇴원계획절차에 대한 많은 요구에 부응하기 위해 다양한 보호 프로그램을 개발하는 데 관심을 기울이고 있다. 효과적인 퇴원계획에 대한 정당성은 장기간의 입원이 비용이 많이 들고, 환자에게 부정적인 영향을 주며 회복에도 좋지 않다는 견해로부터 나온다(Sirkis, 1981).

퇴원계획은 인간의 수명이 길어지고 의료기술이 향상됨에 따라 그 중요성이 증가할 것이다. 장기적인 보호가 필요한 노인이나 장애인 수의 증가와 빈약한 사회적 지원체계는 병원으로 하여금 퇴원계획의 확장을 요구하게 될 것이다.

퇴원계획은 병상의 효율적 운영뿐만 아니라 퇴원 후의 욕구까지 다룸으로써 보호의 연속성을 가져올 수 있다. 퇴원계획의 구성요소는 다음과 같다.

- 퇴원계획을 필요로 하는 환자를 시기적절하게 파악할 수 있도록 안내해 주는 체계의 개발
- 질환이 환자와 가족에게 미치는 심리적 · 사회적 · 환경적 · 재정적 영향의 측정
- 환자와 가족에 대한 심리사회적 서비스의 제공
- 보건팀의 역할 조정
- 퇴원계획과정의 효과성을 조정하고 평가할 수 있는 체계 개발

• 퇴원 후 환자와 가족의 욕구를 충족시키는 데 있어 부족한 서비스의 파악

퇴원은 단순히 입원 전의 생활로 돌아가는 것이 아니라 본질적인 삶의 재조직과 연결된다.

효과적인 퇴원계획을 위한 자원동원은 두 차원으로 정리될 수 있다. 즉, 병원 내의 인적 및 물적 자원 그리고 환자의 생활주변과 지역사회의 자원이다. 병원 내의 자원을 동원하는 효과적인 퇴원계획에 있어 Feather(1993)는 권한과 역할의 명확성이 가장 중요한 변수라고 지적하고 있다. 그러므로 Feather는 퇴원계획가의 권한과 역할의 명확성을 증대시키는 활동을 통해 효과성을 증대시킬 수 있다고 권고한다. 예를 들어, 의사나 직원들을 위한 퇴원계획 세미나 제공, 퇴원계획의 기능을 설명하는 브로슈어 제작 같은 활동을 들 수 있다. 퇴원계획가는 병원에서 자신의 존재를 부각시킬 수 있는 본질적인 노력을 기울여야 한다.

병원 외부의 자원을 동원하기 위해 사회복지사는 지역사회자원에 대한 지식을 요구하며 옹호의 기술 및 연결의 기술이 필요하다. 지역사회기관과의 공식적 · 비공식적 접촉, 최신 정보망과 자원 매뉴얼 등을 준비해야 한다.

환자가 질병의 급성단계를 거치고 나면 다른 대안적 보호, 즉 재활센터나 가정보호 프로그램을 필요로 한다. 퇴원계획과정은 이러한 자원의 개발과도 연결된다. 또한 환자가 퇴원 후에 회복하는 데 있어 가족이 좀 더 적극적으로 참여하도록 하여 효과적으로 환자가 질환을 극복하도록 돕는 것과도 연결된다.

1) 퇴원계획에 대한 장애물

무엇보다도 퇴원하려는 환자의 욕구를 충족시키는 데 필요한 자원의 부족을 들 수 있다. 퇴원계획이 정부 프로그램이나 재정적 재원이 가능

한가에 주로 의존한다는 점이 효과적인 퇴원계획의 장애물이 될 수 있다. 많은 환자와 가족들은 필요한 자원이 어디에 있는지, 어떻게 동원해야 하는지 모르고 있으며 능력도 없는 경우도 많다. 그러므로 사회복지사는 퇴원계획을 촉진하기 위한 옹호활동에 앞장서야 한다. 사회복지사는 사회에서 불이익을 받는 사람들의 욕구를 잘 알고 있어야 하며 프로그램 개발에 있어 각별한 역할을 해야 한다.

지역사회 조직사업이 한 방법이다. 지역사회 시민단체나 기관과의 연합체의 개발과 시의원이나 도의원과의 연합을 통해 지역사회자원을 동원할 수 있다. 예를 들면, 병원의 사회복지사는 지역 약물치료기관과의 연합을 통해 약물남용 프로그램에 대한 자금을 따낼 수 있다. 의료기관의 직원과 약물치료기관의 행정가를 통합하여 자료수집 노력을 기울이고, 필요한 서비스가 제공되지 못하고 있다는 점을 지방정부기관에 리포트로 제시할 수 있을 것이다. 각 기관이 가지고 있는 정보를 합치고 새로운 정보를 추가함으로써 한 기관으로서는 갖기 힘든 강점을 개발하게 된다. 이 경우, 그러한 정보를 바탕으로 이 지역에는 '아웃리치 워커' 가 필요함을 제시하고 정부로부터 자금을 따낸 다음, 평가를 통해 클라이언트 집단에 대한 서비스 제공 능력이 증대했음을 지방정부에 제시한다면 기관이나 정부 모두에게 도움이 될 것이다. 서비스 제공자들의 연합체는 지방정부에 영향을 주기에 충분하다는 점을 기억해야 한다. 또 다른 예로는 병원과 사회기관끼리의 연합체가 순환버스제도를 개발한 것을 들 수 있다.

시의원과의 협력을 통해서도 자원을 동원할 수 있다. 현존하는 법의 효과에 영향을 줄 수 있는 현실적인 의학 정보를 제공하여 병원에 관한 중요한 문제를 시의원들이 알도록 하는 것이다.

종종 환자의 가족은 공공서비스를 신청하는 것을 꺼려한다. 사생활이 침해된다고 느끼거나 낙인이 붙을까 염려하기 때문이다. 사회복지사는 이러한 장애물을 극복하도록 도와야 한다. 사회복지사는 정부기관 담당자와 개인적인 접촉을 통해 환자 및 그 가족이 사회기관 서비스에 연결될 수 있도록 중개자 역할을 잘 수행해야 한다.

2) 행동가로서의 역할 수행기술

기초체력을 다지기 위한 조치가 먼저 필요하다. 병원, 사회기관, 시민단체, 각종 협회들을 불러모아 협력을 구하여야 한다. 관계형성을 통해 상호이익이 되는 프로그램을 개발하기 위해서는 상호협력이 필요하다는 점을 이해시키는 것이 주요 전략이 된다. 두 번째 조치는 강조되어야 할 필요가 있는 핵심적인 이슈를 선정하는 것이다. 그 이슈는 적당한 기간 내에 성취 가능한 것이어야 좋다. 또한 병원에 이점을 줄 수 있는 것이 좋으며 논쟁의 여지가 덜한 이슈가 선호된다. 예를 들어, 장기보호가 필요한 노인문제는 논쟁의 여지가 덜한 이슈일 것이다. 일단 이슈가 선정되면 연합체의 멤버십을 확장시키는 노력이 필요하다. 멤버십이 크면 클수록 이슈에 대하여 더 커다란 압력을 행사할 수 있기 때문이다. 이 연합체에는 소비자와 전문가 집단 그리고 법률가를 포함시켜야 한다. 이 연합체의 활동을 용이하게 진행하기 위해서 병원 내에 옹호위원회(advocacy committee)를 구성하는 것도 좋은 방법이다. 이 위원회에는 자원봉사자, 의료전문가 그리고 지역사회기관연합회 직원, 특히 정부기관에 접근이 용이한 사람이 포함되면 더욱 좋다.

퇴원계획은 여러 분야의 전문가와 지역사회기관이나 집단이 관여되기 때문에 복잡한 과정이며, 많은 저항에 부딪치기 쉽다. 이러한 문제를 해결하기 위해서는 타협과 협상, 중재 같은 정치적 과정을 이해할 필요가 있다. 또한 저항 밑에 깔려 있는 심리적 요인을 이해해야 한다. 저항극복을 위해서는 협력할 수 있는 자원봉사자를 모집하고 지역사회 미팅을 열어 설명회를 개최하고 환자들을 참여시키며 지역사회에 정보를 제공할 수 있는 교육프로그램을 만드는 전략이나 지역사회에 인센티브를 줄 수 있는 혁신적 프로그램을 개발하는 것이 좋다. 사회복지사들은 환자의 가족이나 친척이 압력집단으로 활동할 수 있는 훌륭한 자원이라는 것도 기억해야 한다. 이들에게 지역사회조직사업의 기술을 가르쳐 주어 이들이 지역사회의 보건을 증진시킬 수 있는 방향으로 지역사회 연합체의 활동을 전개하도록 이끌 수 있다.

인간서비스 차원에서 볼 때 가장 중요한 욕구는 퇴원하는 환자의 보호의 질을 향상시키는 것이며, 병원에 있었던 것과 다를 바 없는 보호의 연속성이 유지된다는 것을 확신시켜 주는 것이다. 이는 적합한 퇴원계획을 통해서만 이루어질 수 있다.

4. 죽 음

의료세팅에 있는 사회복지사는 종종 클라이언트의 죽음을 경험하게 된다. Kubler-Ross의 죽음의 5단계, 즉 부정, 분노, 협상, 우울, 수용은 잘 알려진 바다. 일단 개방적인 의사소통은 모든 환자와 가족에게 바람직한 것으로 사료된다. 그러나 모든 사람이 진실을 알기를 원하는 것은 아니다. 희망을 잃어버리기 싫은 기대감도 있는 것이다. 어떤 환자들에게 나타나는 부정이 바로 그런 것이다. 환자나 가족이 진실을 듣기 원하고 그것을 다루어 나가기 원하는지가 조심스럽게 평가되어야 할 것이다.

죽음을 초래하는 치명적인 질환은 신체적 · 정서적 고통과 두려움, 슬픔의 감정을 초래한다. 그러나 환자는 자존감과 자기관리를 유지해 나가며 그러한 스트레스를 잘 견디어야 한다. 이를 위해 환경적 자원이 풍부하게 동원되어야 한다. 호스피스 같은 개념이 필요하다. 호스피스 개념이란 죽어가는 환자와 가족에게 다학문적인 보호를 제공하며 정서적 지지와 호흡상의 어려움이나 구토 같은 증상의 통제, 고통의 예방 같은 서비스를 제공한다. 치료와 회복이 불가능한 상태에 있는 클라이언트와 그 가족의 욕구를 충족시켜 주어야 한다는 인식이 확대됨에 따라 호스피스 운동이 발전하였다.

단기치료를 목적으로 하는 일반 병동에서는 죽어가는 사람의 정서적 지지나 개별화된 보호, 고통의 통제 같은 욕구를 다루어주기 힘든 것이 사실이다. 치료세팅에서는 초점이 인간보다는 질환에 맞추어지고 있어 기술적으로 생명을 연장하는 데에 강조점이 주어진다.

죽어가는 사람의 가장 큰 두려움은 고통, 버려지는 데 대한 두려움, 혼자 죽는 데 대한 두려움이다. 많은 사람들은 가정 같은 친숙한 환경 속에서 가족들이 있는 데서 죽는 것을 선호한다. 호스피스는 그런 욕구를 충족시켜 줄 수 있으며, 죽어가는 사람뿐만 아니라 가족의 삶의 질을 향상시켜 준다.

호스피스에서는 죽어가는 환자를 돌보는 동안 그리고 사망한 후까지 가족에 대한 서비스를 제공한다. 유족들의 신체적·정서적 질환을 예방하기 위해서이다. 호스피스 병동에서 사회복지사들은 주로 유족 프로그램, 직원지지 프로그램, 자원봉사자 교육, 프로그램 조정 및 정책개발 등의 역할을 맡는다.

5. 의료사회사업 실천 사례

이 장을 마무리하면서 최종적으로 미혼모와 출생아에 대한 상담지도 사례를 소개하면서 의료사회사업의 실천에 대한 이해를 돕고자 한다.

1) 사례개요

주치의로부터 의뢰된 문제는 신생아에 대한 입양상담이었다. 사회복지사는 김미숙 씨와의 심리사회적 상담을 3회 실시하였다. 김미숙 씨는 아기를 직접 양육하기로 결정하고, 아기의 건강이 회복된 이후 원만하게 퇴원하였으며, 외래진료를 통하여 정기적으로 아기에 대한 의료적 관찰을 실시함으로써 종결하였다.

2) 실천과정

(1) 대상자 발견 및 서비스 수급자격 심사

사회복지사는 신생아 중환자실(NICU) 주치의로부터 협의진료기록지를 통하여 김미숙(여, 27) 씨의 아기에 대한 입양상담을 의뢰(consult) 받았다. 사회사업실은 산부인과 및 소아과와 함께 미혼모 및 출생아에 대하여 사회사업 서비스를 제공하기로 약속되어 있었으므로 사례로 접수하였다.

(2) 접수

① 의료적 · 심리사회적 기초자료 수집

사회복지사는 신생아 중환자실을 방문하여 출생아에 대한 의무기록을 검토하였다. 의료적 정보를 수집한 결과, 출생아는 단순 미숙아(37주 출생)로서 인큐베이터 치료 중이었으며, 약 2~3주의 진료 후에는 퇴원할 것으로 예상되었다.

또한 의무기록에 나타난 심리사회적 정보로는 산모 김미숙 씨는 27세 된 미혼모로서 안양의 중소기업체에 근무하며, 보호자 및 연대보증인은 45세 된 여성인 이영순 씨로 기록되어 있었다.

② 접수상담을 위한 준비

사회복지사는 산모가 입원해 있는 산부인과 병동의 담당 간호사를 통하여 주치의의 회진시간, 산모의 검사와 처치시간 등에 대한 일정을 파악하였으며, 사회사업 상담시간을 조정하였다. 또한 사회복지사는 내담자가 가질 수 있는 모욕감이나 분노 등에 대비하기 위하여 상담이 안정적으로 진행될 수 있도록 사회사업 상담실을 상담장소로 정하였다.

상담실은 밀폐되어 있기는 하지만 풍경화와 꽃병이 있었고, 화장지가 준비된 원탁과 함께 편하게 앉을 수 있는 의자가 마련되어 있었다. 사회복지사는 내담자를 만나기 10분 전에 상담기록지를 준비하여 상담자의 자리에 앉아 자신이 가질 수 있는 미혼모에 대한 편견을 검토하고, 미혼모 상담에 있어서의 일반적인 사회사업 실천과정에 대하여 미리 생각해 보았다.

③ 문제와 욕구의 확인

내담자가 상담실을 들어섰을 때 사회복지사는 일어서서 따뜻한 미소로 맞이하였고, 김 씨는 쑥스러운 태도로 목례를 하며 자리에 앉았다.

사회복지사는 상담의뢰과정과 사회사업 서비스에 대한 개요를 설명하면서 김 씨가 필요한 도움을 받을 수 있도록 도와주겠으며, 업무상의 비밀이 유지될 것이라는 사실을 말함으로써 김 씨와의 상담관계를 맺기 위해 노력하였다. 주치의로부터 의뢰된 문제는 입양상담이었으나, 김 씨는 아직 입양에 대한 확신을 갖지 못한 것으로 확인되었다.

(3) 사정

① 사회적 기능문제

• 가족

사회복지사는 가계도와 생태도를 활용하여 김 씨의 가족기능에 대하여 검토하였다.

김 씨의 부모(62세, 60세)와 오빠(30세, 미혼)는 시골에서 농사를 지어 생활하고 있으며, 그들은 김 씨의 임신과 출산에 대하여 전혀 알지 못한다고 하였다. 김 씨는 자신의 가족들에게 당분간은 출산 사실을 밝히지 않고 싶어하였다.

• 사회적 관계

사회복지사는 사회적 관계망 지도와 사회적 관계망 도표를 활용함으로써 김 씨의 중요한 타인과 다른 인간관계 및 직업상에서의 역할에 대하여 검토하였다.

김 씨는 안양의 전자제품 생산업체(종업원 100명 규모)에서 생산직으로 근무하고 있었으며, 현재는 출산과 산후조리를 위하여 3개월간

병가를 낸 상태였다. 김 씨는 1년 전 같은 직장에 있는 두 살 연상의 최 씨 남성과 교제하면서 임신하였고, 임신 사실을 알지 못한 채 절교하게 되었으며, 이후 1개월 후 최 씨는 사직하였고, 연락이 단절되었으므로 출산 사실을 알지 못하는 상태다. 김 씨는 최 씨의 연락처를 알 수 있는 방법은 있었으나, 연락할 생각은 없다고 하였다.

• 문제를 해결하기 위한 클라이언트의 능력

개인력 조사결과, 김 씨는 특별한 질병 없이 건강하게 생활하여 왔으며, 인지적 및 감정적으로 특별한 장애는 없었다. 또한, 김 씨는 출산과 관련하여 최 씨에 대한 적대감이나 분노를 갖고 있지도 않았다. 그러나 아동을 직접 양육해야 할지, 입양기관으로 보내야 할지를 결정하지 못하고 있었다. 또한 피임법에 대한 지식이 부족하였다.

② 환경적 문제

• 경제적/기본적 욕구체계

김 씨는 보증금 1,000만 원의 방 한 칸짜리 전세에 거주하고 있었으며, 수입은 월 100만 원이었다. 1년 정도 수입이 중단되더라도 생활을 유지할 수 있는 경제력도 가지고 있었다. 승용차를 가지고 있지는 않았으며, 주거환경도 주택가로서 특별히 위험한 요소는 없었다. 현재의 직장은 3개월 이상의 병가를 낼 수는 없는 상태로서 작업은 단순 육체노동이었다.

• 교육과 훈련체계

김 씨는 고졸로서 특별한 직업기술을 습득하지 못한 상태였다.

• 사회적 서비스

김씨가 직장생활을 할 경우 아동양육을 해 줄 수 있는 체계가 마련되어 있지 않아 지역사회의 탁아서비스를 이용해야 하는 상황이다. 또한, 아동양육을 위하여 직장을 다니지 못할 경우, 모자가정으로서 국민기초생활보장법 수급대상이 될 수 있었다.

- 정서적 지지체계

  보호자 및 연대보증인으로 기록된 이 씨는 김 씨의 이웃에 거주하는 사이로 친자매처럼 지내는 사이였다. 사회복지사를 자발적으로 방문한 이 씨와 상담한 결과, 이 씨는 김 씨가 아동을 입양시키도록 권유하는 입장이라고 하였다. 또한 김 씨는 직장생활을 통해서 알고 있는 3~4명의 동료들과 정서적 지지 및 교제를 나누고 있었다.

(4) 계획수립

김 씨와 함께 사정을 실시한 사회복지사는 사회사업 서비스가 필요한 문제를 정리하고, 김 씨와 함께 서비스 계획을 수립하였다. 주요 초점은 다섯 가지로서 ① 아동의 입양 여부 결정, ② 아동의 탁아문제, ③ 현 직장에 계속 다니지 못할 경우의 구직문제, ④ 이 씨의 김 씨에 대한 태도 점검, ⑤ 피임지식 습득 등이 그것이다. 목표성취 여부는 과제성취척도를 활용하도록 한다.

(5) 실행 및 점검

① 아동의 입양결정 문제

사회복지사는 김 씨가 아동에 대한 입양을 잘 고려할 수 있도록 김 씨의 아동에 대한 입장, 아동이 부모 또는 양부모에 의해서 양육되었을 경우의 김씨와 아동의 미래의 모습, 김 씨의 부모형제 등 가족에 대한 태도 등에 대하여 내담자 중심기법을 활용하여 상담하였다. 자기결정의 원리에 입각한 2회의 상담을 거쳐 김 씨는 아동을 직접 양육하기로 결정하였다.

② 아동의 탁아문제

단기적으로 김 씨의 병가가 종료될 3개월 후의 아동양육을 위하여 인근의 시립 탁아소와 사회복지관의 프로그램에 대한 정보를 수집하기로 하였다. 기관에 대한 정보는 사회복지사가 김 씨에게 제공하고, 기관접촉은 김 씨가 직접 수행한 후 결과를 사회복지사에게 알려주기로 하였다.

③ 김 씨의 구직문제

장기적으로 김 씨가 아동의 양육으로 인하여 현재의 직장을 계속 다니지 못할 경우의 직업문제에 대하여 상담하였다. 김 씨가 특별히 선호하는 직업을 선택하지 못한 상태이므로, 이후 생활정보지나 취업안내책자 등을 통하여 지속적으로 자신에게 적합한 직업에 대한 정보를 수집하기로 하였다.

④ 이 씨의 김 씨에 대한 태도점검 문제

이 씨는 김 씨와 7년 동안 특별한 정서적 친화관계를 유지하여 왔으므로 김 씨의 아동양육문제에 대하여 깊이 관여하고 있었다. 이에 사회복지사는 이 씨와의 상담을 통하여 이 씨에게 공감적 지지를 표현하였다. 다만, 김 씨가 아동에 대한 태도가 무엇보다 중요한 것임을 상기시키고 이 씨로 하여금 김 씨의 입장을 존중함으로써 지지체계가 될 수 있도록 노력할 것을 합의하였다.

⑤ 피임지식 습득문제

김 씨는 아직 피임지식이 부족하므로 산부인과의 간호사에게 의뢰하여 피임교육을 받도록 중재하였다.

(6) 평가 및 종결

① 평가

- 아동의 입양문제 상담에 대한 평가

  클라이언트 만족 질문지를 통한 평가의 결과, 김 씨는 사회사업상담을 통하여 아동의 양육에 대한 자기인식 향상에 대한 도움을 받았다고 말하였다.

- 기타문제 상담에 대한 평가

  과업성취척도(task achievement scaling)를 활용하여 평가한 결과, 아동의 탁아문제는 상당성취(3점), 김 씨의 구직문제는 부분성취(2점), 이 씨의 김 씨에 대한 입장정리는 완전성취(4점), 피임교육문제는 완전성취(4점)로 나타났다.

② 종결

아동은 3주간의 치료 후 건강한 모습으로 김 씨의 품에 안겨 퇴원함으로써 사례를 종결하였다.

(7) 사후지도

아동 퇴원 3주 후에 김 씨는 아동의 외래방문 시 사회사업실을 방문하였다. 김 씨는 밝은 모습이었으며, 아동도 역시 건강한 상태라고 하였다. 사회복지사는 탁아문제, 구직문제, 필요시 국민기초생활보장법에 의한 수급문제를 상담하도록 안내하였다.

제 3 부

응용과 실제

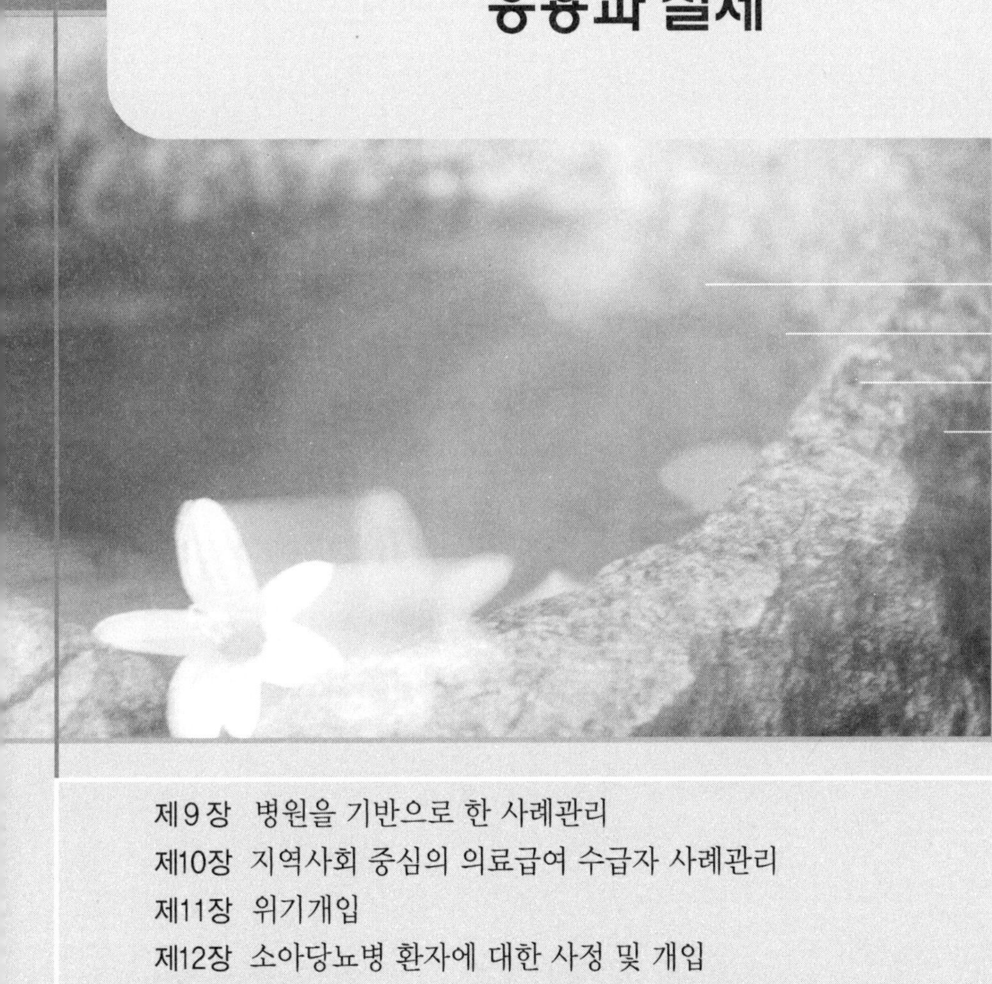

제9장

병원을 기반으로 한 사례관리

비용의 절감과 서비스 질의 향상을 위해 병원에서 주도하는 장기보호 서비스 개발이 필요하다. 사례관리의 주요 대상은 만성질환을 가지고 있는 환자들로서, 백혈병 등 위험한 상태에 있는 유아, 뇌손상 환자, 척추손상 환자, 말기 암환자, 만성 정신질환자, 약물남용 환자들이다. 의료적 사례관리는 미국에서는 보험회사의 주도로 개발되었다. 심각한 질환을 가진 사람들에 대한 치료보호는 매우 과도하게 비싸다고 인식되고 있는데 이는 주로 서비스 조정의 부족에서 오는 서비스 중복, 비용이 저렴한 서비스, 즉 병원치료의 대안을 찾지 못한 점 등을 들 수 있다. 의사들은 종종 자원의 낭비 없이 최적의 보건상태를 최대화할 수 있는 보호전략을 수행하는 데 실패하는 경우가 많은데, 이는 의사들이 환자를 위한 포괄적 보호계획을 개발하는 데 필요한 지식이나 자원이 부족하기 때문이다. 이러한 문제를 해결하기 위해 사회사업분야에서 훈련받은 사례관리자가 적절하고 비용 효과적인 보호계획을 개발하게 된다. 사례관리자는 최적의 효율성을 성취하기 위한 목적으로 의사들과의 협의를 이끌어내어 환자에게 제공되는 서비스의 종류와 양에 영향을 줄 수 있다. 점차적으로 보건세팅의 사회복지사는 환자 및 가족의 욕구를 파악하고 이 욕구를 충족시키기 위한 적절한 자원을 찾아내며 개입계획을 개발하고 계획의 수행을 점검하는 사례관리자로서의 역할을 한다. 이 장에서는 병원을 기반으로 한 사례관리의 특성과 유형에 대해 서술해 보고자 한다.

1. 사례관리와 퇴원계획

퇴원계획은 병원 체계의 핵심적 기능이라 할 수 있다. 입원환자의 효과적인 보호에 핵심이 되며 병원외부의 제3자에게 전가될 수 없는 것이다. 퇴원계획은 환자, 가족 그리고 다양한 병원 의료진과 직원의 조성노력을 요구한다. 즉, 병원정책을 잘 활용할 수 있는 사람, 직원과 효과적인 관계를 맺고 있는 사람 그리고 의료적 측면에서 권위가 있는 사람의 참여가 요청된다.

병원에서의 사례관리는 입원기간 동안의 보호계획수립과 서비스 조정도 포함하지만 주로 퇴원계획과 연결되는데, 미국에서의 병원의 사례관리 프로그램은 특히 퇴원 후의 환자보호를 제공하기 위해 고안되었기 때문이다. 어떤 사례관리 클라이언트는 외래환자로서 사례관리 프로그램에 등록하고 후에 입원환자가 되어 퇴원계획가의 도움을 필요로 하기도 한다. 어떤 클라이언트들은 입원기간 동안 퇴원 후의 사례관리의 필요성이 있는 것으로 파악되어 의뢰되기도 한다. 어떤 경우이든 통합된 보호계획을 개발하기 위해서는 여러 의료진의 협력과 의사소통이 필요하다.

사례관리 부서가 병원에 한 부서로 설정되어 있기도 하고 퇴원계획 부서 내에 있기도 하며, 노인병동 같은 병동에 위치하기도 한다. 종종 퇴원계획가와 사례관리자가 구별되어 있는 경우도 많다. 이런 경우 병원에서는 정강정책을 통해 퇴원계획가와 사례관리자의 역할을 분명히 해두어야 한다. 이 두 역할이 구분되는 경우, 퇴원계획가는 주로 입원환자의 퇴원계획과정을 조정하고 보호계획을 매듭짓는 데 관련되는 작업에 전적인 책임을 진다. 한편 사례관리자는 실질적인 보호서비스의 조정/연결에 책임을 맡는다. 이들 간의 의사소통을 잘 유지함으로써 중복적인 작업을 피하고 환자에 대한 지식을 상호 교환함으로써 이득을 얻으며 지속성을 유지할 수 있다. 그러나 퇴원계획가를 사례관리자로 임명하는 것이 역할의 중복이나 갈등을 줄이는 데 있어 바람직하다.

2. 병원 사례관리자의 책임

사례관리자는 다음 사항에 책임이 있다.

① 환자와 가족의 욕구를 포괄적으로 파악한다. 즉, 의료적 · 심리적 · 사회적 · 재정적 욕구를 파악한다.
② 의사의 의료적 정보를 중심으로 다양한 분야의 전문가들의 의견을 조정하면서 보호계획을 개발한다.
③ 모든 필요한 장비, 교통수단, 재가서비스, 기타 필요한 지지적 요소들(supports)의 할당 및 통제 그리고 서비스 기관 접촉에 대한 책임을 맡는다.
④ 퇴원 후의 보호계획을 실행시키는 데 필요한 모든 행동을 기록한다.
⑤ 환자, 가족, 의사, 직원의 관여를 조정하면서 의사소통의 중심축으로 활동한다.
⑥ 퇴원 후의 계획이 임상적으로 그리고 법적으로 문제가 없도록 하고 지역사회에서 환자의 안정에 위협이 되는 요소를 파악하며 퇴원 전에 그러한 위험영역에 대한 해결방안을 개발한다.

3. 사례관리와 보호의 질

사례관리의 과정은 환자의 보호의 질과 치료결과에 영향을 줄 수 있다.

사례관리는 기본적으로 5단계로 수행된다. 포괄적 기능 측정, 보호계획, 서비스 조정, 점검, 정기적 재측정. 일반적으로 측정은 간호사와 사회복지사에 의해 팀으로 수행된다. 그러나 의사도 측정과 보호계획과정에 참여하는 경우가 많다. 포괄적 사정결과를 바탕으로 보호계획을 수립하는데, 보호계획에는 의료, 건강, 사회적 지지 서비스 등이 포함된다. 사례관리자에 의해 개발된 보호계획은 임상적 타당성을 확실히 하기 위해 의사가 최종 검토를 하는 기제가 필요하다. 사례관리자는 보호계획의 수행을 위해 가장 적절한 치료시설과 전문가 및 서비스를 찾아줌으로써 보호의 질에 영향을 줄 수 있다. 집중적 치료세팅으로의 의뢰, 환자에게 필요한 발달장애 전문가, 언어 또는 작업치료사 등의 소개, 환자가 가급적 빠른 퇴원을 하는 데 필요한 장비나 보조기구의 알선, 지역사회서비스의 연결 등을 예로 들 수 있다.

또한 사례관리자는 환자와 가족을 정기적으로 만나고[1], 그들에게 발생하는 문제를 해결하기 위해 서비스를 재정비하며, 서비스가 제대로 전달되고 있는가를 지속적으로 점검하기 때문에 보호의 질에 영향을 미친다. 서비스를 제공하는 담당자들은 자신들이 점검되고 있다는 그 사실 하나로 좀더 자신의 행동을 긍정적으로 바꾸기도 한다.

또한 사례관리 프로그램은 치료방법의 종류와 양에 영향을 주고[2] 치

1) 일주일에 여러 차례 접촉할 필요가 있는 고비용의 환자를 한 명의 사례관리자가 동시에 관리할 수 있는 수는 3명에서 10명까지라고 본다. 그러나 장기보호 프로그램에서 의료적으로 안정된 환자의 경우 평균적으로 한 사례관리자가 맡는 사례의 수는 수십 명에 이르기도 한다.

2) 사례관리자가 환자에게 전달되는 서비스의 양과 유형을 어느 정도 수정할 수 있다 할지라도 이것이 담당의사의 역할을 방해한다는 의미는 아니다. 담당의사의 협력이 절대적으로 필요하다. 그 이유로는 첫째, 의사는 환자의 사례관리에 대한 적절성을 판단하는 데 필요한 정보의 주요 소스기 때문이다. 둘째, 사례관리에 대한 담당의사의 태도는 환자나 가족이 사례관리 서비스를 수용할지의 여부에 영향을 준다. 셋째, 사례관리자는 의료전문가는 아니다. 환자에게 전달되는 많은 서비스는 담당의사의 주문이 있어야 한다. 그러므로 의사의 승인이 사례관리의 수행에 매우 중요하다.

료에 대해 환자가 잘 순응하도록 도움으로써 치료결과에 영향을 준다. 간단히 한 가지 예를 들어보면, 적절한 홈케어 프로그램을 개설함으로써 치료결과에 긍정적으로 영향을 미칠 수 있다. 홈케어는 병원에 오랫동안 입원해 있으면서 발생할 수 있는 각종 위험이나 단점을 방지할 수 있게 한다. 그리고 사례관리자는 환자와 가족과의 정규적 접촉을 통해 용기를 주고 환자가 치료처방에 잘 따르는지 점검함으로써 긍정적 결과를 초래할 수 있다.

끝으로 사례관리자는 예방적 서비스 제공의 필요성(예: 조기 개입, 보호자들에 대한 상담)에 민감하기 때문에 환자의 긍정적 결과에 대한 가능성은 증대된다. 사례관리의 평가 지표로 활용될 수 있는 것으로는 환자의 건강상태, 보호자의 스트레스와 대처능력 수준, 비용, 사례관리에 대한 태도 등을 들 수 있다.

4. 사례관리의 구성요소/기능

사례관리는 일반적으로 다음과 같은 작업과정으로 이루어져 있다. 사례관리의 여덟 가지 작업단계 하나하나에 대하여 구체적으로 기술해 보고자 한다.

표 9-1 사례관리의 절차와 내용

1. 클라이언트 발견	아웃리치를 통한 사례발견이나 의뢰를 받는다.
2. 사전심사	클라이언트 또는 가족이 기능적 및 재정적으로 서비스를 받을 자격이 있는지를 결정한다.
3. 사정	클라이언트의 욕구(의료적, 기능적, 사회적, 환경적 및 재정적)뿐만 아니라 클라이언트가 활용할 수 있는 비공식적 지원망에 대한 정보를 수집한다.

〈계속〉

4. 보호계획작성	전달되어야 할 서비스와 그 빈도, 지속기간 및 목적을 구체화한다. 이 계획은 클라이언트와 가족 그리고 전문가와 협력하여 수립한다.
5. 서비스의 조정/전달	보호계획에서 필요로 하는 서비스들을 식별해서 이를 조정한다. 서비스 제공자 및 비용조달을 하는 담당자와 접촉하여 서비스를 연결한다.
6. 옹호	지역사회 내에서 제공되지 않는 특정한 유형의 서비스가 필요하다면, 이러한 서비스를 창출하고 그에 대한 재원을 마련하기 위해서는 옹호자의 역할을 한다.
7. 모니터링	서비스가 계획된 바에 따라 전달되고 있는지 검토하고 클라이언트의 상태에 따라 보호계획을 수정한다.
8. 재사정	서비스전달상황을 재평가한다.
9. 종결	사례관리 서비스를 종결한다.

1) "사례" 또는 "클라이언트"의 확인 또는 발견

사람들은 다양한 방법을 통해서 병원에 찾아온다. 병원에서 공익광고나 안내책자를 통하여 홍보를 하기도 하며, 자원봉사자, 실습생들이 지역사회를 방문할 수도 있다(이러한 활동을 "outreach"라고 한다). 여타의 사회사업 및 의료기관이 클라이언트를 의뢰하기도 한다. 또한 전화번호부, 안내전화나 전화상담 서비스를 통해 또는 사람들끼리 서로 소개하여 프로그램에 참여하기도 한다.

2) 심사, 접수상담 및 등록

이 단계에서는 클라이언트의 문제가 무엇인지를 식별하고, 클라이언트가 서비스를 받을 자격이 있는가를 판단한다. 아울러 클라이언트의 재정적 능력도 평가한다.

기관의 고객접수 담당자들은 고객의 성명, 연령, 가족상태, 소득, 기타 사항을 참고로 하여 클라이언트의 서비스 수혜자격을 결정한다. 클라이언트와 가족에게 의료기관이 제공하는 서비스, 기관이 고객에게 요구하는 사항 그리고 의료기관이 갖는 제한점에 대하여 설명을 해 준다. 그 의료기관에서 사례관리를 하는 데 적절하다고 판단이 되지 않으면 그 사례를 다른 기관에 의뢰한다.

3) 문제상황 사정

사정을 통해 개인 · 부부 또는 가족으로부터 정보를 얻고, 충족되지 않고 있는 현재의 시급한 욕구와 우선순위를 결정한다. 측정에서는 클라이언트와 그 가족이 제시한 문제 외에 신체적, 인지적, 사회적 및 정서적 욕구뿐만 아니라 재정적 및 환경적 욕구를 파악해야 한다. 또한 공식적 서비스 제공자와 가족이나 친구와 같은 비공식적 서비스 제공자로부터 클라이언트가 받을 수 있는 지원에 대하여 자세한 검토를 한다. 클라이언트와 가족의 보호에 관련되었던 의사나 다른 전문가들로부터 정보를 얻는다. 이때 클라이언트는 문제를 어떻게 보고 있는지, 또한 문제해결에 대해 어떤 생각을 가지고 있는지를 파악하는 것도 중요하다.

이러한 측정은 고도의 기술을 가진 전문가의 팀에 의해 수행되는 것이 바람직하다. 표준화된 도구를 사용하는 것 역시 중요하다. 종합적 측정을 위해서는 다음 사항들을 포함해야 한다.

- 질병 및 건강문제
- 일상생활 활동(목욕, 쇼핑, 걷기 등)
- 인지적 기능(혼동, 기억장애, 방향감각 등)
- 현재 활용되는 서비스
- 수입과 재산
- 비공식적 지원체계
- 현재 거주상태(어디에 누구와 함께)
- 의료보험

- 재정적 운영능력
- 학대의 증거
- 의사들과의 접촉상황(환자의 순응, 빈도, 접촉방식 등)
- 전체적 위급함

4) 보호계획

측정을 통해서 얻은 자료를 바탕으로 사례관리자는 적절한 서비스의 유형, 보호에 필요한 시간, 그리고 병원 및 지역사회기관과 가족구성원이 취할 역할들을 구체화하는 계획을 수립한다. 적절한 보호를 위한 계획은 사례관리의 핵심이 되기 때문에 그 계획에 대하여 잘 알고 있어야 한다. 클라이언트를 위해서 장기간 서비스를 제공하는 사례를 관리하는 경우, 일반적으로 다음과 같은 기본원칙을 지켜야 한다(Schneider, 1988).

- 보호계획은 클라이언트의 기능을 포괄적으로 측정한 결과를 바탕으로 수립한다.
- 고객과 보호자를 계획과정에 참여시킨다.
- 구체적 보호기간을 정한다.
- 공식적 서비스와 비공식적 서비스를 모두 계획한다.
- 비용을 의식하고 있어야 한다.
- 보고서를 꼭 작성한다.

다음은 완벽한 보호계획을 세우는 과정이다.

- 포괄적으로 문제의 목록을 작성한다.
- 다루어져야 할 문제 하나하나를 어떠한 상태로 변화시킬 것인지 목표를 정한다.
- 바람직한 결과를 성취하기 위해 필요한 도움의 형태를 파악한다.
- 도움을 제공하는 제공자와 서비스의 목록을 정한다.

- 제공될 각 서비스의 양을 기록한다.
- 서비스비용을 지불해 줄 기관이나 단체를 기록하고 구체적 기간 동안 서비스를 제공하는 데 소요되는 비용을 계산한다.
- 고객과 보호자가 합의한 바를 기록한다.

5) 서비스 조정/전달

서비스를 조정/전달하는 작업은 보호계획수립 단계에서 필요하다고 판단한 서비스들을 배열, 정리하여, 서비스 제공자들로부터 서비스를(필요하다면 서비스 수수료 지불을 약속하여) 구입하고 클라이언트와 보호자를 구입된 서비스와 연결시켜주는 것이다.

만약 워커가 속해 있는 기관 외부의 프로그램이 필요하다면, 클라이언트를 외부 기관에 의뢰하고 안내하여 다른 서비스 체계와의 연계를 촉진한다. 서비스를 잘 조정하여 서비스 중복을 피하고 클라이언트가 수혜가능한 서비스 중 최상의 서비스를 받을 수 있도록 한다. 이 단계에서 사례관리자들은 클라이언트의 욕구에 민감하게 반응하지 못하는 체계들을 변화시키기 위하여 옹호자의 역할을 수행하게 된다. 현재 지역사회 내에서 제공되지 않는 특정한 유형의 서비스가 필요하다면, 이러한 서비스를 창출하고 그에 대한 재원을 마련하기 위해서는 옹호자의 역할이 필요한 것이다.

6) 옹호

옹호는 클라이언트를 대신해서 클라이언트의 권리를 보호하고 클라이언트에게 서비스에 대한 자격이 주어지도록 중재하는 과정이다. 사례관리자는 위기상태나 결핍상태에 놓여 있는 개인들의 입장에 서서 그들의 우방이 되어 각종 관료기관과 협상을 벌이게 된다. 남편으로부터 구타를 당한 주부가 가정법원 출두에 대비하여 구금명령에 대한 법적 청구 준비를 원조하는 것, 한 노인이 자의와 상관없이 요양원에 비자발적으로 위탁되는 데 대해 항변할 수 있도록 도움을 주는 것, 약물사용으로부터 회복된 한 여성이 아동복지기관에 대하여 자신의 아이들을 데려가겠다고 청구하는 데 도움을 주는 것 등이 그 예다.

7) 모니터링

모니터링(점검)의 목적은 서비스가 적절한가, 서비스의 질이 높은가, 클라이언트의 욕구를 충족하고 있는가를 평가하는 것이다. 클라이언트와 그 가족에게 전화로 서비스 전달 상태를 점검하거나 또는 직접 만나서 점검한다. 점검은 자주 할수록 좋으나 처음 일주일 후에 점검 후 1개월 마다 하게 된다.

8) 재측정

사례관리자는 욕구의 변화를 판단하기 위해서 정기적인 재사정을 수행해야 한다. 사람들이 처해 있는 상황은 정태적인 것이 아니라 늘 변화가 예상되는 것이다.

재측정은 클라이언트의 상황과 기능이 처음에 세운 보호계획의 목적과 비교해서 서비스전달 후 차이 또는 변화가 발생하였는지를 판정하기 위해 클라이언트의 조건과 상태를 다시 측정하는 과업을 말한다. 재측정은 보통 3개월 단위로 한다. 적극적으로 행동하는 것이 중요하다. 즉, 어떠한 위기나 도전이 야기될 수 있을 것인지를 예측하고 그에 대한 대비책을 마련하려고 노력해야 한다.

9) 종결

원조관계는 다양한 이유로 인하여 종결된다. 사례관리가 항상 마지막

단계까지 가지 않을 수도 있다. 클라이언트가 종결을 요청하거나 또는 클라이언트가 사망하거나 이사를 가거나 또는 상태가 개선되어 더 이상 서비스를 필요로 하지 않을 때 종료될 수 있다. 어떤 사례는 서비스에 자금을 제공하는 기관에서 사례중단 지시로 인하여 종료되는 경우도 있다. 이러한 경우, 클라이언트가 여전히 원조를 필요로 한다면, 다른 여타의 서비스와 연계할 수 있도록 최선을 다해 원조해야 한다.

5. 병원 사례관리의 모델

1) 의료적 관리(medical management)

이 모델은 만성적인 질병을 가지고 있는 클라이언트에게 지속적인 측정과 의료적 보호서비스 계획/조정을 제공한다. 프로그램의 목적은 가급적 빠른 퇴원을 해서 클라이언트가 지역사회에서 거주하는 기간을 확대하는 데에 있다기보다는 적절한 의료서비스의 전달을 확실히 하여 만성질환의 악화를 방지하고 불필요하거나 중복적인 의료적 서비스 사용을 줄이는 데 있다. 예를 들어, 이런 모델은 필요한 의료적 보호서비스의 준비나 조정, 환자가 자기관리를 잘 하도록 돕는 것, 의료서비스 전달의 계획수립 같은 데에 초점을 맞춘다.

2) 퇴원 후 보호를 위한 사례관리(aftercare case management)

이 사례관리 프로그램은 급성보호가 필요해 입원한 환자를 위한 퇴원계획을 향상시키고 확대하기 위해 고안되었다. 포괄적 측정 후에 단기보호 계획과 서비스 조정이 이루어진다. 병원의 사례관리자는 클라이언트 퇴원 후 3개월 동안 클라이언트의 상태와 서비스 제공을 점검한다. 장기보호가 필요한 환자들은 지역사회를 기반으로 하는 프로그램으로 의뢰되어 지속적인 사례관리를 받게 된다.

3) 요양원 전환모델

병원이 장기보호가 필요한 환자들을 위해 요양원을 병설 운영하여 요양원에 거주하는 클라이언트들을 위해 사례관리를 수행하는 모델이다.

4) 지역사회 보호연계

지역사회중심의 사례관리 프로그램과 연계하여, 병원에서 제공되지 않는 서비스들에 대해서는 병원 사례관리자가 중개자 역할을 통하여 필요한 서비스들을 클라이언트에게 연결시켜 주는 모델이다. 병원서비스 이외의 서비스 전달에 대한 재정적 관리는 하지 않는다.

6. 병원 사례관리의 실례

1) 사례

사 례

김 씨 부부는 50년간 결혼생활을 해왔다. 남편은 80세, 아내는 75세다. 이들은 세 명의 결혼한 아들이 있는데 모두 멀리 떨어져 살고 있다. 한 아들은 2시간 거리, 그리고 나머지 두 아들은 5시간 거리다.

두 노인 모두 고혈압을 가지고 있어 수년간 약을 복용하고 있다. 상태는 많이 나빠졌고 약의 복용량도 점차 늘고 있다. 일은 물론 운동도 피해야 되고 흥분하지도 말아야 뇌졸중이나 심장질환을 방지할 수 있는 상태다. 비록 신체적 기능이 쇠퇴해오곤 있지만 김 씨 부부는 나름대로 독립적으로 잘 생활해오고 있다. 할머니는 7년 동안 난청이 있으며, 두 노인 모두 당뇨가 있다. 할머니가 식사준비와 가사를 맡아오고 있다.

자녀나 친척들이 정규적으로 장을 봐다 주고 있다. 병원에는 한 아들이 모셔다 드린다. 할아버지는 TV 시청을 즐기시고 할머니는 친구 만나기를 즐기신다. 가끔씩 산책을 하며, 할머니는 건강했을 때 해왔던 여러 일들을 너무나 하고 싶어 하셨다. 할머니는 주로 집에서만 갇혀 지내는 상태가 불만족스러웠지만 우울해하지는 않았다. 두 노인 모두 긍정적인 태도를 유지하고 있다. 퇴직금과 연금으로 생활하기에는 충분했다. 집을 소유하고 있고 빚은 없다.

2) 장기보호 욕구의 출현

약 2주간에 걸쳐 이웃주민과 친척들은 할머니의 정신기능 변화가 있음을 알게 되었다. 전화통화나 면전에서 이야기를 해 보니 할머니는 단기기억손상이 있었고 시간개념이 없었다. 기분은 약간 우울해하는 것 같고 정동 상태도 다소 무딘 것 같았다. 청력은 더 악화된 것 같았다.

할아버지에 따르면 할머니는 아직 음식준비와 청소를 할 수 있는데, 너무 병약한 것 같고 대부분의 시간을 자면서 보낸다고 한다. 할아버지는 할머니가 고혈압 때문에 중풍에 걸릴까 봐 걱정을 하고 있다. 아들은 할머니를 근처 병원으로 모셔갔다. 그 의사는 혈압이 매우 높다고 결론 내렸고 약을 꾸준히 먹어야 하는데, 할머니가 제대로 약을 복용하지 못한 것 같다고 했다. 할머니는 다섯 가지 약을 먹고 있는데 각각 하루에 세 번씩 복용하고 있다. 아무도 할머니가 약을 제대로 복용하고 있는지 모르고 있었다.

아들들은 단지 주말에만 방문할 수 있었다. 이들은 돌아가면서 주말마다 부모와 함께 지내기로 했다. 아들들은 일주일간 할머니가 복용해야 할 약들을 잘 정리해놓고 약 봉지 위에 날짜와 시간을 써 놓았다. 3주 동안 할머니의 상태는 더 악화되지도 향상되지도 않았다. 가족들은 점차 걱정이 되었고 부모님들이 집에 계속 남아 지내기 위해서는 어떤 외부 도움이 필요하다는 것을 인식하게 되었다. 그래서 S병원의 사회복지 서비스 워커에게 도움을 요청하였다.

3) 김 씨 부부를 위한 장기보호 개입

(1) 기능적 욕구 측정

사회복지사는 두 번의 면담을 통해 측정을 끝마쳤다. 첫 번째 면담은 두 노인의 장남과 함께 시행하였고, 두 번째 면담은 일주일 후에 두 노인만을 모시고 시행하였다. 사회복지사는 일반적인 개인력을 조사했고, 과거와 현재의 기능상의 문제를 자세히 물어보았다. 특별히 건강문제를 토론하는 데 많은 시간을 할애했다. 사회복지사는 노인들의 정신적 · 신체적 행동을 자세히 관찰했다.

사회복지사는 두 노인에게 어떤 도움이 필요한지 물어보았다. 사회복지사는 가능한 서비스 종류에 대해 알려주었다. 사회복지사는 비공식적 자원이 무엇이 있는지에 대해 자세한 정보를 얻었다.

(2) 보호계획

① 병원에서 할머니에 대한 종합진단을 받게 함(특히 기억상실, 청각, 혈압, 기운 없음).

② 두 노인에게 한 끼 음식배달 서비스 제공(월~금요일)

③ 격주 수요일 할머니의 목욕과 머리손질을 위한 도우미 서비스 3시간

④ 격주 수요일 집안 청소 서비스 3시간

⑤ 지지적 상담과 지속적인 욕구 사정 및 재가 서비스의 평가를 위해 사회복지사의 매주 가정 방문

⑥ 할머니는 최소한의 신체적 운동이 필요하기 때문에 다음 일상생활은 지속하도록 하였다(수행하기에 별 문제가 없는 것으로 보였으므로). (예: 가벼운 아침 및 저녁 식사준비, 설거지하기, 세탁하기)

⑦ 할아버지는 가벼운 집안일을 돕도록 하였고 지속적으로 약을 먹으며 한 달에 한 번 의사를 찾아가도록 하였다.

⑧ 세 아들 부부가 번갈아 방문하도록 하였다. 며느리는 할머니를 매주 목욕시키는 일을 맡았다. 아들들은 장을 봐 오기로 하였다.

⑨ 노인의 이웃과 친구들이 지속적으로 방문을 해 주고 때로 주간에 필요한 물건들을 사다 주도록 하였다.

⑩ 매 주말 한 아들이 할머니의 약을 일주일간 준비해 놓도록 하였다. 할아버지는 식사 때마다 할머니께 약 복용을 일러주고 확인하는 역할을 맡았다.

4) 후속적인 장기보호 서비스 계획의 수정

4주 후에 진단결과가 나왔는데 할머니는 가벼운 뇌경색으로 인한 최근 기억상실증에 걸린 것으로 나타났다. 계속되는 고혈압 때문에 추가적인 뇌경색이 발생할 수 있다. 할머니는 초기 뇌혈관성 치매에 걸렸을 가능성도 매우 높다. 한편으로는 약을 너무 많이 먹어 부작용으로 인한 정신적 혼동이 올 수 있으므로 그런 가능성도 배제하지 않았다.

할머니는 약을 정규적으로 먹고 혈압도 정규적으로 체크하였다. 또한 소금을 줄이고 지방도 줄이며 콜레스테롤이 적은 음식을 섭취하도록 권고하였다.

① 방문 간호사가 매주 수요일 혈압을 체크하고 약물 부작용이 있는지를 관찰한다.

② 간호사와 사회복지사가 친척과 친구들에게 약물 부작용을 관찰하는 방법을 가르쳐 준다.

③ 영양사와 상담을 통해 가족들에게 식이요법에 대해 알려준다.

④ 사회복지사는 할머니에게 현실감각을 주기 위한 여러 가지 기법을 활용한다.

⑤ 할머니는 보청기를 끼도록 한다.

5) 토론

① 할머니의 질병에 대한 예후가 좋지 않다는 상황 하에 앞으로의 장

기보호 계획을 수정하여 마련한다면 어떤 것이 있겠는가?

② 할머니와 할아버지의 문제를 최소화하고 예방하기 위한 잠재적인 개입방안을 내놓는다면?

③ 사회복지사가 더 확대시켜야 할 역할이 있다면 어떤 영역이겠는가?

7. 결 론

고비용이 들고 의존적인 환자를 위한 사례관리는 점차 그 필요성이 증대되고 있다. 병원을 기반으로 하고 있는 사례관리자는 의사와 직원의 지지를 빠르고 쉽게 확보할 수 있는 장점이 있다. 그러나 지역사회의 치료 자원에 대한 폭넓은 지식을 가져야 한다. 그리하여 지역사회의 서비스를 제공하는 새로운 역할을 창출해야 한다. 병원을 기반으로 한 사례관리의 가장 큰 문제점은 의료보험규정상 지역사회 서비스에 대한 접근이 어렵다는 것이다. 또한 의료진들은 사례관리의 목적을 이해하지 못하고, 환자를 필요한 지역사회의 서비스에 연결시키는 것에 대한 가치를 못 느끼고 있다는 것이다. 그러나 의사들이 사례관리 서비스에 친숙해짐에 따라 사례관리 프로그램으로의 환자 의뢰가 증가하게 된다. 앞으로 병원사례관리 프로그램은 서비스의 질과 결과를 측정하고 점검하는 체계적 방법을 개발하고 수행해야 한다.

제10장

지역사회 중심의 의료급여 수급자 사례관리

만성적인 의학적 문제를 가진 환자에 대한 사례관리는 지역사회를 중심으로 이루어질 수도 있다. 현행 우리나라 의료급여제도는 재정지출의 급속한 증가에도 불구하고, 수급권자의 욕구를 충족시키지 못하고 있는 것으로 파악된다. 의료급여 수급권자의 욕구에 기반한 포괄적인 서비스의 제공을 통하여 의료급여 1종 수급권자의 삶의 질을 향상시키고, 재정의 절감을 도모할 수 있는 대안을 마련하는 차원에서 보건복지부 의료급여과 주도로 사례관리 시범사업이 이루어졌다. 이 사업에 대한 개요를 제시하면 다음과 같다.

1. 의료급여 수급권자 욕구조사

보건복지부 의료급여과는 연세대학교 사회복지연구소(책임연구원, 이익섭)와 함께 효율적인 의료급여 사례관리 서비스를 제공하기 위하여 의료급여 1종 수급권자 29명을 대상으로 한 심층면접과 310명을 대상으로

한 설문조사를 실시하였다. 조사대상자는 의료이용특성과 지역을 고려하여 판단표집방법에 의하여 선정하였다. 조사결과, 다빈도 상병자가 가장 복합적인 문제를 가진 것으로 나타났으며, 조사대상자가 가진 문제는 다음과 같이 파악되었다.

첫째, 심리사회적 상황의 경우, 조사대상자의 대부분이 일상생활을 본인 스스로가 해결하고 있으나 어려움을 느끼고 있었고, 여가활동이나 건강관리를 위한 운동을 거의 하지 않는 것으로 나타났다. 또한, 건강문제를 상담할 대상이 거의 없는 것으로 나타났다.

둘째, 건강상태 및 의료서비스 이용 상황의 경우, 대부분의 대상자가 관절염과 고혈압 등의 만성질환을 1~2개 이상을 가지고 있었다. 장애를 가지고 있는 경우에도 대부분의 대상자가 정보부족 등으로 장애등록을 하지 못하고 있으며, 주위에 병원 이용 및 상담에 대한 권유를 해 주는 사람이 대부분 없는 것으로 나타났다. 또한, 현재 이용 중인 병원에 대한 만족도는 높은 편이지만, 진료비가 부담스러워 병원을 이용하지 못하고 있는 대상자들도 많은 것으로 나타났다.

이로부터 볼 때, 의료급여 수급권자들이 의료적 문제는 물론 건강과 관련된 복합적인 심리사회적 문제를 가지고 있으므로 이들의 문제를 해결 내지 완화시키고 욕구를 충족하도록 돕기 위해서는 의료적 서비스와 더불어 포괄적인 심리사회적 서비스를 제공할 필요가 있다고 하겠다. 따라서 사례관리에는 의학적 상담, 정서적 지지, 사회적 서비스에 대한 정보 제공, 경제적 문제 등과 관련된 자원 연결 등이 포함되는 것이 바람직한 것으로 판단된다.

2. 사례관리 시범사업 실시 내용

시범사업은 2003년 5월부터 8월까지 3개월간 실시되었다. 시범지역은 총 31개 지역으로서 전국을 대도시 지역(7개 특별시 · 광역시)과 중소도시 및 농어촌 지역(9개 도)으로 구분하고, 각 시 · 도마다 신청에 의하여 2개의 기초자치단체를 선정하였다. 그리고 선정된 각 기초자치단체(시 · 군 · 구)에 사회복지사 또는 간호사 자격을 가진 사례관리 요원 1인씩 총 31명을 배치하였다.

사례관리 대상자는 총 1,230명으로 다빈도 상병 중 1개 이상의 질환을 가진 수급권자에 대한 자료를 건강보험공단으로부터 입수하고, 이를 성별과 연령에 의한 할달표집방법에 의하여 각 지역당 약 40~41사례를 선정하였다.

사례관리 요원이 수행한 구체적인 업무 내용을 단계별로 제시하면 다음과 같다. 1단계(대상자 선정)에서는 건강보험공단으로부터 입수한 수급권자 명단으로부터 연구진이 과학적인 표집방법에 의하여 대상자를 선정하고, 이를 사례관리 요원에게 송부한다. 2단계(접수)에서는 의뢰받은 사례를 접수하고, 동사무소 등으로부터 필요한 심리사회적 정보를 수집하며, 대상자와의 접촉을 시도하여 사례관리에 대한 승인을 받는다. 3단계(사정)에서는 대상자를 방문하여 의료적 및 심리사회적 정보를 구체적으로 확인하고, 대상자의 개별적인 욕구와 문제에 대해서도 대상자 및 가족과 함께 평가한다. 4단계(목표 및 개입계획수립)에서는 수집된 자료를 토대로 사례관리 요원의 전문적 지식을 활용하여 개입 목표와 개입방법에 대한 계획을 수립한다. 5단계(자원의 확인)에서는 대상자의 욕구 충족과 문제 해결을 위하여 활용할 수 있는 공식적 및 비공식적 자원을 확인하고, 자원이 부족할 경우에는 자원을 개발한다. 6단계(실행)에서는 문제의 중요성과 시급성을 고려한 개입 순서에 따라 구체적인 서비스를 제공한다. 7단계(점검)에서는 일시관리/유지관리/집중관리/위기관리 등의 구분에 따라 주기적으로 대상자의 건강관리 상태를 확인하고, 사례관리 수행상의 진행정도와 문제점을 점검한다. 8단계(평가)에서는 종결된 사례에 대한 사례관리 수행내용 및 대상자의 삶의 질 향상정도를 평가한다.

또한 대상자의 4개군 중 일시관리군은 건강관리를 잘 하고 있으나 의료서비스 이용이 급격히 증가한 자로 일시개입으로 문제해결이 기대되는 대상군이다. 일시관리 대상자는 필요하다고 판단되는 경우에 전화 또는 방문을 통하여 상담과 정보제공을 실시한다. 유지관리군은 건강관리가 잘 이루어지지 않고 사회적 지지체계가 미흡하여 필요 이상으로 의료서비스를 이용하고 있는 대상군이다. 2주당 1회 이상의 방문 또는 전화를 통한 상담, 정보제공 및 자원 연결을 실시한다. 집중관리군은 건강상태가 매우 불량하고, 건강관리를 잘 수행하지 못하며, 사회적 지지체계가 미흡한 대상군이다. 1주당 1회 이상의 방문 또는 전화를 통한 상담, 정보제공 및 자원 연결을 실시한다. 위기관리군은 건강이 극도로 악화된 상태로 긴급한 의료서비스가 필요한 대상군을 말한다. 위기가 해소될 때까지 필요한 의료적 및 심리사회적 서비스를 제공한다.

3. 사례관리 요원 교육

사례관리 요원에 대한 교육은 2회에 걸쳐 총 33시간에 걸쳐 실시하였다.

1차 교육은 사례관리업무를 실시하기 전에 사례관리 요원으로 하여금 사례관리방법 및 대상자에 대한 전반적 이해의 향상을 도모하기 위한 목적으로 2003년 4월 17일부터 18일까지 2일간에 걸쳐 약 17시간 동안 실시하였으며, 32명의 사례관리 요원, 연구진 10명, 보건복지부 담당사무관 1명, 보건 및 복지 전문가로 이루어진 강사진 9명 등 52명이 참석하였다. 교육내용은 사례관리 사업의 배경과 개요, 의료급여 제도의 이해, 지방자치단체의 의료행정업무, 지역사회간호, 고혈압 등 사례관리 대상 5개 질환의 의학적 및 심리사회적 특성에 대한 이해 등으로 구성되었다.

2차 교육은 사례관리업무 수행에서 나타난 문제점을 보완하고, 사례관리 요원으로 하여금 보다 전문적인 지식과 기술을 습득하도록 하기 위한 목적으로, 2003년 5월 29일부터 30일까지 약 16시간 동안 실시하였으며, 32명의 사례관리 요원, 연구진 8명, 보건복지부 담당사무관 1명, 의료급여 관리자 7명, 보건 및 복지 전문가로 이루어진 강사진 8명 등 56명이 참석하였다. 교육내용은 의료급여 현황 및 과제, 지역사회자원 구축, 대상자와의 전문적 관계수립방법, 사례관리 내용의 기록방법, 시범지역의 사례발표 및 그에 대한 전문가의 토론, 가상 사례를 통한 사례관리 수행 방법 제시, 분과 토의 등으로 구성되었다.

교육참가자인 의료급여 사례관리 요원은 교육이 사례관리에 대한 이해와 업무수행에 도움이 되었다는 긍정적인 반응을 보였다.

4. 사례관리 대상자 및 사례관리 요원에 대한 설문조사 결과

설문조사는 2003년 7월 7일부터 14일까지 8일에 걸쳐 실시하였다. 조사는 사례관리 요원의 업무수행 능력, 업무만족도 및 사례관리에 대한 대상자의 만족도 등에 대하여 이루어졌다.

1) 사례관리 요원의 업무수행 능력

사례관리 요원의 업무수행 능력은 사례관리 요원 30명 전원을 대상으로 일곱 가지 영역에 대하여 평가하였다.

구체적으로는 첫째, 대상자 구분 및 관계형성 있어서는 응답자의 66.7%가 개입 대상군의 구분을 정확하게 하고 있다고 답하였으며, 90%가 사례관리 서비스에 대해 충분한 설명을 하고 있다고 답하였다. 둘째, 욕구사정에 있어서는 86.7%의 사례관리 요원들이 정보 수집을 잘한다고 하였으며, 척도활용에 관해서는 73.4%가 잘한다고 답하였다. 셋째, 목표 및 계획수립에 있어서는 욕구에 맞는 목표설정 및 계획수립을 하고 있다고 응답한 경우가 각각 93.3%와 86.6%로 나타났다. 넷째, 자원의 확인과 분류 측면에서는 82.7%가 개발된 지역사회자원을 잘 활용하고 있다고 응답하였으나, 69%는 자원을 체계적으로 구축하지 못하고 있다고 응답하였다. 다섯째, 사례관리 시행과정에 있어서는 응답자의 35%만이 시기적절하게 개입이 이루어지고 있다고 하였으며, 여섯째, 점검에 있어서는 응답자의 83.2%가 정기적인 점검을 하고 있다고 응답하였으나 48%는 목표의 재수립을 잘 하지 못한다고 답하였다. 끝으로, 기록에 대해서는 74.3%의 응답자가 즉각적으로 기록을 하고 있다고 답하였으며, 65.5% 응답자들이 능숙하게 업무 매뉴얼에 따라 기록하고 있다고 답하였다. 그러나 기록에 어려움이 있다는 응답자가 72.1%로 높은 편이다. 이로부터 볼 때, 전반적으로 업무수행을 잘 하고 있다고 볼 수 있다. 그러나 지역사회자원관련 업무와 목표수립관련 업무 수행에 있어서는 어려움을 가지고 있는 것으로 나타나 이에 대한 슈퍼비전이 필요한 것으로 판단된다.

2) 사례관리 요원의 업무만족도

사례관리 요원들의 업무만족도는 직무관련, 정책관련, 행정 및 업무환경 관련 및 향후 사업관련 등 4개 영역에 대하여 조사하였다. 구체적으로는 전체 응답자 30명중 93.3%가 사례관리 사업이 의료급여 수급권자의 삶의 질을 향상시킬 것이라고 응답하였고, 93%가 사례관리 정책이 수급자에게 꼭 필요한 정책으로 생각한다고 응답하였다. 또한 72.4%의 응답자들이 사례관리 서비스에 의해 수급권자의 의료서비스 이용행태가 변할 것이라고 응답하였으며, 행정 및 업무 환경에 대해서는 93.3%의 사례관리 요원들이 자신이 소지한 자격증이나 경력이 사례관리 업무를 하는 데 도움이 된다고 응답하였다. 사례관리사업의 향후 방향과 관련해서는 96.7%의 응답자들이 더 많은 슈퍼비전 및 교육이 필요하다고 답하였으며, 96.7%의 사례관리 요원들이 홈페이지 개발이 필요하다고 하였다. 응답자 전원이 관련공무원의 사례관리 업무에 대한 이해가 필요하다고 하였다. 이런 결과는 사례관리 시범사업 성공요인에 대한 외국 연구결과와도 일치하는 결과로서 후속연구에 반영할 필요가 있다고 하겠다.

3) 사례관리 대상자 만족도

사례관리 만족도 조사에는 사례관리 요원의 전문성, 친절성, 접근성, 동행여부 등과 사례관리서비스의 건강관리에 대한 도움정도, 향후 서비스 이용에 대한 의견, 의료서비스의 이용변화 등 7개 영역에 대한 측정을 포함하였다. 전체 응답자는 435명으로 시범사업을 실시한 1지역당 15명을 할당표집하였다. 조사결과, 의료급여 수급권자들은 사례관리 서비스에 대해 전반적으로 만족하는 편인 것으로 나타났다. 응답자들은 대부분의 항목에서 사례관리 서비스에 대한 만족을 표현하였다. 그러나 의료서비스 이용에 있어서 변화가 없다는 경우가 많은 것으로 나타났는데(76.4), 이로부터 현재 대상자들의 의료이용의 적절성 여부를 판단하기는 어렵다고 본다. 그러나 병원 이용에 있어서 사례관리 요원이 동행한 경우가 매우 적은 것으로 나타났으므로(6.3%), 보다 집중적인 서비스가 필요할 것이라고 생각된다.

제11장

위기개입

병원입원에 대한 욕구는 긴급하게 위기처럼 오는 경우가 많으므로 환자 및 가족의 초기 접촉 시 위기개입을 활용하게 되는 경우가 많다. 위기개입은 암 같은 치명적인 진단 또는 회복이 불가능한 진단과 연관된 두려움이나 염려를 완화할 수 있다. 위기개입 기법을 통해 사회복지사는 환자와 가족이 병원환경과 의료과정에 적응하도록 돕고 직원들과의 관계형성을 촉진시킨다. 위기개입은 정서적 안정을 도모하고 긍정적인 자아상을 유지하며 중요한 관계형성을 유지시키고 불확실한 미래를 준비시키는 데 도움을 준다(Moos & Tsu, 1977). 위기개입은 희망을 제공하고 타당한 정보와 재확신, 정서적 지지, 성취 가능한 목적설정에 도움을 줌으로써 역경에 대응하는 대처능력을 향상시킨다.

사람들은 위기 동안에 긍정적 대처유형을 확립하고 도움을 더욱 쉽게 받아들이기 때문에 초기개입이 미래의 역기능을 예방하는 데 도움이 된다. 일단 즉각적인 위기가 해결되어지고 상황이 안정되면 사회사업개입은 위기유형에서 질환상담과 퇴원계획으로 옮겨진다.

위기는 다음과 같은 특성을 가지고 있다.

- 위험(danger)과 기회(opportunity): 위기는 항상성이나 자아감을 위협한다. 그러나 동시에 성장의 경험과 우호적 결과를 낼 수 있다.
- 판단과 결정: 위기는 판단의 시간이고 어떤 행동에 대한 결정의 시간이다. 결정 없이 위기는 해결되지 않을 것이다.

그러면 위기는 어떻게 경험되는가?

각 개인은 대처능력을 가지고 있다. 대처능력은 ① 개인의 기본 성격, ② 환경 내의 지지적 자원(예: 기존의 관계형성, 돈), ③ 대인관계 기술, ④ 새로운 도전에 따라 변화한다. 내적 및 외적 사건이 대처능력을 초과하게 되면 개인은 위기를 경험하게 된다. 위기는 기대하지 않았던 위협이나 손실 같은 사건에 대한 반응으로써 심리적 혼돈이나 불안정(disequilibrium)을 말한다. 위기 사건의 예는 죽음, 퇴직, 질병, 출산, 실직, 수술 등이다. 위기의 의미는 상황이 변해야 할 시점이 도달했다는 뜻이다. 스트레스적 사건의 영향을 줄이고 위기상황을 활용하여 긍정적 변화를 증대시키는 목적을 가지고 있다.

위기는 시간 제한적이다. 최대한 길어야 6주다. 이 기간 내에 개입이 효과적으로 이루어져 새로운 성장의 기회를 갖도록 해야 한다. 위기상황은 잠재적으로 치료적 기회로 봐야 한다. 전문적 도움이 즉각적으로 제공된다면 클라이언트와 가족은 더욱 적절하게 기능한다. 위기의 시기에는 사람들이 더 기꺼이 변화하고자 한다는 점을 활용해야 한다.

위기해결을 위해 필요한 주요 과제는 정서적(자신의 감정을 인정하고 수용하고 방출시키기), 인지적(상황을 정확히 현실적으로 본다), 문제해결(가능한 옵션을 고려하고 적응적 행동을 개발하며 공식적 및 비공식적 자원을 찾고 활용) 측면으로 나누어 볼 수 있다.

1. 시작단계

사회복지사는 이름과 역할을 소개하고 즉각 요점으로 들어간다. "저는 의 문제를 도우려고 왔어요." 워커는 상황에 대해 이미 알고 있는 것을 간단히 말한다(예: 화재로부터 막 구출되었다고 들었어요). 다음은 클라이언트가 워커에게 정확히 무슨 일이 있었는지 말하고 무엇을 원하는지 말하도록 한다. 이렇게 하여 클라이언트는 자신의 문제를 구체화하게 된다. 워커는 클라이언트가 무엇인가 좀 먹었는지, 화장실을 갈 필요가 있는지, 의료적 조치가 필요한지, 비상 현금이 필요한지 알아보아야 하고 연락할 가족이나 친구가 있는지를 알아보아야 한다(물론 전화상담에서는 이 부분이 해당되지 않는다).

종종 클라이언트는 위기상황에서 흥분하고 울고 있는 것을 볼 수 있다. 우는 것을 막을 필요는 없다. 또한 위기사건에 대해 반복해서 이야기하는 것도 막을 필요가 없다. 이것도 외상을 극복하는 한 방법이다.

위기개입의 시작단계에서 중요한 것은 바로 클라이언트의 감정을 잘 다루어 주어야 한다는 것이다. 위기개입에 있어서 우리가 다룰 수 있어야 하는 첫 번째 감정이 바로 불안이다. 불안이 가장 보편적인 감정이다. 불안이 크면 혼돈과 왜곡, 흐린 판단력, 잘못된 결정, 자기 패배적 행동을 양산한다.

또 다른 감정은 무기력(helplessness)이다. 잘 해 보려고 노력하는데 계획이 무산되어 버릴 때 무기력감이 발생한다. 부끄러움은 자신이 무능력하게 느껴져 다른 사람에게 의존해야 하는 데서 발생한다. 노여움도 발생하는데 다른 사람에게, 또는 사건 또는 자신에게 화가 난다. 그러나 노여움은 종종 다른 감정 뒤에 숨어 있는 경우가 많다. 마지막으로 양가감정이 존재한다(독립 대 의존). 이러한 모든 감정은 자존감을 감소시키고 상처받기 쉬운 상태로 남겨 놓는다.

그러면 이러한 감정을 갖고 있는 사람은 어떻게 행동할 것인가? 보통은 그가 느끼는 대로 행동한다. 행동은 감정에 영향을 받는다. 클라이언트는 화를 내며 요구적이고 조작적이다. 이는 불안하고 부끄럽고 무능한데 대해 방어하려는 방책인데 이런 행동은 필요한 도움을 얻는 데 또는 통제감을 회복하는 데 있어 도움이 되지 못한다.

위기에 처한 사람은 불확실성에 직면하고 이 상태에서 그가 새로운 대처능력을 개발하는지 못하는지는 바로 그가 의존하는 사람의 반응에 달려 있다. 클라이언트는 워커가 문제를 해결해 줄 것이라는 기대를 가지고 있다. 그러나 다른 사람의 문제를 우리 워커의 힘만으로는 해결해 줄 수 없다. 워커가 당연히 문제를 해결해 줄 것이라는 기대를 가지고 클라이언트가 행동하는 것을 허용해서는 안 된다. 대신, 우리는 도우려 노력하고 있고 도움이 될 만한 지식을 가지고 있으며 클라이언트를 보호한다는 점을 인식하도록 행동해야 한다. 클라이언트의 혼동되고 두려운 감정을 이해한다면 클라이언트의 행동을 다루는 데 도움이 된다.

한편, 효과적인 위기개입을 시행하기 위해서는 클라이언트의 행동이 기대와는 정반대일 수 있다는 것도 알고 있어야 한다. 즉, 감정과 다르게 행동한다는 것이다. 그러므로 워커의 과제는 클라이언트의 행동에 대해 단지 반응하는 것이 아니라 클라이언트의 감정을 발견해내야 하는 것이다. 감정이 해결되어야 후에 합리적 행동대안을 결정할 수 있기에 감정정리가 중요하다.

클라이언트가 자신의 생각과 감정을 정리하여 합리적인 행동결정에 도달할 수 있게 하기 위해서 필요한 것이 관계형성 개발이다. 어떻게 이 요소를 성취할 것인가? 효과적인 위기개입은 그의 생각과 감정을 비밀보장차원에서 솔직히 말하도록 함으로써 시작된다. 워커의 목소리, 관심과 염려의 표명은 중요하다. 그리고 시간을 가져야 한다(관심을 표명할 시간, 들어주는 시간, 생각할 시간, 관계가 발전할 시간).

워커는 클라이언트가 하는 말을 어떻게 이해하고 듣고 있는지를 클라이언트에게 말해 주어 감정을 분명히 한다. 그러나 낙인찍거나 판단하는 식의 말은 피한다("당신은 지금 화가 나 있다" → "화가 나신 것으로 들립니다").

클라이언트가 자신의 감정을 이해하고 통제할 수 있세 되었다면 위기 개입의 첫 단계는 성공한 것이다. 감정이 클라이언트의 판단력이나 이성을 흐리지 않게 된 것이다.

2. 개입단계

위기개입의 두 번째 단계는 진짜 문제가 무엇인지를 탐색하는 것이다. 즉, 상황에 대한 이해에의 도달(인지적 재구조화)이 필요하다. 이 단계에서는 신뢰관계가 형성되어 있기 때문에 위기를 촉진시켰던 사건에 초점을 맞출 수 있다. '사건(event)'은 종종 '상실(loss)'이 발생했다는 것을 뜻한다. 사람, 사물, 친숙한 생활방식, 안전, 관계의 상실을 말한다.

문제가 규정된 다음은 해결책이 고려된다. 클라이언트의 삶을 재정리하도록 돕는 행동을 진행해 나가는 것이다. 과제중심 문제해결이 요청된다. 어떤 문제에 있어서는 단지 대화를 나눈 그 자체만으로 충분하여 더 이상의 해결책이 필요 없는 경우도 많다. 반대로 어떤 해결책도 가능하지 않은 문제도 있다. 그러나 대부분의 경우 행동 대안이 있게 마련이다. 워커는 클라이언트가 무엇을 하고 싶어 하며 해오고 싶어 했는지를 파악해야 한다. 모든 질문을 한 후에는 즉각적으로 정보의 제공을 해야 하며 긴급히 필요한 경우 조언과 추천을 해야 한다. 시간과 자원에 비추어 조언을 해야 하며 어떻게 해야 하는지도 말해 주어야 한다.

마지막 단계는 클라이언트가 무엇을 할 것인지 최종 결정하는 것이다. 클라이언트의 삶은 그 결정을 통해 좌우될 것이다. 그 결정으로 워커의 삶이 좌우되는 것은 아니다. 그러므로 클라이언트 스스로 결정해야 한다. 워커가 자신의 의견과 조언을 제시하더라도 이것이 유일한 방안인 것으로 강요할 수는 없는 것이며 클라이언트의 결정을 존중해야 할 것이다.

3. 의뢰 시 주의할 점

위기개입을 하게 되면 종종 의뢰를 하게 되는 경우가 많다. 의뢰 시 다음 몇 가지 원칙을 명심한다.

① 한 번에 3~4곳에 의뢰함으로써 클라이언트를 혼돈스럽게 하지 말라. 우선순위를 정하고 그 문제에 적합한 한 곳에 의뢰한다.

② 클라이언트가 정보를 알고 있는지를 분명히 한다. 반복해 주든가 적도록 한다.

③ 의뢰를 반드시 즉각적으로 할 필요는 없다. 시간을 갖고 생각할 필요도 있다.

④ 의뢰를 하기 전에 클라이언트가 치료에 적극적으로 참여할 것인지를 확인하라. 클라이언트가 필요한 변화나 결정에 대해 두려움을 표시할 때 클라이언트는 도움에 대해 가치가 없다고 생각하고 있는 경우가 많다.

⑤ 가능하다면 의뢰 후 확인전화를 하라. 이는 연속성을 갖게 한다. 워커의 관심을 표현하는 방안이다. 그리고 의뢰가 얼마나 효과적이었는지 알 수 있다.

특별기법

① 특별기법은 상당한 경험을 한 후 얻을 수 있는 것이다. 그리고 듣기와 질문기술을 요구한다.

② 특별기술은 어려운 사례를 다루려는 노력으로부터 나온다. 워커들끼리의 토론하는 동안 발견된다.

③ 좋은 관계는 워커와 클라이언트의 성격이나 욕구가 맞을 때 만들어진다. 나의 단점을 잘 알아야 한다. 예를 들어, 알코올 중독자에 자신이 없는 워커가 있다. 이런 경우에는 다른 워커에게 맡기는 것이 좋다.

④ 어떤 사례에 대한 나의 감정과 반응에 대해 공개토론 한다.

⑤ 조종하려는 워커, 설교하는 워커, 자신의 스타일이나 신념에 클라이언트를 맞추려는 워커는 훌륭한 워커가 못 된다.
⑥ 클라이언트와 사적인 관계로 발전하지 말라.
⑦ 클라이언트의 문제를 다루는 과정 속에서 워커 자신은 노여움이나 슬픔 등의 감정을 갖게 된다. 이러한 감정을 잘 활용하라. 이때 이러한 감정을 직접 표현하지 말고 이에 대하여 코멘트를 하라. 예를 들면, 클라이언트의 이야기를 듣다보니 매우 화가 난 경우, "제 생각에는 이 경우에 매우 화가 났을 것이라 생각되는데요?" 또는 "너무나 힘들었을 것 같아요."
⑧ 동료들과 자신의 감정에 대해 공개토론 하라. 우리는 모두 실수할까봐 두렵고 클라이언트가 오히려 해를 받지 않았는지 두려워한다. 실패에 대해 공개하라. 우리는 실패로부터 더 많이 배운다. 종종 어떤 해답이 없는 경우도 많다. 우리는 공개적이고 우리 자신에 대해 정직해야 한다. 그리고 계속 성장해야 한다.
⑨ 긍정적인 어떤 것이 개인의 위기경험으로부터 나올 수 있다는 것을 믿어야 한다. 그러므로 사회복지사는 개인의 고통스런 사건을 생존, 성장, 향상의 기회로 볼 수 있도록 개입해야 한다.
⑩ 정서적 지지욕구를 인식하고 충족시킨다. 감정이입적 듣기, 감정표현의 고무, 감정을 정당화하고, 희망을 제공함으로써 그렇게 할 수 있다.
⑪ 도움을 찾고 활용하는 것은 약점을 드러내는 것이 아니라 강점의 표시라는 것을 설득시키고 재확인시킨다.
⑫ 수동적이고 간접적이기보다는 적극적이고 직접적으로 개입한다(active and direct).
⑬ 과거 행동과 기억에 집착하기보다는 현재 상황에 초점을 두고 계획과 행동을 고무한다.
⑭ 기관 내외의 공식적 자원뿐만 아니라 클라이언트의 비공식적 자원을 동원한다.
⑮ 초점을 가족의 이해, 욕구, 자원, 강점에 두고 이를 사정해야 한다.

4. 정신보건상의 위기개입

정신보건에서 위기개입의 궁극적 목적은 위기개입을 통하여 입원을 줄이고 사회적 적응과 위기대처 능력을 길러주며 비용을 줄이는 데 있다. 사회복지사는 과거의 문제가 현재 어려움에 어떻게 영향을 주고 있는지를 고려해야 하지만 클라이언트의 현재 상황에 더욱 관심과 초점을 두고 현재 문제를 해결하기 위한 대안개발에 주안점을 두어야 한다. 사회복지사는 개인에게 이전의 항상성을 되찾아 주기 위한 방법은 여러 가지가 있음을 인식하고 있어야 한다.

미국은 1963년 24시간 위기서비스를 법률화하였는데 우리나라에서도 이러한 서비스가 가능해지도록 재정지원이 있어야 할 것이다.

위기개입에 대한 한 연구는 가족 위기개입 치료 접근과 즉각적 입원치료를 비교하였는데, 그 결과 치료 후에 위기개입을 받은 환자들은 재입원을 덜한 것으로 나타났다. 위기개입 환자들이 사회적 적응과 대처능력면에서도 더 좋은 것으로 나타났다. 부득이 입원이 필요해서 입원한 경우에도 입원기간이 짧았다. 이러한 결과는 병원차원에서는 좋지 않지만 국가적 측면에서는 이익일 것이다. 외국에서는 병원입원보다 외래보호를 선호한다.

정신보건에서 위기개입의 기본 원리는 질병과 치료라는 관점보다는 성장과 발달을 지향한다. 몇 가지 중요한 원리를 제시하면 다음과 같다.

① 사회복지사는 클라이언트가 위기의 의미를 이해하도록 고무하고 그 사건을 극복할 자신의 자원을 동원하도록 고무해야 한다.
② 이를 위해 병원 중심의 서비스보다는 개인과 그 주변사람들의 자원에 집중해야 한다.
③ 개인을 병원으로 이송하는 데 중점을 두기보다는 상황 속의 스트레스를 줄이는 서비스를 개발해야 한다. 만일 클라이언트를 현재의 상황에서 옮겨야만 한다면 병원으로 옮기는 것만이 유일한 방안이 아니라는 것을 기억해야 한다. 다른 기관이나 지역도 가능한 방법이다.

이러한 원리의 실현을 위해서는 여러 분야의 전문가들이 참여하는 위기센터의 설립이 필요하다. 미국의 한 위기센터를 간략히 소개한다.

Napsbury Hospital Crisis Service

위기에 대한 의료적·심리적·사회적 양상을 측정하여, 질병과 실제적 문제를 분리하여 고려한다. 클라이언트의 가족이나 주변인물에게 도움과 서비스를 제공하여 병원에 의존하지 않고 문제를 극복할 수 있도록 유도한다. 가족을 지지하고 이해하며 자원을 파악하고 단기개입 계약서를 작성한다. 이렇게 하여 장기적으로는 위기 팀에 의존하지 않도록 한다. 여기서 워커들은 자신들을 치료자라고 제시하기보다는 사람들 속에 내재하는 치료 잠재력을 고무한다.

환자의 일상생활과 결정에 환자가 적극적으로 참여하는 것이 중요하다는 것을 강조한다. 과거에 대한 자세한 분석은 피한다. 조사 결과 이 위기개입 서비스 실행지역에서는 자살률이 안정적이었는 데 비해 다른 지역은 증가한 것으로 나타났다.

제12장

소아당뇨병 환자에 대한 사정 및 개입

일반적으로 당뇨병은 성인에게서 나타나는 만성 대사질환으로 알려져 있지만 아동이나 청소년에게 종종 발병하기도 한다. 생활이 윤택해지고 정기적 검진 및 학교 검진이 넓게 시행됨에 따라 최근 들어 소아당뇨병 환자들의 발견이 계속적으로 증가하고 있으며, 그 발병률이 1990년에 10만 명당 1.17명이었던 것이 1994년에는 1.86명으로 보고되고 있다.

당뇨병은 당, 지방 및 단백질 대사를 정상적으로 유지시켜야 하는 대사이상의 질환으로서 건강관리를 위해서는 장기적인 관리가 요구되는데, 일상생활에서 계속적으로 영양관리, 운동관리, 주사요법을 준수한다는 것은 아동과 가족에게 매우 힘겨운 일이고 많은 노력이 요구된다. 당뇨관리 생활을 소홀히 할 경우에는 아동의 신체적 · 정서적 발달을 저해하거나 가족의 원활한 기능을 방해할 우려가 크므로, 사회복지사는 아동이 자기의 질병을 이해하고 받아들이며, 자신의 환경에 적응하도록 돕고, 또한 가족으로 하여금 아동의 당뇨관리 생활로 인하여 발생하는 문제들에 잘 대처할 수 있도록 도와야 한다.

당뇨로 진단 받은 아동과 가족을 위한 사회사업실천에 있어서 심리사회적 문제에 대한 사정은 그들의 당뇨병에 대한 대처능력과 환경적 조건을 향상시키기 위한 초기단계로서 당뇨환자의 신체적 · 정신적 · 사회적 건강을 유지 또는 회복시키는 데 중요한 기여를 하게 된다.

이 장에서는 필자들이 소아당뇨 환자 및 가족에게 제공해오고 있는 개별상담과 집단상담의 기록을 분석하여 사정단계에서 고려해야 하는 주요 요소를 제시하고자 한다. 먼저 소아당뇨병의 심리사회적 함의를 중심으로 치료적 특성을 살펴보고, 사정에서 고려되어야 할 요소를 고찰한 다음, 사례를 통하여 욕구사정과 이를 바탕으로 한 지원계획수립의 실례를 제시하고자 한다.

1. 소아당뇨병

당뇨병이란 췌장에서 인슐린을 충분히 만들지 못하거나 혹은 그 작용에 이상이 있어 혈중의 당분이 비정상적으로 높은 대사 이상상태를 말한다(홍창의, 1997). 증상으로는 다뇨(多尿), 다식(多食), 다음(多飮)이 있으며, 만성적으로 고혈당이 지속되면 장기간에 걸쳐 많은 장기, 특히 눈, 신장, 신경, 심장, 혈관에 손상과 기능장애 혹은 기능부전을 일으키게 할 수 있다.

1) 원인 및 분류

당뇨병은 원인 및 병리 생리학적 기전에 따라 인슐린 의존성 당뇨병(Insulin-Dependent Diabetes Millitus; IDDM, 제I형), 인슐린 비의존성 당뇨병(Non Insulin-Dependent Diabetes Millitus; NIDDM, 제II형), 2차성 당뇨병(secondary diabetes)으로 크게 분류된다. 소아기에서 I형 당뇨병 발생 분포는 두 개의 정점을 가지는데 첫 번째 정점은 5~7세고, 두 번째 정점은 사춘기 발현으로서 10~14세다. 이 시기에서 가장 많이 발생하는 원인은 확실하지는 않지만 아마도 5~7세일 때는 소아들이 유치원 및 초등학교에 들어갈 때이므로 단체생활을 함으로써 바이러스 등의 감염에 노출될 기회가 많기 때문이라고 사료된다. 사춘기를 전후할 때에는 당 대사에 관여하는 성장호르몬, 성선호르몬 등의 분비가 증가하여 이에 따른 급격한 성장 등의 신체적 · 정신적 스트레스에 의하여 증가된다고 사료된다.

원인 및 발병기전을 보면 제I형 당뇨병의 경우 바이러스 감염, 체질적 요인, 유전 · 환경적 요인이 당뇨병을 일으키며, 발병은 대개 갑자기 시작되지만 일부에서는 서서히 당뇨병의 증상이 발현되는 수도 있다. 제II형 당뇨병은 유전적인 인자가 관여된다. 일반적으로 비만과 관계가 깊고 발병은 서서히 진행된다. 2차성 당뇨병은 유전적 증후군, 약물, 질환 등에 의하여 당뇨병의 증상 및 진단적 근거에 합당한 경우를 말하며, 대개 원인 질환이 치료되면 혈당농도의 정상화를 볼 수 있다. 그러나 소아당뇨병은 제I형 당뇨병이 주라고 할 수 있으므로 제I형 당뇨병에 대하여 기술하고자 한다.

2) 치료방법

당뇨병에서의 치료목표는 고혈당을 가능한 한 정상 혈당농도로 감소시켜 정상적인 삶을 유지시키는 데 있다. 이렇게 정상적인 혈당농도를 유지함으로써 당뇨병에서 올 수 있는 합병증을 예방하고 적어도 만성합병증 발현을 지연시킬 수 있다. 소아당뇨병의 치료는 한 가지 치료방법만으로 이루어질 수 없으며, 식사요법, 인슐린요법, 운동요법, 생활요법 등 네 가지 치료방법이 병행되어야 한다.

(1) 식사요법

아동에게 철저한 식사요법을 강요할 경우, 아동의 동기 결여로 오히려 정신적으로 역효과를 초래할 뿐만 아니라 전반적인 치료 순응도가 감소하게 된다. 어느 정도로 정기적인 자유식을 허용하는 대신 인슐린의 투여방법을 바꾼다든지 운동량을 증가시키는 방법 등으로 자유식에 대한 보상을 주어야 한다. 성인의 당뇨병에서는 체중을 줄이는 것이 대단히 중요하지만 소아의 당뇨에서는 체중의 감소는 해당되지 않는다. 다만, 비만증이 있는 소아는 체중을 조절하도록 한다.

(2) 인슐린 주사요법

제I형 당뇨병을 가진 소아는 췌장에서의 인슐린 분비가 감소 또는 없는 상태이므로 정상적인 영양소 대사를 위해서는 반드시 인슐린요법이 필요하다. 인슐린 요구량은 환자가 정상적인 가정생활과 학교생활을 할 때를 기준으로 정해진다. 하루 4회 정도의 혈당 측정으로 인슐린 투여량을 조절하며 최소한 하루 2회(아침식사와 저녁식사 30분 전) 인슐린을 투여하는 것이 바람직하다.

(3) 운동요법

정기적인 운동은 필수적일 정도로 당뇨병 환자들에게 빠져서는 안 될 치료방법 중의 하나다. 당뇨병 환자가 운동을 할 경우 말초조직에서 인슐린에 대한 예민성이 증가되어 적은 양의 인슐린 투여만으로도 혈당을 만족스럽게 조절할 수가 있다. 운동으로 인한 저혈당이 있을 수 있으므로 저혈당을 항상 염두에 두고 운동 전 및 도중에 적절한 간식을 먹도록 하며 간식의 양은 운동의 심한 정도 및 시간에 의하여 결정된다.

(4) 생활요법

당뇨 관리에 있어서 또 하나의 중요한 점은 바람직한 생활의 관리인데 이를 생활요법이라고도 한다. 생활요법은 아동에게 스트레스 관리방법과 대인관계에서의 대처능력 향상을 위한 교육을 제공하거나, 부모에게 부모-자녀관계 수립요령과 아동의 정서적 발달에 대한 교육을 제공함으로써 건강을 유지하도록 돕는 것을 말한다.

아동은 성장하면서 자신이 친구들과 다르다는 것을 발견하고 압박감을 받게 되며, 당뇨관리와 관계해서 행동문제를 보일 수 있다. 또는 당뇨관리지침을 무시하거나, 만성합병증에 대한 막연한 불안감을 갖기도 한다. 따라서 사회복지사는 부모로 하여금 아동에게 지속적인 이해와 지지를 제공하고, 당뇨병이 있다고 해서 환자가 아니라는 것을 이해하게 하며, 지나친 책임감을 부여하지는 말도록 지도해야 한다. 경우에 따라 과제와 상을 활용하는 행동수정방법을 사용하여 당뇨관리의 동기와 흥미를 유발할 필요가 있다.

특히 소아당뇨는 아동에게 신체적 · 심리적 · 사회적 변화를 일으켜 가치의 혼돈, 불안감, 자신감의 결여, 신체 및 학교생활에 대한 부적응의 문제를 불러오기 때문에 지지체계에 대한 지원이 필요하다. 또한, 의료진과의 협력하에 부모 및 환자 자신이 스스로 혈당을 조절할 수 있는 능력을 배양시키고 당뇨병이 절대로 비관적으로만 생각할 질환이 아니라 충분히 스스로 조절할 수 있다는 자신감을 가지도록 해야 한다.

2. 주요 심리사회적 사정요소

대개의 환자와 가족의 경우에는 접수와 사정단계를 통하여 일반적인 사항, 의료적 상황, 심리사회적 상황 등에 대한 조사가 이루어져야 한다. 첫째, 일반적인 사항은 환자의 등록번호, 성명, 성별, 연령, 주민등록번호, 입원일, 상담일, 내담자명, 상담자명, 주소, 전화번호, 가족관계 등의 인적사항 및 연락처에 관한 사항을 포함한다. 둘째, 소아당뇨환자의 의료적 상황에 대한 정보는 환자의 내원경위 및 경로, 발생원인, 발병시기, 발병시의 특정 사건, 합병증 여부, 다른 병력, 가족의 병력, 주 간호자(main caregiver) 등에 대한 사항들이다. 셋째, 환자의 심리사회적 관련정보는 종교, 학력상태, 학교수업, 과외활동, 학원수강, 종교생활 등 일과에 관련된 사항, 취미, 특기, 선호하는 운동의 종류 및 운동량, 친구관계, 성격, 개인력, 주된 호소(chief complains) 등에 관한 내용들이다. 넷째, 가족의 심리사회적 관련 정보는 가족 구성원 각각에 대한 성명, 성별, 연령, 종교, 학력상태, 직업, 환자와의 관계, 결혼상태, 동거여부, 식사장소, 외식빈도와 종류, 식사습관, 가족이 함께 즐기는 운동, 가족력 등에 관한 것들이다.

소아당뇨병은 장기적으로 관리되어야 하는 질환이므로 특별히 다음의 요소를 고려해야 한다.

1) 사회적 기능 영역

(1) 가족관계

가족 간의 정서적 지지도, 발병으로 인한 가족 간의 관계변화, 당뇨관리에 따른 가족의 협조 정도 또는 갈등 여부, 가족의 의사결정 구조, 가족의 특별한 문제 등

(2) 다른 대인관계

발병으로 인한 환자의 친구관계 및 학교생활에서의 변화, 친구와 이웃 등에 대한 당뇨노출 여부

(3) 환자 및 가족의 상황

분노, 죄책감 등 당뇨의 진단 및 관리에 대한 환자와 가족의 심리적인 반응, 환자의 치료의욕, 당뇨관리 측면에서의 환자의 성격, 취미 및 생활습관의 특징, 환자와 가족의 스트레스 요인 및 대처방법, 가족에 대한 아동의 의존도, 아동의 정서적 발달에 대한 부모의 지식, 부모역할에 대한 지식 정도 등

2) 환경적 영역

경제적 상황, 주거환경, 학교 및 병원과의 거리, 주거지 인근의 응급실

위치, 통학수단, 가사수행자(영양관리자), 합병증으로 인한 장애에 대한 사회적 서비스, 자조모임 및 부모모임, 정서적 지지체계

3) 신체적 건강 영역

유전, 비만 등 발병원인에 대한 이해도, 당뇨병의 특성과 관리 및 합병증에 대한 전반적인 이해도, 정기검진 준수상태, 의료진에 대한 요구, 다른 특별한 건강문제

3. 사 례

1) 내원경위

초등학교 6학년인 은미는 잦은 갈증과 소변을 보게 되어 동네 소아과 의원을 방문하였고 의사로부터 당뇨라는 진단을 받은 후 처방을 받고 집으로 돌아왔다. 은미의 어머니는 어린 은미가 당뇨병에 걸렸다는 사실을 믿을 수가 없었다. 그래서 은미의 아빠와 상의한 후 좀더 큰 병원으로 가서 진단을 받아보기로 하고 일주일 후에 S종합병원을 찾았다. 이 병원으로부터도 똑같은 진단을 받았고 입원을 권유받았다. 입원의 목적은 당뇨의 적절한 관리를 위한 인슐린주사요법, 운동과 영양관리 및 생활관리 요령 등에 대한 교육을 위한 것이었다. 이 병원에는 당뇨로 입원한 소아환자를 위하여 의사, 간호사, 운동처방사, 영양사, 사회복지사 등으로 이루어진 소아당뇨 진료팀이 각 전문영역별 서비스를 제공할 수 있도록 진료체계가 수립되어 있었다. 진료팀이 운영하는 소아당뇨 교육프로그램과 진료팀이 자문, 조언, 행정적 지원을 제공하는 부모모임과 아동모임이 그것이다. 은미는 이틀 후 입원하였다.

2) 사정

사회복지사는 입원 시 보호자가 작성한 기록을 통해 인적 사항 등 일반적 정보를 수집하였으며, 진료팀의 은미 및 보호자에 대한 상담내용 및 교육사항이 포함된 의무기록으로부터 의료적 상황에 대한 정보를 수집하였다. 또한, 사회복지사는 첫 번째 상담을 통하여 은미와 가족의 심리사회적 정보에 대한 자료를 수집하고, 첫 번째와 두 번째의 상담을 통하여 사회적 기능수행 영역 및 환경적 영역에 대한 강점과 제한점을 은미 및 보호자와 함께 사정하였다.

(1) 사회적 기능수행 영역

가족의 영역에서는 부모의 자율과 책임성을 강조하는 양육태도가 강점으로 파악되었으나, 부모가 향후 질병과 관련하여 은미를 어떻게 다루어야 할지에 대한 지식이 부족하고, 맞벌이를 하는 관계로 영양관리와 운동요법을 도와주기에 부적절한 상태임이 제한점으로 파악되었다. 다른 대인관계의 영역에서는 은미와 가족 모두 은미가 당뇨를 가지고 있다는 사실을 친구나 이웃들에게 공개하는 것에 대해 거부감을 가지고 있다는 것을 알 수 있었다. 또한, 문제해결 능력 면에서는 은미의 성격은 온화하고 친구관계가 원만한 것이 강점으로 파악되었다.

(2) 환경적 영역

은미의 학교생활에 있어서는 체육시간이나 기타 활동시간의 참여에 제한을 받게 될 것이므로 학교 선생님에게 알려 이해와 지지를 부탁할 필요가 있는 것으로 사정되었다. 은미의 가정은 경제적으로나 주거환경상으로는 특별한 문제가 없었다.

(3) 신체적 건강 영역

진료팀의 사정내용을 보면 은미는 운동을 좋아하였으나 군것질이 심하고 인슐린 요법에 대한 두려움을 특히 호소하였으며, 부모는 합병증에 대한 염려가 강하였다.

입원 이후 혈당조절이 이루어지고는 있으나, 부모의 의학적 이해도가 부족하고, 은미가 진단을 받은 지 채 일주일이 안 되기 때문에 전반적인 교육이 필요하다는 것이 의사, 간호사, 영양사, 운동처방사에 의하여 사정되었다.

3) 지원계획수립

두 번째 상담에서 수립한 계획은 단기 또는 장기적으로 실행될 수 있는 것들로서, 은미, 가족, 사회복지사 또는 사회복지사를 포함한 진료팀의 협력을 통하여 수행하기로 하였다.

(1) 사회적 기능수행 영역

① 아동

병원에 실시하고 있는 소아당뇨 교육 프로그램에 등록하여 스트레스 관리요령을 터득하게 하고, 당뇨병에 대한 심리적 적응력을 높이고 문제해결능력을 향상시킨다.

또 아동모임에 참석하도록 하여 같은 질환을 가진 다른 아동들과 상호교류를 통하여 다른 아동들은 학교생활, 놀이, 가족생활을 어떻게 조화시키며 살아가는지 배우도록 한다. 퇴원 후에도 지속적으로 매월 1회씩 정규적으로 참석하게 한다.

② 부모

부모 역시 소아당뇨 교육 프로그램에 매월 1회 정규적으로 참여하게 하며, 부모모임의 정식회원이 되도록 권고한다. 교육 프로그램을 통해 영양관리와 운동요법, 아동의 정서적 발달에 대한 정보, 부모역할 훈련, 바람직한 가족관계 유지방법 등을 교육시키며, 부모모임을 통해 다른 가족들로부터 문제해결에 대한 방식과 정보를 받도록 하고, 심리적 지지를 얻을 수 있도록 한다.

부모가 맞벌이로 인해 모임에 참여하는 데 어려움이 없도록 모임시간의 주선과 조정에 노력한다. 부모의 맞벌이로 인해 은미의 영양관리와 운동요법에 소홀해지지 않도록 영양사 및 운동처방사와 협력하여 식단정리와 식사시간을 정해 주고 식후 운동시간도 정해 준다.

(2) 환경적 영역

부모로 하여금 은미의 교사와 접촉하여 은미의 상태를 설명하고 이해를 구하도록 한다. 은미가 운동을 너무 좋아하므로 심한 운동에 대한 주의사항을 부탁한다. 또한 군것질을 너무 좋아하므로 간식을 정규적으로 조절하여 섭취하는 데 있어서 선생님의 협력을 당부한다.

은미가 친구들과의 관계에서 따돌림이나 어려움이 없도록 당부한다. 또한, 은미와 가족이 당뇨에 대한 심리적 수용을 바탕으로 친구와 이웃에게 당뇨를 노출하여 지지체계를 강화하도록 권고한다.

(3) 신체적 건강 영역

은미가 주사 맞는 것을 매우 무서워하므로 당분간은 부모로 하여금 심리적 지지를 제공하면서 주사요법을 시행하도록 하되, 은미가 취학 연령으로 자기 자신에게 주사를 놓을 수 있는 능력이 있는 것으로 판단되므로 스스로 혈당을 검사하고 인슐린주사를 실시할 수 있는 능력을 배양하도록 한다.

특히 은미에게 식사요법의 중요성을 강조한다. 또한, 부모가 합병증에 대한 염려가 강하므로 입원아동에게 제공되는 당뇨교육 프로그램에 참석하도록 하여 당뇨병에 대한 전반적인 지식, 인슐린 요법, 운동요법, 영양관리, 생활관리에 대한 기초교육을 제공하고 퇴원 후에는 매월 1회 실시되는 정기 부모모임에 참석하도록 한다.

4. 결 론

지금까지 소아당뇨환자를 위한 사정 시 고려해야 할 사항을 살펴보았다. 소아당뇨는 아동에게 신체적 · 심리적 · 사회적 변화를 일으켜 가치의 혼돈, 불안감, 자신감의 결여, 동료 및 학교집단에 대한 부적응의 문제를 일으킬 수 있기 때문에 사회사업적 개입이 반드시 요구되는 질병이라고 하겠다. 따라서 의료사회복지사는 아동이 질병으로 인해 갖게 되는 문제와 스트레스를 잘 파악하고, 부모의 강점과 제한점을 잘 파악하여 대처능력 향상을 지원해야 한다.

특히 소아당뇨는 동료 및 학교문제에 대한 철저한 사정과 개입이 중요시된다. 학교와의 접촉을 통해 학교차원의 자원에 있어서 강점과 제한점에 대한 사정이 필요하며 종종 옹호자의 역할을 수행할 필요도 있을 것이다. 한편, 아직 많은 의사들이 사회복지사의 역할에 대한 이해가 부족한 현 시점에서는 많은 클라이언트들이 사회복지사와 연결될 수 있도록 의사와의 협력관계를 미리 수립해 놓는 것도 중요하다.

이러한 모든 노력을 통해 사회복지사는 소아당뇨환자로 하여금 당뇨관리를 잘 수행할 수 있도록 이끌 수 있으며 정상생활을 영위하도록 도울 수 있다.

제13장

소아암 환자 가족의 심리사회적 문제와 효과적인 팀활동 방안

아동이 암으로 진단을 받게 되면 이는 아동과 가족구성원 모두에게 심각한 영향을 미치게 된다. 가족은 대개 두 가지의 어려움에 부딪치게 되는데, 아동의 신체적 · 심리사회적 욕구를 충족시켜야 하는 것과 가족의 정상적인 기능을 유지시켜야 하는 것이 그것이다. 이러한 요구들은 종종 서로 상충되기도 하고, 전체 가족구성원에게 스트레스를 가져다주기도 하며, 병의 진행과정 동안 계속되는 어려움이기도 한 것이다(Shields et al., 1995).

따라서 병원에서는 환자를 위한 의학적 서비스뿐만 아니라, 환자와 가족을 위한 심리사회적 서비스를 제공함으로써 진료의 원활한 진행을 가능하게 함은 물론 가족의 삶의 질의 유지 또는 회복에도 많은 도움을 주어야 한다.

그러나 현재 소아암 환자에 대한 진료가 실시되는 대부분의 병원에서는 소아암 환자 가족을 위한 심리사회적 서비스를 제공함에 있어서 서비스 제공범위의 차이를 보이고 있을 뿐만 아니라(홍영수, 1999), 개별 병원에서 사회복지사를 포함한 진료팀 체계가 운영되고는 있더라도 소아암 환자의 가족이 가지는 심리사회적 문제와 욕구에 대응하기 위한 진료팀의 협력방안이 활성화되지 못한 실정이다. 그러므로 이 장에서는 소아암 환자 가족의 심리사회적 문제와 욕구를 재확인하고, 보다 효과적인 서비스 제공을 위한 효과적인 협력활동 방안에 대하여 제시하고자 한다.

1. 소아암 환자 가족의 심리사회적 문제와 욕구

국내외 연구들은 소아암 환자 가족의 문제와 욕구에 대하여 제시하고 있는데, 오미경(1993)의 『암환아 어머니를 위한 의료사회사업 서비스 프로그램 개발에 관한 연구』, 이길주(1995)의 『우리나라 소아암환아의 의료사회사업에 관한 연구』, Glenn Shields 등(1995)의 『Social Work in Pediatric Oncology』에 나타난 소아암 환자 가족의 문제와 욕구의 세부적인 내용은 대체로 유시하다고 할 수 있다.

위의 연구에 나타난 소아암 환자의 가족들이 가지는 문제와 욕구를 James M. Karis와 Karin E. Wandrei가 제시한 『Person-in-Environment 문제분류』에 의하여 재구성해 보면 다음과 같다.

1) 사회적 역할수행 문제

(1) 가족 간의 역할에서의 문제

- 아이가 탈모, 체중감소 등 자신의 상태나 죽음에 대한 질문을 할 때 잘 답변하는 문제
- 배우자, 다른 자녀들, 즉 1차적 가족구성원과 아동의 상태에 대해서 원활히 이야기하는 문제
- 가족구성원 간에 충분한 시간을 갖지 못하는 문제

(2) 친구, 이웃 등의 다른 대인관계에서의 문제

- 친구나 이웃이 아이의 상태를 물어올 때 응답하거나 아이의 상태에

대해 설명하는 문제

(3) 환자의 부모라는 특별한 상황에서의 문제

- 환자의 회복이 불확실하다는 것으로 인한 불안
- 아동의 정서적 발달에 대한 지식욕구
- 아동의 친구관계를 지도하는 것에 대한 지식욕구
- 스트레스에 대처하는 방법에 대한 정보욕구
- 긴 치료과정과 힘든 수술을 지켜보아야 하는 것
- 부모로서의 죄책감과 무능력감
- 집안살림을 제대로 돌보지 못하는 것
- 다른 자녀들을 충분히 돌보지 못하는 것

2) 환경적 문제

(1) 경제적 · 기본적 욕구체계

- 치료비, 교통비에 대한 부담

(2) 교육체계

- 학업중단에 따른 학교생활에 대한 대응

(3) 건강, 정신건강, 복지, 안전, 사회적 서비스 체계

- 부모 자신을 위한 시간을 조금 더 확보하는 문제
- 부모 대신 아이를 돌보아 주는 서비스 확보의 문제(baby-sitter, respite care provider)

(4) 자발적 교제체계

- 상호지지 및 정보교환을 할 수 있는 부모모임 확보의 문제

(5) 정서적 지지체계

- 주위 사람의 기피와 무관심으로 인한 소외감
- 털어놓을 친구를 가지는 확보하는 문제

2. 팀활동의 효과증진 방안과 기대효과

소아암 환자의 부모들은 자신의 문제와 욕구에 대한 해결방법으로 기도나 의사 · 간호사 · 사회복지사 · 성직자와의 상담 등의 적극적인 방법보다는 다른 일로 자신을 바쁘게 하거나, 울거나, 술을 마시거나, 소리를 지르거나, 감정을 숨기거나, 담배를 피우는 등 파괴적이거나 현실을 회피하려는 방법을 택하고 있는 것으로 나타나고 있다(오미경, 1993). 따라서 의료사회복지사 및 소아암 환자의 진료에 관련된 관계자들의 협력적인 노력이 절실히 요구된다고 할 수 있다.

보다 효과적인 팀활동을 위해서는 어떠한 노력이 필요한가? 이 절에서는 팀활동의 효과를 증진시키기 위한 협력방안과 그에 따른 기대효과를 살펴보기로 한다.

1) 사회사업서비스에 대한 이해의 공유

소아암 환자 가족에 대한 사회사업 상담은 대체로 의료진에 의한 의뢰과정을 거치게 된다. 따라서 먼저 의료진의 사회사업서비스에 대한 이해가 이루어져야 사회사업서비스가 필요한 대상자의 누락을 효과적으로 방지할 수 있을 것이다.

2) Case conference의 실시

환자 및 가족의 심리적 변화와 대인관계상의 기능 변화를 포함하는 사회적 기능, 진료비 문제나 의료보호의 적용 등 사회적 조건의 향상 문제는 환자의 의료적 상황 변화에 영향을 받게 된다. 또한, 의료적 계획의 진행은 환자 및 가족의 심리사회적 상황에 영향을 받게 된다. 따라서 환자의 의료적 상황 변화에 대한 의료진과 사회복지사의 협력은 반드시 필요하다고 할 수 있다. 그러므로 의료진과 사회복지사 등 구성원은 case conference 등을 통한 의료적 · 심리사회적 정보의 공유를 통하여 의료적 계획수립과 실행 및 심리사회적 지원계획의 수립과 실행과정에 도움을 받을 수 있을 것이다.

3) 팀에 의한 집단 프로그램의 실시

환자 가족들은 심리사회적 욕구 외에도 아이의 질병상태 및 경과에 대한 정보, 환자의 간호요령, 영양관리에 대한 정보 등의 신체적 건강문제에 대한 욕구를 가지고 있다. 따라서 이러한 욕구들에 대응하는 사회복지사, 의료진, 자원봉사자의 협력에 의한 집단 프로그램의 실시 등을 고려해 볼 수 있을 것이다. 의료적, 심리사회적 정보를 제공하는 집단 프로그램의 실시는 가족들로 하여금 안정된 자세를 유지하도록 돕고, 의료진에 대한 신뢰도를 향상시켜 의료적 지시에 순응하게 함으로써 보다 효율적인 진료를 가능하게 할 것이다.

소아암 환자 가족은 효과적인 팀활동을 바탕으로 한 체계적인 심리사회적 서비스를 제공받음으로써 가족의 심리사회적 문제와 욕구를 해결, 완화하고 가족의 정상적인 기능을 유지시키는 데 도움을 받을 수 있다.

효과적인 팀활동을 위해서는 관계자들이 팀활동에 협력하기 위해서 희생해야 한다는 잘못된 신념을 갖기보다는 관계자 간에 협조적인 태도를 유지하고, 학문간 목표의 차이를 넘어서 윤리의식을 공유하는 자세가 필요하다고 할 것이다.

제14장

미혼모의 문제와 의료사회사업적 지원

입시 위주의 교육풍토로 말미암은 청소년의 건전한 성장과 발달에 대한 사회의 무관심은 어제 오늘의 문제가 아니다. 오늘날에는 성문화의 개방과 더불어 청소년들의 성행태나 성에 대한 태도가 달라짐에 따라 미혼모가 급증하고 있다. 보건복지부 자료에 의하면 1997년 현재 입양된 아동을 대상으로 추정한 미혼모가 약 3,700명을 넘고 있는 것으로 나타났다. 미혼모의 문제는 하나의 커다란 사회문제로서, 미혼모가 출산한 영·유아의 매매사건이나 유기사건 등은 미혼모에 대한 보다 전문적인 관심을 촉구하는 일이라 할 것이다. 또한 미혼모는 신체적, 정신적으로 불안정한 상태에 놓이게 되며, 미혼모의 아기는 산모의 부적절한 산전관리로 인하여 미숙아, 장애아로 태어날 가능성이 높다. 또한, 출산 이후에 미혼모 자신은 죄의식과 수치심, 소외감 등에 시달리게 되며, 어머니의 역할 수행 면에서도 감정적·교육적·경제적 미성숙으로 인해 발생되는 제반 문제를 동반하게 되고, 아동은 결손가정에서 자라게 되어 청소년 비행이라는 또 다른 사회문제를 가져올 가능성을 낳게 되는 것이다.

이에 이 장에서는 미혼모의 개념과 발생요인을 살펴보고, 감정적·경제적 자립이 어려운 20세 전후의 미혼모에 초점을 두어 영역별 문제를 파악하고, 미혼모의 삶의 질 향상을 위한 의료사회사업적 지원방법을 모색하고자 한다.

1. 관계된 이론

1) 미혼모의 개념

미혼모란 상대되는 남자와 합법적이고 정당한 결혼절차를 거치지 않고 임신하였거나 분만한 여성을 의미하는데 미혼, 이혼, 별거, 사별 등의 상태 모두를 포함한다.[1)]

한국여성개발원은 "혼전 임신 및 출산을 한 경우, 임신은 했으나 낳기 전에 임신 중절한 경우, 또한 결혼하지 않은 사실혼의 경우에서 생겨난 자녀를 갖는 여성"을 모두 미혼모로 정의하고 있다.

미혼모의 개념은 사회 문제화되는 규범 내에서 정의되는 경향이 있으므로 그 나라의 사회문화적인 전통에 따라 많은 차이를 보이는데, 우리나라의 경우 대체로 혼전 임신여성 및 혼전 임신으로 인한 분만여성을 일컫는다.

2) 미혼모 발생에 대한 이론적 접근

미혼모 발생을 설명하는 데 많이 언급되는 Frank F. Furstenberg의 견해에 의하면, 미혼모 발생원인을 보는 네 가지 접근이 있다. 이들 각각은 나름대로의 한계와 유용성을 가지고 있으므로 미혼모 발생을 설명하기 위해서는 이러한 접근들을 모두 포괄하려는 노력이 필요할 것이다.

---

1) NASW(1995). Unmarried parents. *Encyclopedia of social work*.

(1) 정신분석학적 접근

이 접근에 의하면, 미혼모의 발생은 그 개인의 잠재의식 속에 깊이 뿌리박고 있는 갈등에 의한 것이라고 하였다. 이때 가장 큰 영향을 주는 요소는 부모와의 심리적 갈등, 특히 지배적이고 가해적인 성격을 가진 어머니와의 갈등이다. 즉, 어머니에 대한 분노로서 자기학대의 한 표출이라는 것이다.

(2) 심리학적 접근

이 접근에 의하면 미혼모의 임신은 어린 시절의 사회화 과정에서 사랑을 받지 못하고 성장한 사람이 사랑의 대상을 얻기 위한 수단이라고 본다. 또한, 미혼모가 처해진 환경에 적응하지 못하고 갈등이나 압력에 의해 미혼모가 되는 것은 자아 기능이 약하기 때문이라고 보는 견해도 있다.

(3) 사회학적 접근

이 접근 중 한 가지 입장은 혼전 임신을 집단 속에서 학습되는 하나의 문화적인 현상으로 보는 입장이고, 다른 하나는 사회경제적 지위가 낮은 가정에서 충분한 교육을 받지 못하여 장래에 대한 기대를 가질 수 없을 경우, 일정한 시기 이후까지 성적인 행동을 연기할 수 있는 동기를 갖기 힘들어지게 되고 그 결과 마혼모가 되게 된다는 것이다.

(4) 성행태적 접근

이상의 접근들은 모두 미혼모의 특성에 대해 어떤 동질성을 가정하는 것이다. 그러나 미혼모의 양상은 다양하며, 각기 다른 방식으로 미혼모가 되게 된다. 성행태적(性行態的) 접근은 누구라도 혼전 성행위를 할 수 있다는 가정에 근거하여 성관계가 생겨난 이후의 과정에 초점을 둔다. 즉, 일단 성관계가 이루어졌다고 볼 때 미혼모가 되는 것은 ① 피임을 하지 않았거나 실패했을 때, ② 낙태하지 않고 출산에 이르게 되었을 때, ③ 출산할 때까지 결혼하지 않았을 때 일어나는 것이라고 보며, 이 중

특히 피임에 관련된 과정에 초점을 두어 어떠한 상황에서 피임에 대한 차별적 선택이 이루어지는지를 설명하고자 한다.

2. 미혼모의 문제

미혼모가 상담소나 미혼모 보호시설 등의 서비스에 직접 접근하는 경우도 있겠으나, 임신 여부의 진단이나 산전 검진을 받기 위해서 병원을 방문하게 된다. 이러한 경우 병원은 진료서비스뿐만 아니라, 심리 · 사회적 서비스와 관련 정보 등을 아울러 제공할 필요가 있다. 따라서 이 절에서는 사회사업 서비스의 관점에서 미혼모가 당면한 문제를 영역별로 살펴보기로 한다.

'건강한 삶'을 미혼모 문제의 해결 목표로 볼 때 미혼모의 건강한 삶을 지원하기 위한 영역을 분류해 보면, 의료적 영역, 교육적 영역, 직업적 영역, 심리적 영역, 사회적 영역 등으로 나누어 볼 수 있을 것이다.

1) 의료적 문제

미혼모의 아이는 대부분 부적절한 산전관리와 불균형한 영양상태의 어머니로부터 태어나기 때문에 미숙아나 조산아의 가능성이 높아지며, 선천성 장애 또는 영아 사망의 위험도 배제할 수 없다. 전국 8개소에 설치된 미혼모 시설에 입소하면 의료보호법에 의해 산전 · 산후 검진과 분만비 혜택 등을 받을 수 있으나 입소를 하지 않은 미혼모의 경우에는 진료비 부담으로 인한 의료적 문제가 발생하게 된다.

2) 교육적 문제

홀트아동복지회에 의하면, 미혼모의 학력은 1990년대에 접어들면서 점차로 고학력이 차지하는 분포가 높아지기 시작하여 고학력(고졸, 대졸 이상)과 저학력(국졸 이하, 중졸)이 약 6:9의 비율을 보이고 있다. 그러나 여전히 저학력이 차지하는 비율이 높은 상태이므로 교육적인 문제가 발생하게 된다.

미혼모가 학생인 경우는 교수와의 관계, 교사와의 관계, 학업진행에 따른 학교와의 행정적인 문제가 나타날 수 있으며, 학업을 중단한 저학력의 미혼모에게는 복학이나 향후 진로와 관련된 문제가 남게 된다.

3) 직업적 문제

미혼모의 30~40%는 무직인 상태다. 또한, 미혼모는 직업을 갖고 있다 하더라도 출산을 위해 직장을 그만두는 경우가 많다. 한국여성개발원에 의하면, 임신 이후 취업상태를 유지하고 있는 경우는 약 20% 미만에 불과하여 취업문제가 많은 미혼모에게 당면한 중요한 문제임을 알 수 있다.

4) 심리 · 사회적 문제

미혼모는 임신 및 출산과 관련하여 가족이나 주위 사람과의 관계에서 매우 불안정한 심리 상태를 갖게 되며, 향후 아동의 출산이나 양육과 관련된 문제를 결정함에 있어서도 자기 확신에 의한 결정을 내리기 어려운 상황에 놓이게 된다.

한국여성개발원(1984)에 따르면 미혼모의 80%가 사회가 자신을 냉대 또는 죄인 취급한다고 느끼고 있었으며, 미혼모들이 아기의 입양을 원하는 이유는 아기의 장래, 주위의 시선 등 사회의 부정적 태도에 기인된 요인들이 더 크게 작용하는 것으로 나타났다.

또한 임신 사실이 알려지는 것을 두려워하여 학교나 직장을 그만두거나 집을 나오는 등 임신 이후 신변에 큰 변화를 겪게 되는 경우가 적지 않은 것으로 나타났으며, 임신 사실을 가족이 알게 된 경우에도 가족들의 소극적, 부정적인 반응을 접하게 되는 것으로 나타났다. 미혼모들은 가족과 사회에 대해서는 이해와 용서를 구하였고, 미혼모에 대한 사회적 인식이 변화되기를 바라고 있었다.

3. 의료사회사업적 지원방법

여기서는 의료기관에서 미혼모의 문제영역별로 사회복지사가 지원할 수 있는 방법을 살펴보고자 한다.

많은 경우에 미혼모에 대한 의료사회사업적 지원은 입양기관의 연결이나 영아의 처리에 관한 것이 전부였다. 그러나 미혼모 자신의 삶의 질도 보장받을 권리가 있는 것이며, 사회복지사는 그 권리를 회복하고 유지할 수 있도록 지원해야 한다.

의료기관 내에서 수행할 수 있는 업무내용을 서비스의 유형에 따라 구분하면 심리·사회적 지원, 의료적 지원, 경제적 지원, 퇴원 및 사후지도로 구분해 볼 수 있으며, 개별상담, 가족상담, 정보제공, 자원연결, 의료진과의 팀접근, 교육프로그램 실시, 관계기관과의 협조 등의 방법을 통하여 실행할 수 있다. 다음은 미혼모의 문제영역별에 대한 지원방법이다.

1) 의료적 문제에 대한 지원

미혼모의 연령은 점차 낮아지고 있는 추세다. 미혼모의 연령 분포를 보면, 20세 미만이 약 40%대를 차지하고 있다.

사회복지사는 지역사회복지관이나 초·중·고등학교와 연계한 성교육 프로그램을 마련함으로써 미혼모 발생 예방 및 재발생 방지활동을 할 수 있다. 많은 조사들이 미혼모의 성에 대한 지식과 피임방법에 대한 이해가 결여되어 있는 것으로 보고하고 있으므로, 성에 대한 기초지식, 피임, 임신, 성충동의 조절 등을 내용으로 한 프로그램을 실시함으로써 미혼모의 발생을 예방할 수 있을 뿐만이 아니라, 청소년들의 성에 대한 올바른 이해와 가치관 형성을 도모할 수 있을 것이다.

이미 임신을 한 미혼부모를 위해서는 미혼모 보호시설, 모자 보호시설, 입양기관 등에 대한 정보를 제공하여 미혼모가 보다 충분한 고려 하에 출산에 대한 의사를 결정할 수 있도록 지원해야 한다. 더 나아가 미혼모의 상황을 고려하여 장래의 자녀양육 계획까지를 상담할 수 있다.

출산을 결정한 미혼모를 위해서는 의료적으로 모자의 건강을 보호하기 위한 산전관리, 분만관리 등의 보호에 초점을 두어야 하며, 동시에 신생아의 출산 시 위험, 신생아의 선천성 기형의 조기발견 등으로 유산, 사산, 미숙아, 장애아동을 줄이는 데 중점을 두어야 한다. 산후에는 산모의 산후검진, 신생아의 건강유지를 위한 신체검사, 예방접종, 발육과정의 점검을 지원해야 한다. 이를 위해 사회복지사는 상담을 통하여 미혼모의 건강관리상의 장애를 조사 · 사정하고 산후의 필요 물품을 준비토록 지도하고, 가족환경이 임신 전후에 영향을 줄 수 있는지를 조사 · 사정하여 지도하도록 한다.

2) 교육적 문제에 대한 지원

미혼모가 저소득층에서 많이 발생하는 것은 경제적 어려움 때문에 교육의 기회를 갖지 못하고 어린 나이에 취업을 함으로써 유흥업이나 서비스업 등 윤락 가능성이 높은 직업에 종사하게 되어 미혼모가 되는 결과가 초래되므로 미혼모가 계속 학업을 유지할 수 있도록 적극적으로 지원할 필요가 있다. 미국의 경우 학교에서 십대 양육 프로그램(TAPP)을 운영하고 있으므로 미혼모가 계속적으로 교육과정을 진행할 수 있겠으나, 우리나라의 경우는 그러한 프로그램이 없으므로 미혼모는 곧 학업의 중단이라는 귀결이 되곤 한다. 학업 중 임신을 하게 된 미혼모를 위해서 의료사회복지사는 학교사회복지사와의 연계를 통해 가능한 한 계속 교육을 받을 수 있는 방법을 모색해야 하며, 이때 휴학이나 전학 등의 방법이 선택될 수 있을 것이다.

친구의 성태도가 개방적일수록 미혼모 발생률이 높다는 조사결과[2]를 볼 때, 휴학이나 전학을 한 미혼모에게는 건전한 또래집단과의 활동이나 단체활동을 격려하고, 복지관이나 유관기관과 연계하여 새로운 친구관계를 맺을 수 있는 대인관계 형성지도 프로그램에의 참여를 독려할 필요가 있다.

3) 직업적 문제에 대한 지원

취업을 위한 지식과 기술이 없는 미혼모를 위해서는 자신의 직업적성을 정확히 인식하고 이를 바탕으로 직업준비를 할 수 있도록 직업훈련기관이나 취업알선기관과의 연계를 통해 직업적 자립을 지원해야 한다.

이때 사회복지사는 가족적 요인, 사회관습적 요인, 상황적 요인, 사회경제적 요인, 개인적 요인, 심리사회적 요인을 충분히 고려하고 미혼모의 능력, 흥미, 자아기대를 바탕으로 올바른 선택을 할 수 있도록 직업에 대한 정확한 정보를 제공해야 할 것이다.

또한 직장에서의 적응을 돕기 위한 원만한 대인관계 형성, 직장생활과 개인생활의 균형유지 문제 등에 대한 상담과 정보제공을 할 수 있다. 육아를 원하는 미혼모를 위해서는 탁아에 대한 정보제공과 자원연결을 할 수 있다.

4) 심리 · 사회적 문제에 대한 지원

미혼모가 갖는 스티그마, 소외감 등 부정적 감정의 감소를 위해 개인상담을 실시하고, 가족상담을 통해 가족이 미혼모에게 지지적인 체계가 될 수 있도록 지원해야 하며, 가족관계에 있어서 원만한 관계가 수립될

2) 한국여성개발원(1984).

수 있도록 지지해야 한다. 또한, 10대 미혼모 중에는 성폭력의 피해자가 높은 비율을 차지한다는 보고[3]가 있으므로 성폭력으로 인한 정신건강의 문제에 대한 접근도 필요하다.

많은 미혼부의 경우 임신 사실에 책임을 느끼고, 함께 해결하기보다는 단순히 임신중절을 권유하거나 입양을 제의하는 등 무책임한 태도를 보이므로 미혼모는 자신을 버린 이성에 대한 원망과 자책감 등을 갖기 쉽다. 이러한 문제에 대해 사회복지사는 지지적 상담, 심리안정을 위한 프로그램의 제공 등을 통하여 부정적 감정이 완화되도록 지도하며, 경우에 따라 종교지도자와의 만남을 주선하거나 미혼모 전문기관에 의뢰할 수 있을 것이다.

5) 관계기관과의 연계

미혼모 발생 예방을 위한 교육 프로그램의 실시를 위해 학교나 복지관과의 연계를 할 수 있으며, 미혼모의 원활한 사회적응을 지원하기 위해 필요한 사람 또는 기관과 긴밀히 협조해야 한다. 아동의 입양이나 보육을 위해 입양기관, 미혼모 시설 등과의 연계를 유지하며, 미혼모의 취업을 위해 직업훈련기관이나 취업알선기관과 정보 공유나 의뢰체계를 확립해야 한다.

6) 후원자 등 자원의 개발

현재 미혼모 시설을 이용하지 않는 경우는 검진과 분만 등에 있어서 의료보호법에 의한 진료비 혜택을 받을 수 없으므로 사회복지사는 후원자의 연결 등으로 미혼모가 의료적 혜택을 받을 수 있도록 자원을 개발해야 한다.

---

3) 서울시 부녀복지연합회 주최(1996). 여성복지세미나 자료집.

4. 활용할 수 있는 법, 제도, 서비스

1) 법적 · 제도적 측면

현재 미혼모 복지를 위한 단일 법령은 없다. 다만, 모자복지법, 모자보건법, 윤락행위방지법, 의료보호법, 아동복지법, 입양특례법 등에 근거하여 미혼모에 대한 지원을 하고 있다.

① 모자복지법 제4조 제3항에서는 미혼여성(사실혼 관계에 있는 자는 제외)을 모(母)로 인정하고 일정소득수준 이하의 모자가정으로서 보호받을 수 있음을 명시하고 있다.
② 모자보건법은 가족계획사업의 기초법으로 이에 근거하여 성교육과 피임세공 및 서비스, 임신중절 등을 통한 미혼모 예방사업을 하고 있다.
③ 윤락행위방지법에 근거하여서는 미혼모 산전 · 산후 보호, 직업보도 등의 서비스를 실시하고 있으며, 이 법이 미혼모 서비스와 가장 밀접한 관련이 되는 법률이라고 할 수 있다.
④ 의료보호법에 근거하여서는 미혼모 보호시설 수용자에게 의료서비스를 실시하고 있다.
⑤ 아동복지법에 근거하여서는 대한사회복지회 등 민간 입양기관의 아동복지시설에 재정적 지원을 하고 있으며, 미혼모 상담 및 입양, 임시 위탁양육 등의 서비스를 실시하고 있다.
⑥ 입양특례법은 국내외 입양의 절차를 정하고 있다.

2) 서비스 측면

위 법령에 근거한 제도적 서비스의 구체적 내용은 다음과 같다. 시설입소의 경우에는 시 · 도 및 시 · 군 · 구 상담소의 상담을 거쳐 시설입소

신청서를 제출한 후 입소할 수 있다.

(1) 상담 서비스

혼전에 성관계를 가졌거나 혼전 임신을 한 경우는 전국의 15개 청소년 종합상담소, 63개 여성복지 상담소, 35개 성폭력피해 상담소, 8개의 미혼모 보호시설, 5개 입양알선기관, 20개 국내 입양지정기관, 각 지역의 종합사회복지관 및 병원의 사회사업실을 통하여 상담서비스를 받을 수 있다. 또한, 1998년 1월부터는 요보호여성 상담전화(전국 어디서나 국번 없이 1366)를 통해서도 상담을 받을 수 있다.

(2) 미혼모 보호시설(8개)의 서비스

미혼의 임산부 및 출산 후 6월 미만인 자로 분만혜택과 숙식보호가 필요한 자는 거주지에 관계없이 6개월 이내의 보호를 받을 수 있다. 또한, 보호기간 동안 무료 숙식과 의료보호 1종 혜택(산전, 분만, 산후 검진과 분만비 혜택, 이상 분만 시 비보험 급여부분의 특수치료비 지급), 자립지원(직업교육, 인성교육, 상담지도 등), 피복비 지원(3개월 이상 입소 후 퇴소하는 자에게는 1인당 12만 원 지급), 퇴소자 결혼비용 지원(퇴소 후 결혼하는 경우 1인당 70만 원의 결혼비용 지급) 등의 혜택이 주어진다.

(3) 모자보호시설(37개소)의 서비스

18세 미만(취학 시 20세 미만)의 아동을 양육하는 무주택 저소득 모자가정의 미혼모와 미혼모 시설 퇴소자 중 스스로 아동을 양육하는 미혼모는 거주지에 관계없이 입소 후 3년 동안(2년의 범위 내에서 연장 가능) 생계비, 중학교 및 실업계 고등학교 학비 지원, 방과 후 지도, 아동급식비, 직업훈련 수당, 생업자금 융자, 영구임대주택 입주 우선권, 퇴소 시 세대당 200만 원의 자립정착금, 보육시설 이용 시 보육비 지원 등의 혜택을 받을 수 있다.

(4) 모자자립시설(2개소)의 서비스

모자보호시설에서 퇴소한 모자세대 중에서 자립 준비가 미흡한 경우와 18세 미만(취학 시 20세 미만)의 아동을 양육하는 무주택 저소득 모자가정의 미혼모는 모자자립시설에 입소하여 도움을 받을 수 있는데, 그 서비스 내용은 모자보호시설에서 받을 수 있는 혜택 중 생계비, 방과 후 지도, 아동급식비, 자립정착금을 제외하고 지원한다.

(5) 기타

1998년도 시범사업으로 위기에 처한 모자가정이나 미혼모는 3일 이내의 긴급보호를 받을 수 있고, 7일까지 연장 보호가 가능하며, 자녀를 양육하고 있는 미혼모의 경우 정부에 의한 저소득 모자가정(2인 가족 기준, 4,500만 원 이하의 재산과 월소득 564,000원 이하)으로 선정되면 6세 미만의 자녀양육비 보조, 중 · 고등학생 자녀 학비보조, 생업자금 융자, 영구임대주택 입주권, 직업훈련 및 취업알선 등의 혜택을 받을 수 있다.

5. 팀활동

대부분의 클라이언트와 마찬가지로 미혼모의 경우에 있어서도 미혼모 자신이 갖는 낙인감 등 심리적 이유로 자신의 문제해결을 위한 적극적인 태도를 갖기는 힘든 경우가 많다. 이러한 환자의 심리적 상태를 고려할 때, 사회복지사는 관련 전문가들의 팀활동을 통하여 미혼모가 당면한 문제를 해결할 수 있도록 원조해야 할 것이다.

1) 팀활동에 관련된 전문가

사회복지사는 자신이 속한 기관과 외부기관의 사회복지사 및 타 분야 전문가와 팀활동을 통하여 미혼모를 원조할 필요가 있다. 즉, 자신이 속한 기관의 관련 있는 사회복지사나 의료진, 행정요원들과 사례회의나 팀 구성을 통하여 체계적이고, 조직적으로 원조할 필요가 있으며, 학교, 지역사회복지관, 미혼모 시설, 모자보호시설, 입양기관 등 외부기관의 사회복지사, 학교 교사 등과의 연계를 통하여 서비스의 중복과 누락을 방지하여 서비스가 효율적으로 전달될 수 있도록 해야 할 것이다.

팀 구성원들은 상호 간의 학문적 기초와 직업적 상황을 이해하고 존중하여 개방적인 태도를 유지하면서 클라이언트를 원조해야 할 것이다.

2) 비밀유지

미혼모와 관련된 전문가들은 다른 클라이언트의 경우에 있어서와 마찬가지로 비밀유지의 원칙을 준수해야 한다. 즉, 관련되지 않은 사람들에게 개인적 흥미로 클라이언트의 상황을 노출해서는 안 됨은 말할 나위가 없다. 클라이언트로부터 수집한 자료를 전문가 간에 얼마만큼 공유할 것인가의 문제가 떠오르게 되는데, 문제해결에 직접적인 영향을 미치게 되는 경우에만 전문가 간에 사적인 정보를 공유해야 할 것이다. 관련 전문가들 간에는 비밀유지라는 윤리적 가치의 중요성을 충분히 인식하고 클라이언트의 인격을 존중하는 풍토가 공유되어야 할 것이다.

3) 옹호활동

미혼모의 가족이나 관계된 전문가들을 만나면서 사회복지사는 클라이언트를 옹호해야 할 기회들을 만나게 된다. 책임감 없는 미혼부가 자신의 주장을 미혼모에게 강요하는 경우나 가족들의 미혼모에 대한 태도가 부정적일 경우, 사회복지사는 이들에게 미혼모를 대하는 긍정적 태도에 대해 환기시킬 필요가 있다. 또한 의사결정에 있어서도 가족과의 협의를 존중하되, 미혼모 자신의 결정이 존중되는 분위기를 조성해 줄 필요가 있다. 상황의 주인공은 미혼모 자신이기 때문이다.

관계된 전문가들이 미혼모의 상황에 대해 긍정적 태도를 유지할 수 있도록 옹호해야 한다. 전문가 간에 의견이 대립하는 경우에 사회복지사는 타 전문가들의 의견을 충분히 고려해야 한다. 자칫 사회복지사만이 클라이언트를 보호하는 전문가라는 것을 내세우는 경우에는 전문가 간의 효율적인 팀활동을 저해할 수 있기 때문이다.

따라서 효율적인 옹호활동을 위해서 사회복지사는 첫째, 미혼모의 의료적·사회적 상황에 대해 충분히 알고 있어야 하며, 둘째, 미혼모 원조기관과 관련 법제에 관해 충분히 인지하고 있어야 한다. 셋째, 옹호의 시기를 적절히 선택할 줄 알아야 하며, 넷째, 필요한 옹호기술을 습득하고 있어야 한다.

6. 의료사회복지사의 역할

의료사회복지사는 다음과 같은 역할을 수행할 수 있다.

1) 상담자

의료사회복지사는 미혼모와 신속하게 공감적인 관계(rapport)를 형성하여 상담관계를 수립해야 한다. 사회복지사는 미혼모의 상황을 수용하고 당면한 문제해결을 위한 조력자의 역할을 수행해야 한다. 미혼모는 각각 다른 원인으로부터 발생하며, 상이한 배경을 갖고 있으므로 자신의 상황에 대한 인식 역시 각기 다르다. 따라서 사회복지사는 대상자의 개별화, 비심판적 태도 등의 원칙 위에서 상담에 임해야 한다. 또한, 의도적인 감정표현과 통제된 정서적 관여 등을 통하여 미혼모와의 전문가적 관계를 수립하고, 클라이언트의 능력과 법적 테두리 내에서 자기결정의 권리가 행사될 수 있도록 격려되어야 한다. 미혼모가 갖는 낙인감과 소외감에 특히 유의하여 상담을 해야 하며, 심리사회적 접근과 문제해결적 접근에 의해 미혼모의 불안감을 다룰 수 있다.

2) 옹호자

전술한 바와 같이 미혼모가 미혼부, 가족, 관계된 전문가와의 관계에 있어서 자신의 의사를 전달하고 지지받을 수 있도록 사회복지사는 옹호자의 역할을 수행해야 한다. 이때 사회복지사는 상황에 대한 세밀한 판단과 전문가적 합리성에 기초한 입장을 견지해야 한다. 무조건적이고 일방적인 옹호는 미혼부나 가족, 전문가 등으로 하여금 부정적 감정을 더욱 유발시킬 뿐만 아니라 사회복지사에 대한 전문가적 신뢰감을 저해하게 될 것이다. 나아가서는 사회의 미혼모에 대한 편견과 부당한 대우들에 맞서 옹호자의 역할을 수행할 수 있으며, 이를 위해 관련 여성단체들과의 협력체계를 갖출 수도 있다.

3) 사례관리자

사회복지사는 인테이크로부터 퇴원에 이르기까지 전 과정에 개입하게 되는데, 이때 가족과의 의견조정, 서비스에 대한 조정, 관련정보의 제공, 관련 기관과의 연결 등을 수행하면서 사례관리의 업무를 수행하게 된다. 이러한 업무수행은 퇴원 후 미혼모 시설로의 전원 등 기관간 연계상황에서 발생할 수 있는 미혼모의 동일한 진술 등 불필요한 과정이 생략될 수 있도록 해 줄 수 있으며, 무지로 인한 서비스 불이용 등을 방지할 수 있게 해준다. 서비스 전달방법으로 활용될 수 있는 모델은 통합된 중계판매모델이라고 볼 수 있다. 병원에서는 주로 의료적인 서비스를 제공하고 의료사회복지사는 미혼모에게 퇴원 후에 필요한 자원을 관련기관을 통하여 제공될 수 있도록 중계를 하게 된다.

7. 의료기관에 대한 제언

기존의 연구들은 미혼모와 관련하여 가정기능의 보호 · 강화, 성교육의 강화, 미혼모에 대한 스티그마 감소를 위한 사회인식 개선 등의 대책들을 제언하여 왔다. 여기서는 의료기관과 관련된 몇 가지를 제언하며 이 글을 맺고자 한다.

1) 임신중절수술의 전제조건으로써 상담기관 경유의 법제화

미성년자가 병의원을 방문하여 임신 사실을 확인하게 되면 상담기관의 방문을 권유하고, 낙태를 하고자 할 때에는 미혼모 전문 상담기관에서 상담을 받았거나 교육과정을 이수했다는 근거서류를 제출해야 임신중절수술을 할 수 있도록 법제화할 필요가 있다고 본다. 이 제도는 무조건적인 낙태의 비율을 감소시키는 결과를 기대할 수도 있을 것이다.

상담기관의 상담 또는 교육프로그램에서는 생명의 존엄성, 임신과 출산에 관한 내용, 신생아에 대한 복지제도 등의 정보를 제공하여 미혼부모가 보다 많은 지식과 정보에 근거하여 미혼모 자신과 아동에 대한 문제를 파악할 수 있도록 도와야 할 것이다. 이의 실행을 위해서는 미혼모 상담에서 제공해야 할 정보목록을 정하고, 일정한 상담양식을 정할 필요가 있을 것이다.

2) 의료사회사업 상담의 홍보강화

미혼모 문제가 발생하면 상담기관을 찾아 상담을 할 수도 있겠으나 내담자가 자신의 임신 사실을 알게 되는 최초의 장소는 병원일 것이다. 현실적으로 많은 사람들이 미혼모를 위한 정부차원의 서비스에 대해서조차 모르고 있는 것이 사실이다.

따라서 미혼모의 초진 시 사회복지사가 상근하지 않는 병원에서는 전문 상담기관에서 반드시 상담을 받도록 안내하고, 사회복지사가 상근하는 병원에서는 미혼모 내원시 반드시 사회사업 상담을 받도록 하여 이용 가능한 서비스에 대한 정보를 제공받도록 해야 할 것이다. 이를 위해 의료사회사업 상담에 대해 산부인과, 응급실, 종교실 등 관련 부서에 적극적으로 홍보할 필요가 있다.

3) 청소년 성교육의 강화를 위한 학교, 복지관-의료기관의 연계

요즘은 초등학교에서도 성교육을 실시하고 있음에도 불구하고 미혼모의 숫자는 증가일로에 있다. 현재의 성교육은 성에 대한 개괄을 집단적으로 실시하고 있으므로 교육효과가 낮은 것으로 보인다. 집단교육은 자칫 수강자들로 하여금 군중심리에 의한 빗나간 호기심을 초래할 수도 있을 것이다. 이에 생명의 존엄성에 대한 교육을 강화하고 소그룹 차원의 교육을 통하여 교육효과를 향상시킬 필요가 있으며, 학교와 의료기관과의 연계 하에 보다 전문적이고 효과적인 교육을 실시할 수 있을 것이다.

제15장

발달장애아동 어머니의 정신건강 개선 프로그램 개발과 효과성 평가[1)]

1. 서 론

육체적 질병과 장애는 가족위기를 초래하는 중대한 사건 중의 하나로서(Knox et al., 1999), 장애아동의 어머니가 일반아동의 어머니보다 높은 수준의 스트레스를 경험할 가능성이 있다는 증거는 명백하다. 또한, 고통은 어느 한 단계에만 국한된 것이 아니라, 가족생활 주기에 따라 다양한 단계에서 나타날 수도 있으며, 아동이 발달과업을 달성하지 못할 때 반복적으로 경험할 수 있다(Davis, 1987). 이러한 스트레스는 우울을 유발할 수 있는데(박희석 외, 1993), 우울은 일상생활 수행능력을 저하시킬 뿐만 아니라, 심한 경우에는 자살을 일으킬 수도 있는 심각한 문제이다. 또한, 발달장애가 연간 10만 명당 7명의 비율로 새로 발생하므로(김진호, 1997), 아동의 장애로 인하여 우울에 노출될 가능성이 있는 어머니들이 결코 적지 않다고 볼 수 있다.

---

1) 한국사회복지행정학회지 제9호, 2003년 9월 발표논문(홍영수 · 김재엽).

그런데 많은 연구들은 사회적 지지가 우울을 감소시키는 효과가 있다고 밝히고 있다(David et al, 2002). 아동이 장애로 진단을 받게 된 초기에 부모들이 가지는 공통된 지지욕구는 아동의 장애와 예후에 대한 정보 및 실제적으로 이용할 수 있는 자원에 대한 정보에 관한 것이다. 이러한 욕구를 충족시켜 주기 위해서는 의료적 도움과 더불어 사회사업가의 지원이 중요한데, 정보, 조언 및 상담에 대한 욕구는 이후에도 계속되는 것이기는 하지만, 진단 초기에 더욱 중요하다(Baldwin et al., 1994). 따라서 사회사업가는 장애아동의 어머니에게 지지를 제공함으로써 그들이 스트레스에 잘 대처하여 자신의 정신건강을 유지 또는 개선하고, 아동의 양육과 치료에 따르는 보호자로서의 역할을 원활히 수행할 수 있도록 도울 필요가 있다.

흔히 우울증 환자에 대한 효과적인 치료는 인지기법으로 알려져 있다. 그러나 이는 주로 개인의 변화에 초점을 맞추고 있는 것이므로, '환경 속의 인간' 이라는 생태학적 관점을 받아들이고 있는 사회사업 분야에서는 우울 문제를 가진 클라이언트에 대한 개입에 있어서 그 개인 및 개인과 관련된 외부 체계를 함께 고려해야 할 것이다. 따라서 발달장애아동 어머니에 대한 사회사업적 개입에 있어서 어머니 개인체계와 더불어 그의 정신건강에 영향을 주는 가족과 지지집단을 포함한 대인체계, 그가 속한 환경 및 이용할 수 있는 자원 체계 등이 함께 고려되어야 할 것이다.

이에 이 연구에서는 선행연구에 대한 검토와 더불어 생태체계학적 관점에서 장애진단의 초기에 있는 발달장애아동의 어머니에 대한 면접조사를 실시하여 의학적 및 심리사회적 문제에 대한 지지 욕구를 파악하고, 이에 근거한 프로그램을 개발하며, 이를 단기간의 입원을 특징으로 하는 병원세팅에서 적용하여 효과성을 평가하고자 하였다. 이는 발달장애 아동 어머니에 대한 조기개입의 방법을 제시하고, 사회사업실천 활동의 책임성을 제고한다는 점에서 그 의의가 있다고 하겠다.

2. 이론적 배경

1) 발달장애아동 어머니의 우울

발달장애란 뇌성마비, 발달지연, 정신지체, 자폐증 등을 포함하는 용어로서 일반적으로 받아들여지는 학문상의 정의이며, 보건복지부의 장애등급 판정기준과는 차이가 있다. 이 프로그램의 대상은 주로 뇌성마비와 발달지연으로 진단받은 아동의 어머니들인데, 뇌성마비는 미성숙한 뇌에 대한 비진행성 병변 혹은 손상으로 인하여 생기는 운동과 자세의 장애를 보이는 임상적 증후군을 말하며, 발달지연은 뇌성마비의 전형적인 증상이 아직 나타나지 않는 아동들에게 내려지는 진단명이다(김진호, 1997).

발달장애의 동반증상으로는 지능장애, 시각장애 및 행동장애 등이 있다. 이로 인한 아동의 낮은 의사소통기술(Frey, 1989), 발달상의 과업을 성취하는 아동의 저하된 능력, 낮은 수준의 사회적 반응성, 반복적인 행동유형(Beckman, 1983), 계속적인 보살핌의 필요(Tavormina et al., 1981) 등이 스트레스를 유발하는 요인들이며, 이로 인하여 발달장애아동의 어머니들은 정상아동의 어머니들에 비해 많은 우울을 경험하게 된다(Baldwin et al., 1994; 이승희 외, 2000; 조인수 외, 2000).

이와 같이 발달장애아동의 어머니들은 우울로 인한 정신건강상의 어려움을 겪을 수 있는데, Beck(1967)에 의하면, 경한 우울증은 자신감과 생의 의욕이 없고, 피곤해하고, 평소에 해오던 일을 수행하는 데 어려움을 느낀다. 또한 신체증상이 현저하게 나타나기도 하는데, 체중감소, 식욕부진, 소화장애 등을 일으킬 수도 있다. 심한 우울증은 심리적 고통이 훨씬 심각하게 되는데, 자살을 일으킬 수도 있다(민성길, 2000). 따라서 우울은 증상 자체의 고통뿐만이 아니라, 우울로 인한 신체적 증상과 자살에 이르기까지 그 부정적 영향이 매우 크다고 하겠다.

2) 사회적 지지

정상집단의 임상적 우울의 시작과 그에 준하는 우울증상에 관한 사회적 지지의 영향에 관한 연구는 매우 깊이 있게 이루어져 왔다(David et al., 2002). 발달장애아동의 어머니들은 그들이 당면한 의료적 및 심리사회적 문제에 대한 다양한 지지 욕구를 가지고 있으며, 많은 연구들은 이들의 정신건강과 대처능력을 증진시키기 위한 사회적 지지의 필요성을 지적하고 있다. 또한 지지적인 사회망을 확립하고 유지하는 부모들의 능력에 있어서 다양하므로 이에 대한 전문가들의 도움이 필요하다고 밝히고 있다.

사회적 지지에 대한 정의는 학자마다 약간씩 견해를 달리하고 있다. Tardy(1985)는 사회적 지지에 대한 개념화를 통해 다섯 개의 차원을 정의하는 모델을 제시하고 있는데, 다섯 개의 차원은 방향(direction), 경향(disposition), 묘사(description)/평가(evaluation), 내용(content) 및 관계망(networks)을 말한다. 내용(content)에는 첫째, 신뢰, 사랑, 감정이입과 같은 정서적지지 둘째, 돈과 시간과 같은 자원을 포함하는 도구적지지 셋째, 특별한 분야에 관하여 제공받은 정보나 조언과 같은 정보적지지 넷째, 개인에 대한 평가적 언급 등의 평가적지지 등의 네 개 형태가 있다. 관계망(networks)은 개인의 지지망의 자원이나 구성원을 말하는데, 이는 달리 말하면 사회적 지지원이라고 할 수 있을 것이다.

이와 같이 사회적 지지는 발달장애아동 어머니의 정신건강을 개선하는 효과를 가지므로 본 연구에서는 발달장애아동 어머니들이 가지는 사회적 지지에 대한 욕구를 Tardy 모델의 지지내용(content) 및 지지원(networks)의 개념에 따라 분류하여 프로그램을 구성하였다.

3) 발달장애 부모 프로그램에 관한 선행연구

발달장애아동의 부모를 대상으로 한 프로그램에 관한 국내의 연구로는, 자폐아를 위한 모-아 애착증진 프로그램(임숙빈, 2000), 지지집단 프로그램(오승혜, 1998), 복지관을 이용하는 발달장애아동 부모의 문제해결 능력 증진을 위한 인지행동 프로그램(오세란, 1997) 등이 있다. 국외에서는 발달장애아동을 가진 가족을 위한 프로그램에 대하여 많은 연구들이 진행되어 왔는데, 조부모, 확대가족 및 친구들과의 지지적 관계형성(George, 1988), 가족들의 사회적 지지를 찾기 위한 노력과 문제를 능동적으로 해결하려는 문제중심의 대응전략(Sharon, 1998) 등 지지체계에 초점을 두고 있다. 또한 근간에는 가족의 역량강화(family empowerment)를 중요한 원칙으로 하는 가족지지 서비스가 정신건강 시스템에서 더욱 중요한 요소가 되고 있다(Herman et al., 1996). 이로부터 볼 때 기존의 연구들은 지역사회를 기반으로 하거나, 지지집단을 중심으로 이루어져 왔다.

따라서 본 연구는 지금까지 다루어지지 않은 병원을 기반으로 한 단기적 지지 프로그램을 개발하고 효과성을 고찰한다는 데에 기존 연구들과 차이가 있다고 하겠다.

3. 연구방법

1) 연구가설

이 연구의 가설은 다음과 같다.

〈가설〉 프로그램 실시 후에 실험집단의 대상자는 비교집단의 대상자보다 우울이 감소할 것이다.

2) 연구설계

이 연구에서 사용된 방법은 비동일 통제집단 설계다. 실험집단과 통제집단에 속한 모든 대상자의 아동이 프로그램이 진행되는 기간 내내 병원에 입원 중이었다. 이에 실험집단과 통제집단의 대상자에게 사전-사후 검사를 실시하여 우울의 변화를 비교, 검증하였으며, 사전검사와 사후검사는 실험집단과 통제집단에 있어서 모두 같은 날에 이루어졌다. 연구설계 모형을 그림으로 나타내면 다음의 [그림 15-1]과 같다.

실험집단	(사전 검사)	프로그램 실시	(사후검사)
통제집단	(사전 검사)		(사후검사)

[그림 15-1] 연구 모형

3) 연구참가자

실험집단과 비교집단의 대상자는 사전검사가 이루어진 프로그램 안내일로부터 사후검사가 이루어진 프로그램 종료일까지 계속 입원을 하고 있는 아동의 어머니들로 구성되었다. 실험집단 대상자는 자발적으로 총 5회기의 프로그램에 참여한 12명 중에서 사전평가와 사후평가 모두를 수행한 6명이다. 다른 6명은 사전 검사 또는 사후검사에 참여하지 않음으로써 연구에서 제외되었다. 비교집단은 7명으로 구성되었으며, 이들은 아동의 간호 등으로 인하여 참여가 불가능한 상황이거나 참여 동기가 형성되지 않은 사람들이라고 볼 수 있다.

4) 평가도구 및 분석방법

프로그램에 대해서는 효과성 평가와 과정 평가를 실시하였다. 효과성 평가를 위해서는 표준화된 도구에 의한 양적 평가를 실시하였으며, 과정 평가를 위해서는 구조화된 설문지에 의한 양적 평가와 관찰자 및 프로그램 참가자에 의한 질적 평가를 실시하였다.

(1) 효과성 평가

프로그램의 효과성 평가를 위하여 사전 및 사후 검사에 사용된 도구는 BDI를 이영호(1991)가 번안한 BDI한국판이다. BDI는 Beck(1967) 등이 우울의 정서적, 인지적, 동기적 및 생리적 영역을 포함하는 총 21개 문항의 자기보고형 검사다. 각 문항마다 0점에서 3점까지 채점되며, 총점의 범위는 0점에서 63점까지다. 이영호(1991)가 일반인 256명을 대상으로 조사한 결과에서 계수 = .84로 나타났다. Beck(1967)은 9점 이하는 우울하지 않은 것으로, 10~15점은 경우울, 16~23점은 우울증, 24~63점은 중우울증으로 분류하고 있다. 또한, 이영호(1991)가 일반인을 대상으로 조사한 결과에서는 평균이 13.71점(표준편차 7.69)으로 나타났으며, 한홍무(1986)는 21점을 우울에 대한 절단점으로 제시하고 있다.

BDI의 요인구조는 아직까지 분명한 연구결과가 내려진 것은 아니지만, 김정호 등(2002)은 기존의 연구들을 바탕으로 한 확인적 요인분석을 실시한 후 위계적인 3요인 모형을 제시하였는데, 3개의 요인은 부정적 태도, 수행상의 어려움, 신체적 요소 등이다. 이에 본 연구에서는 BDI의 총 점수의 변화와 함께 이러한 3개 요인에서의 변화에 대해서도 평가하였다. 3요인 중 부정적 태도는 자신이나 삶에 대한 슬픔, 낙심, 실패, 죄책감, 벌, 실망, 탓, 자살, 울음, 외모 등을 포함하고 있으며, 수행상의 어려움은 생활에 있어서의 만족, 짜증, 결정, 의욕, 피로 및 타인에 대한 관심, 건강에 대한 염려 등을 포함한다. 또한, 신체적 요소는 불면, 식욕, 체중, 성에 관한 것을 포함한다. BDI 검사 결과의 점수에 대한 해석은 학자마다 견해를 달리한다(이영호, 1991).

실험집단과 비교집단에 대한 프로그램 실시 전의 동질성을 평가하기 위해서는 맨-위트니 U 검증(Mann-Whitney U test)을 실시하였으며, 실험집단의 사전-사후 변화 및 비교집단의 사전-사후 변화를 평가하기 위하여 윌콕슨 순위검증(Wilcoxon matched-pair signed-ranks test)을 실시하였다.

(2) 과정 평가

프로그램의 과정평가를 위해서는 ① 구조화된 질문지에 의한 평가 ② 관찰자에 의한 평가 ③ 프로그램 참가자에 의한 평가 등의 세 가지 방법을 사용하였다. 이상은 양적 방법과 질적 방법을 병용과 다각적 측정(triangulation)을 통한 보다 정확한 평가를 하기 위해 채택되었다. 먼저, 상담회기 평가질문지는 Stiles와 Snow(1984)가 개발한 질문지를 최윤미(1987)가 수정 보완한 상담회기평가 질문지(Session Evaluation Questionnaire) 중 일부를 연구자가 발췌하여 사용하였다. 즉, 이 연구에서는 각성도(arousal)를 제외하고, 최윤미의 연구에서 타당도가 입증된 회기의 깊이(5문항), 순조로움(5문항), 긍정적 정서(6문항) 등 3요인만을 발췌하여 사용하였다. 각 문항은 양극 형용사 쌍으로 이루어져 있으며, 7점 척도로 제시하여 상담회기의 효율성을 평정하도록 되어 있다. 점수가 낮을수록 회기와 상담후의 정서에 긍정적인 의미를 부여하는 것임을 의미한다. 둘째, 매 회기 종결 후에 연구자와 관찰자 간에 진행내용과 과정에 대한 비공식 대화면접을 통하여 회기에 대한 평가를 실시하였다. 셋째, 마지막 회기에 연구자의 진행 하에 비구조화된 방식으로 참가자들이 프로그램 전반에 대한 평가를 실시하였다.

상담회기 평가 질문지에 대한 응답내용에 대해서는 기술통계분석을 실시하였으며, 연구자와 관찰자와의 면접내용 및 참가자에 의한 평가에 대해서는 내용분석을 실시하였다.

4. 프로그램 개발 과정 및 내용

1) 프로그램 구성의 이론적 근거

프로그램은 참가자들이 가진 문제를 해결 또는 완화하고, 욕구를 충족할 수 있도록 구성되어야 할 것이다. 먼저 장애아동 어머니들의 정신건강을 저해할 수 있는 문제에 대해서 살펴보면, 장애아동 가족의 삶에 대한 구조적, 물질적 형태(예를 들면, 사회인구학적 요인, 주거, 교통 등), 아동이 가진 장애의 종류 및 요구되는 보호의 종류와 정도(Baldwin et al., 1994) 및 아동의 특징과 발달지연의 성질 등이 어머니의 정신건강을 저해할 수 있다. 일반적으로 받아들여지고 있는 생태체계학적 관점에 입각해서 보면, 이러한 문제들은 개인적 요인과 환경적 요인으로 인식될 필요가 있다.

또한, 발달장애아동 부모들은 이러한 문제들과 관련된 다양한 의료적 및 심리사회적 욕구를 가지고 있는데, 입원 및 치료장비, 투약 등에 대한 재정적 지원에 대한 욕구와 휴식 서비스 및 발달적 · 의학적 · 재활 서비스에 대한 욕구, 아동 양육에 대한 조언 및 아동의 발달지연에 대한 정보에 대한 욕구 등이 그것이다(Seybold et al., 1991). 그리고 정서적 측면에 있어서는 기대하던 정상적인 아이를 갖지 못함으로 인한 상실감을 경험하게 되며, 아동의 너무나 막대한 욕구에 적응해야만 한다(Bosch, 1996). 이러한 발달장애아동 어머니들이 가진 지지 욕구는 사회적 지지의 개념과 이론적으로 연결될 수 있다.

따라서 이 연구에서는 발달장애아동 어머니들이 가진 문제를 개인적 및 환경적 차원에서 이해하고, 이러한 문제로 인하여 발생한 욕구를 사회적지지 개념과 연결하여 프로그램을 구성하였다. 즉, 발달장애아동 어머니들의 개인적 능력을 향상시키고자 아동에 대한 의학적 이해 및 스트레스 대처기술에 대한 내용을 프로그램에 포함하였고, 환경적 지원을 강화하고자 사회복지정보 제공, 휴식 제공 및 지지집단 구성 지원 등의 내용을 프로그램에 포함하였다.

2) 프로그램 개발 과정

프로그램의 개발을 위하여 첫째, 선행연구를 검토함으로써 장애아동 어머니의 스트레스에 대한 영향요인과 결과들을 검토하였다. 둘째, 장애아동 어머니에 대한 민감성을 증진시키기 위하여 수기와 기사들을 검토하였다. 셋째, 의학적 측면과 심리사회적 측면에 대한 프로그램 욕구조사서를 작성한 후 입원 중인 아동의 부모 10명을 편의표본 추출하여 개방형 질문에 의한 조사를 실시하고 내용분석을 실시하였다. 이러한 준비를 바탕으로 준비모임, 5회기로 이루어진 이번 회기 및 종결모임 등 총 7회기의 프로그램 구성안을 작성하였다. 그 다음 프로그램 구성안에 대하여 당 병원의 사회사업팀장으로부터 프로그램의 일시와 장소 등에 대한 조언을 받았으며, 프로그램 실시 7일전 각 병실을 방문하여 프로그램의 형식과 내용 등에 대한 안내를 실시함과 동시에 참여가 가능하다는 의사를 밝힌 대상자들의 프로그램에 대한 의견을 수렴하였다. 이러한 과정을 거쳐 총 5회기의 프로그램으로 확정하였으며, 프로그램 실시 하루 전에 실험집단을 구성하였다.

3) 프로그램의 구조

이 연구 프로그램은 집단상담과 집단교육이 혼합된 형태이다. 2003년 2월 4일부터 11일까지 총 5회에 걸쳐 실시되었으며, 회기당 90분 내지 120분이 소요되었다. 프로그램의 참가 여부는 대상자의 자율적인 의사에 맡겨졌는데, 이는 대상자의 제한을 둘 때 발생할 수 있는 윤리적인 문제를 고려하였기 때문이다.

4) 프로그램의 내용

프로그램은 사회적 지지를 포함하도록 구성하였으며, 구성요소와 회기의 순서는 참가자들의 욕구와 문제를 기반으로 연구자의 견해에 의거하여 결정하였다. 또한 회기당 진행시간도 참가들의 욕구를 존중하여 결정하였으므로 회기당 소요 시간이 일정하지 않다. 프로그램 목표와 내용 및 각 내용이 의도하는 사회적 지지의 종류 등의 구체적인 내용은 다음의 〈표 15-1〉에 세시된 바와 같다.

표 15-1 회기별 프로그램의 목표 및 내용

회기	목표	내용	지지의 종류	지지원
1	• 프로그램 이해 • 참가자간 친밀감 형성 • 복지정보 등 습득	• 프로그램의 목적과 내용 안내 • 상호 소개 • 사회복지정보 제공	정서적 정보적	참가자 간 전문가
2	• 의학적 이해 향상	• 치료과정의 어려움 나누기 • 의학 강의 • 질의 응답	정서적 정보적 정보적	참가자 간 전문가 전문가
3	• 참가자간 이해 향상 • 스트레스 대처능력 향상 • 배우자 지지 향상	• 양육 경험 나누기 • 스트레스 대처에 대한 교육 • 배우자의 편지쓰기	정서적 정보적 평가적	참가자 간 전문가 배우자
4	• 정신적, 신체적 이완 • 배우자 지지 향상	• 휴식 및 여가활동	정서적 도구적	전문가 배우자
5	• 종결 및 평가 • 지지집단 구성	• 프로그램 참여 소감 나누기 • 지지집단 구성 • 기념품 증정 및 종결파티	정서적 정서적 정보적	참가자 간 참가자 간 전문가

5) 진행 과정 및 내용

전반적인 프로그램 진행과정 및 내용은 다음과 같다.

• 1회기: 약 120분간 진행되었으며, 연구자가 프로그램의 목적과 내용을 설명한 후, 참가자간 소개를 하였다. 첫 회기에서도 참가자들의 대부분은 아동과 관련된 심리적 고통을 이야기하였다. 이어서 당 병

원 사회복지사의 진행에 의한 사회복지정보 교육 및 질의응답이 이루어졌다.

- 2회기: 약 90분간 재활의학과 의사가 진행하였다. 참가자들이 치료과정에서 겪는 어려움을 이야기하였고, 발달장애 전반에 걸친 강의와 참가자들이 질문들에 대한 의사의 답변이 주어졌다.
- 3회기: 약 90분간 연구자가 진행하였다. 먼저 참가자들이 치료하면서 느끼는 어려움과 기쁨들을 도화지에 크레파스를 이용하여 표현하고, 이를 토대로 참가자간 토론을 하였다. 이후 연구자가 스트레스에 대한 올바른 대처에 대하여 교육을 하였으며, 끝으로 아버지들이 어머니들에게 사랑의 편지를 쓰도록 지도하였다.
- 4회기: 약 120분간 자율적으로 주말을 이용하여 영화관람 등의 여가를 즐길 수 있도록 참가자마다 소정의 문화상품권을 증정하였다. 이는 장애아동 부모의 휴식에 대한 욕구를 충족시켜 주기 위하여 포함되었다.
- 5회기: 약 120분간 프로그램 참여에 대한 소감을 나누었으며, 참가자들간에 지지집단 구성에 대하여 논의하였다. 참가자 전원의 동의하에 지지집단을 구성하기로 결정하고, 임원을 구성하였다.

5. 연구결과 및 분석

1) 실험집단과 비교집단의 동질성 비교

(1) 일반적 특성의 동질성 비교

실험집단과 비교집단의 대상자는 모두 기혼 여성으로서 장애아동의 어머니다. 이 연구의 참가자는 주로 뇌성마비와 발달지연으로 진단받은 아동의 부모이지만 이러한 세부진단명은 발달장애로 통칭되므로 프로그램 참가자의 진단명의 동질성은 확보되었다고 하겠다. 원래의 조사에서

표 15-2 실험집단과 비교집단 참가자의 일반적 특성 및 동질성 비교

갈등 수준			실험집단(6)	통제집단(7)	$Z \cdot X^2$
대상자	결혼상태	기혼	6	7	·
대상자	연령	30대 40대	5 1	5 2	−1.076
대상자	학력	고졸 대졸	1 5	5 2	−1.897
대상자	종교	기독교 천주교 불교 무교 기타	2 1 1 2 0	3 1 2 0 1	.660
배우자	연령	30대 40대	5 1	2 5	−1.307
배우자	학력	고졸 대졸 대학원졸	1 5 0	4 2 1	−.964
배우자	종교	기독교 천주교 불교 무교 기타	2 0 1 3 0	2 1 2 1 1	.627
경제상태	월수입	100~200만 원 200~300만 원 300만 원 이상	2 2 2	2 3 2	−.648

변수			실험집단(6)	통제집단(7)	$Z \cdot X^2$
가족사항	가족 수	3명 4명 5명 6명	0 3 1 2	1 3 1 2	−.459
가족사항	자녀 수	2명 3명 4명	3 2 1	4 2 1	-.237
가족사항	6세 미만의 자녀 수	0명 1명 2명	0 3 3	4 2 1	−2.044*
아동사항	성별	남 여	5 1	5 2	.258
아동사항	연령	1~3세 4~6세 7세 이상	6 0 0	0 3 4	−3.038**
아동사항	진단명	뇌성마비 발달지연 기타	2 3 1	5 2 0	2.423
아동사항	장애 진단 경과 기간	1년 이내 1~2년 2~3년 3년 초과	5 0 1 0	0 2 2 3	−2.292**
아동사항	장애 정도	경함 보통 심함	1 4 1	1 4 2	-.411

* p〈.05, ** p〈.01

는 가능한 경우에는 서열변수로 측정하였으나, 다음의 〈표 15-2〉에서는 편의상 명목변수로 제시하였다. 맨-위트니 U 검증과 카이스퀘어 검증을 실시한 결과, 대상자인 어머니와 배우자인 남편의 연령, 학력, 종교와 가족의 월수입, 가족 수 및 아동의 성별, 진단명, 장애정도 등에서는 통계적으로 유의미한 차이를 보이지 않았다. 그러나 6세 미만의 자녀 수, 장애아동의 연령 및 아동의 장애진단 경과기간 등에서는 두 집단 간에 통계적으로 유의미한 차이가 있는 것으로 나타났다. 즉, 이 연구 프로그램이 적용된 실험집단의 대상자는 장애진단 초기의 아동을 둔 경우라고 할 수 있으나 통제집단 대상자의 경우에는 장애진단 초기의 아동을 둔 경우라고 할 수는 없다. 따라서 효과성 평가의 결과는 장애진단 초기에 있는 다른 아동의 부모에게도 효과적이라고 일반화할 수는 없을 것이다. 세부사항은 〈표 15-2〉에 제시된 바와 같다.

(2) 우울에 있어서의 동질성 비교

실험집단과 비교집단의 동질성을 평가하기 위하여 맨-위트니 U 검증(Mann-Whitney U test)을 사용하여 우울 전체점수 및 우울의 하위 요인을 구성하는 부정적 태도, 수행상의 어려움, 신체적 요소 등을 분석하였다.

표 15-3 실험집단과 비교집단의 우울 및 하위 요인의 동질성 비교

<table>
<tr><th colspan="2">갈등 수준</th><th>집단</th><th>사례수</th><th>평균 순위</th><th>U</th><th>z</th><th>p</th></tr>
<tr><td colspan="2" rowspan="2">우울 전체점수</td><td>실험</td><td>6</td><td>6.83</td><td rowspan="2">20</td><td rowspan="2">-.143</td><td rowspan="2">.886</td></tr>
<tr><td>통제</td><td>7</td><td>7.14</td></tr>
<tr><td rowspan="6">하위 요인</td><td rowspan="2">부정적 태도</td><td>실험</td><td>6</td><td>6.92</td><td rowspan="2">20</td><td rowspan="2">-.072</td><td rowspan="2">.943</td></tr>
<tr><td>통제</td><td>7</td><td>7.07</td></tr>
<tr><td rowspan="2">수행상의 어려움</td><td>실험</td><td>6</td><td>6.67</td><td rowspan="2">19</td><td rowspan="2">-.290</td><td rowspan="2">.772</td></tr>
<tr><td>통제</td><td>7</td><td>7.29</td></tr>
<tr><td rowspan="2">신체적 요소</td><td>실험</td><td>6</td><td>7.00</td><td rowspan="2">21</td><td rowspan="2">.000</td><td rowspan="2">1.000</td></tr>
<tr><td>통제</td><td>7</td><td>7.00</td></tr>
</table>

분석결과, 실험집단과 비교집단 간에는 우울 전체점수 및 3개의 하위 요인에 있어서 유의미한 차이를 보이지 않았으므로 두 집단은 동질적이라고 할 수 있다. 그러나 두 집단 대상자의 아동이 장애진단 경과기간에 있어서 차이가 있으므로 두 집단의 어머니들이 겪는 우울은 그 원인이 다른 것이라고 추정할 수 있다. 세부적인 내용은 다음의 〈표 15-3〉에 제시된 바와 같다.

2) 프로그램의 효과성 평가

(1) 우울의 사전-사후 점수

우울에 대한 사전검사에서 실험집단은 13.50점, 비교집단은 14.14점을 나타냈으며, 사후검사에서는 실험집단은 6.50점, 비교집단은 13.43점을 나타냈다. Beck의 기준으로 해석한다면, 사전검사에서 두 집단은 모두 경우울 상태를 나타낸 것으로 볼 수 있다. 사후검사에서는 실험집단은 우울하지 않은 것으로 볼 수 있고, 비교집단은 경우울 상태인 것으로 볼 수 있다. 이 연구의 실험집단과 비교집단 전체 대상자 13명을 대상으로 한 사전검사에서 $\alpha = .80$, 사후검사에서 $\alpha = .90$으로 나타났다. 자세한 내용은 다음의 〈표 15-4〉에 제시된 바와 같다.

우울의 하위요인은 부정적 태도, 수행상의 어려움 및 신체적 증상 등이다. 사전검사에서 실험집단과 비교집단의 부정적 태도는 6.83점과 7.00점, 수행상의 어려움은 각각 5.33점과 5.57점, 신체적 증상은 1.33점

표 15-4 실험집단과 비교집단의 우울 사전-사후 점수

집단	사례수	사전		사후	
		평균	표준편차	평균	표준편차
실험	6	13.50	7.707	6.50	3.937
통제	7	14.14	7.381	13.43	8.101

과 1.57점을 나타냈다. 그러나 사후검사에서는 실험집단과 비교집단이 많은 차이를 보이고 있는데, 부정적 태도는 1.83점과 6.14점, 수행상의 어려움은 각각 3.83점과 4.86점, 신체적 증상은 0.83점과 2.43점을 나타냈다. 세부적인 내용은 〈표 15-5〉에 제시된 바와 같다.

표 15-5 우울 하위요인의 사전-사후 점수

요인	집단	사례수	사전		사후	
			평균	표준편차	평균	표준편차
부정적 태도	실험	6	6.83	4.31	1.83	.983
	통제	7	7.00	3.56	6.14	4.22
수행상의 어려움	실험	6	5.33	2.80	3.83	2.31
	통제	7	5.57	3.15	4.86	3.13
신체적 증상	실험	6	1.33	1.03	.83	1.17
	통제	7	1.57	1.72	2.43	1.40

(2) 우울의 사전-사후 변화

프로그램 전후의 실험집단 및 비교집단의 변화를 평가하기 위하여 윌콕슨 순위검증(Wilcoxon matched-pair signed-ranks test)에 의한 단측검증을 실시하였다. 실험집단은 우울 점수가 통계적으로 유의미하게 감소하였으나($p < .05$), 비교집단은 유의미한 변화를 보이지 않았다. 이로부터 볼 때 본 연구 프로그램이 장애아동 어머니들의 우울을 감소시키는 데 효과가 있다고 해석할 수 있다. 다만, 장애아동의 부모가 겪는 스트레스가 아동의 발달주기에 따라 반복되는 현상임을 고려한다면, 이 프로그램으로 인한 어머니의 우울 감소 효과가 얼마나 지속될 것인지에 대한 후속 연구가 필요하다고 하겠다. 자세한 사항은 〈표 15-6〉에 제시된 바와 같다.

우울의 하위요인별로 사전-사후 변화를 살펴보면, 부정적 태도는 실험집단에서 통계적으로 유의미한 감소를 보이고 있으나($p < .05$), 비교집

표 15-6 우울 점수의 사전-사후 변화

집단	순위	사례수	평균순위	z	p
실험	감소 순위	5	3.80		
	증가 순위	1	2.00	−1.787*	.037
	동일 순위	0			
통제	감소 순위	4	3.63		
	증가 순위	2	3.25	−.850	.197
	동일 순위	1			

단에서는 유의미한 변화를 보이지 않고 있다. 수행상의 어려움에서는 두 집단 모두 유의한 변화를 보이지 않고 있다. 그리고 신체적 증상에서는 실험집단에서는 유의미한 변화가 없는 반면, 비교집단에서는 유의미한 증가를 보이고 있다($p < .05$). 이러한 결과로부터 볼 때, 이 프로그램은 장애아동 어머니들의 우울 요인 중에서 특히, 부정적 태도를 감소시키는 데 효과가 있었다고 말할 수 있다. 또한 신체적 증상에 있어서 실험집단은 유의미한 변화가 없는 반면, 비교집단은 증가했다는 사실은, 역으로 보면 이 프로그램이 실험집단 대상자의 신체적 증상 즉, 불면, 식욕저하, 체중감소 등을 억제했다고도 추정할 수 있다. 그러나 이는 후속 연구를 통하여 재검증할 필요가 있다. 세부적인 사항은 〈표 15-7〉에 제시되어 있다.

표 15-7 3개 하위요인의 사전-사후 변화

요인	집단	순위	사례수	평균순위	z	p
부정적 태도	실험	감소 순위	6	3.50		
		증가 순위	0	.00	−2.214*	.014
		동일 순위	0			
	통제	감소 순위	3	4.00		
		증가 순위	2	1.50	−1.225	.115
		동일 순위	2			

〈계속〉

수행상의 어려움	실험	감소 순위	4	3.38	−.647	.259
		증가 순위	2	3.75		
		동일 순위	0			
	통제	감소 순위	4	3.13	−1.414	.079
		증가 순위	1	2.50		
		동일 순위	2			
신체적 요소	실험	감소 순위	3	2.67	−1.134	.129
		증가 순위	1	2.00		
		동일 순위	2			
	통제	감소 순위	0	.00	−2.121*	.017
		증가 순위	5	3.00		
		동일 순위	2			

3) 프로그램의 과정 평가

프로그램의 과정 평가 중에서 먼저, 상담회기 평가 질문지에 의한 평가 결과 이 프로그램의 참가자는 각 회기와 상담 후의 정서에 대한 평가에 있어서 전체적으로 매우 긍정적으로 평가한 것으로 나타났다. 세부적으로 보면, 회기 자체에 대한 평가는 1~3회기까지는 긍정도가 상승하나, 5회기에서 반전되고 있다. 이는 1~3회기까지는 구조화된 프로그램이었고, 5회기는 비구조화된 토론이었다는 차이에 비추어 볼 때, 참가자들이 구조화된 상담이나 교육에서 더 긍정적인 느낌을 가질 수 있음을 의심할 수 있는 부분이라고 볼 수 있다. 또한 상담 직후의 정서에 대한 평가에서는 2회기에서 상대적으로 부정적인 정서를 경험한 것으로 나타났지만, 종결평가회에서는 의학적 설명을 들을 수 있음에 매우 만족하는 것으로 나타나 상반된 견해라고 볼 수 있는 바, 연구자의 견해로는 이러한 부정적 정서는 어머니들이 아동의 의학적 상태를 직면함으로써 발생하는 일시적 감정이라고 추정할 수 있다고 본다. 질문지의 신뢰도 α=.78~.93으로서 비교적 높게 나타났다. 점수가 낮을수록 긍정적인 평가인 것으로 해석한다. 세부내용은 아래의 〈표 15-8〉에 제시된 바와 같다.

표 15-8 각 회기별 및 전체회기에 대한 평가 ( ) 안은 표준편차

평가차원	요인	1회기	2회기	3회기	5회기	전체 회기	α
평가 참가 인원		10	9	8	8	7	
전체		1.90 (.94)	2.03 (.64)	1.48 (.57)	1.94 (.94)	1.65 (.67)	.93
회기 자체에 대한 평가	깊이	1.84 (.92)	1.53 (.53)	1.33 (.38)	1.87 (1.04)	1.54 (.49)	.90
	순조로움	1.58 (.76)	1.44 (.45)	1.00 (.28)	1.38 (.80)	1.26 (.49)	.78
회기 직후의 정서에 대한 평가	긍정적 정서	1.92 (1.08)	2.67 (1.05)	1.83 (1.42)	2.10 (.98)	1.76 (.95)	.90

또한, 관찰자는 전 회기에 관해서는 전체적으로 순조로운 진행이었으며, 상담자의 지지적인 태도 등이 전체적인 상담 분위기를 편안하게 이끈 요인으로 보여진다고 평가하였다. 또한, 1회기부터 참가자들이 양육경험을 나누고자 하는 모습을 보인 것은 프로그램 참가 전에도 병실에서 상호간의 접촉이 있기 때문이며, 이러한 점이 향후 프로그램에 반영할 필요가 있겠다고 하였다.

프로그램 참가자들은 프로그램 내용에 대해서는 거의 대부분 긍정적인 평가를 하였는데, 장애인복지시책에 대한 정보제공과 의학적 설명, 양육경험 나누기 등이 모두 좋았다는 의견이었다. 그러나 향후에는 물리치료나 작업치료, 가정 치료 등에 대한 설명도 있었으면 좋겠다는 의견과 회기가 좀 짧았으면 한다는 개선안도 제시되었다.

6. 결론 및 논의

이 연구는 발달장애아동을 둔 어머니의 정신건강 개선 프로그램을 개발하고 이를 실천현장에 적용하여 효과성을 평가하기 위한 목적으로 진행되었다. 이 프로그램은 실험집단 대상자들의 우울을 감소시키는 효과가 있는 것으로 입증되었으며, 우울의 하위 요인 중에서 특히 부정적 태도를 감소시키는 효과가 있는 것으로 나타났다.

이 프로그램은 의학적 치료를 목적으로 단기간 동안 입원을 하는 연구대상자의 특성과 상황을 반영하여 비교적 프로그램 진행기간을 짧게 하였고, 회기의 수도 적게 구성하였다. 그러나 이러한 점이 프로그램 효과성 평가의 과학성을 저해하는 요인은 아니라고 본다.

프로그램 참가자 구성에 있어서 비교집단에 속한 7명 중 2명만이 그들이 사용하고 있는 병실에 실험집단 대상자가 1인 이상 속함으로써 치료효과의 확산은 어느 정도 방지되었다고 할 수 있다. 그리고 사전 검사만을 시행하고 1~2회기까지 참여한 프로그램의 중도 탈락자가 4명 발생하여 프로그램에 대한 참가자들의 부정적 태도를 의심해 볼 수 있으나, 다른 2명이 2회기부터 마지막 회기까지 프로그램을 완수하였다는 사실에 비추어 볼 때, 프로그램에 대한 부정적 태도에 대한 의심은 어느 정도 상쇄될 수 있는 부분이라고 할 수 있다. 또한, 효과성에 대한 다각적 측정을 실시함으로써 평가의 타당성을 높이고자 하였다.

그러나 실험집단과 비교집단의 구성이 참가자의 자발성에 기초하고 있으므로 선정편견(selection bias)은 극복하지 못하였다. 따라서 유사한 상황에서의 재연을 통한 효과성에 대한 재검증이 필요하다고 하겠다. 그리고 사후 평가가 프로그램의 종결 시점에서 이루어졌으므로, 프로그램의 효과가 어느 정도 지속될 것인지에 대하여 알 수 없다는 한계를 가지고 있다. 또한, 이 프로그램이 과연 연구자가 의도한 사회적 지지를 충실하게 포함하고 있는 것인가에 대한 추가적인 검토가 이루어질 필요가 있다.

이 연구는 일반화에 있어서 제한점이 있기는 하나, 프로그램 개발에 있어서 문헌연구와 더불어 면접조사를 실시하여 참가자들의 욕구를 프로그램에 반영하고, 단기간의 입원을 특징으로 하는 병원세팅의 실천 환경을 고려한 단기 프로그램으로 구성함으로써 발달장애아동 어머니에 대한 조기개입 방법을 제시하였다는 점에서 의의가 있다고 하겠다. 따라서 실천 환경을 충분히 반영하지 않고 단지 연구 목적에 치중하여 설계된 그간의 일부 프로그램의 한계를 극복하고 있다고 본다. 이에 본 연구 프로그램은 클라이언트의 욕구와 실천 환경을 고려함으로써 프로그램 진행과 관리의 현실성과 용이성을 확보하고 있다고 할 수 있다. 그러나 장애아동을 둔 부모들의 우울이 어느 한 단계에서 해결되는 문제가 아니라, 아동과 가족의 발달단계마다 나타날 수 있는 것이므로, 본 연구 프로그램이 적용된 장애진단의 초기에 있는 아동의 어머니를 대상으로 할 뿐만이 아니라, 이후의 발달단계에 대해서도 발달장애아동의 어머니의 정신건강을 개선시켜 줄 수 있는 프로그램의 개발과 효과성 입증에 대한 연구가 이루어져야 할 것이다.

제16장

의료보장제도

사회보장의 체계 가운데 소득보장과 의료보장의 두 체계가 오늘날의 사회보장제도에 있어 중요하다는 것은 일반적으로 인식되어 왔다. 사회보장의 범위에 대하여 1944년 국제노동기구는 제26차 회의에서 소득보장은 물론 의료보장을 포함해야 한다는 입장을 천명한 바 있으며, 각국의 사회보장제도를 동일한 기준에서 정리, 비교 및 검토하는 기준으로서의 국제노동기구의 판단기준에 있어서도 각국의 사회보장제도를 소득보장과 의료보장으로 양대별(兩大別)하여 분류, 정리하고 있다(신섭중, 1996). 이 장에서는 우리나라 의료보장제도에 대해서 살펴보기로 한다.

1. 의료사회사업 실천을 위한 함의

의료사회복지사는 의료보장제도를 이해하고, 이를 클라이언트를 위한 자원으로 인식함과 아울러, 클라이언트의 권리를 옹호하기 위한 근거로 인식하여, 클라이언트의 문제를 해결, 완화하는 수단으로 활용해야 한다.

의료사회복지사는 첫째, 의료보장제도를 자원체계로서 활용할 수 있다. 즉, 클라이언트가 의료보장제도에 대한 이해 부족으로 이를 자원체계로 인식하지 못하는 경우에 의료사회복지사는 제도적으로 보장된 법적 내용이 개별 클라이언트에게 적절한가를 파악하여 자원체계로 이용할 수 있도록 안내를 할 수 있는 것이다. 구체적인 활동은 다음과 같다.

- 요양급여, 국민건강보험의 본인 부담금 보상제도, 의료보호비 대불제도 등의 제도 안내
- 국민기초생활보장법 시행령 제7조에 의하여 중증 장애인, 질병 · 부상 또는 그 후유증으로 2개월 이상의 치료 또는 요양이 필요한 자 및 임산부 등 근로능력이 있는 수급자에 해당하지 않는 자의 의료보호대상자 선정을 위한 지원활동

둘째, 부당한 처우를 받은 클라이언트의 권리 회복과 클라이언트의 법적 지위 향상을 위한 옹호활동의 근거로 의료보장제도를 활용할 수 있다. 즉, 국민건강보험법에 의한 가입자 및 피부양자의 자격과 보험료 등에 관한 규정, 보험급여 및 보험급여 비용에 관한 이의 신청과 건강보험분쟁조정위원회에의 심사 청구, 행정소송법에 의한 행정소송의 제기 등에 관한 규정 등이 그것이다.

2. 사회보장과 의료보장

1) 사회보장의 범위와 방법

우리나라 사회보장기본법은 제3조 제1호에서 "사회보장이라 함은 질병, 장애, 노령, 실업, 사망 등의 사회적 위험으로부터 모든 국민을 보호하고, 빈곤을 해소하며, 국민생활의 질을 향상시키기 위하여 제공되는 사회보험(社會保險), 공공부조(公共扶助), 사회복지 서비스 및 관련 복지제

도를 말한다."고 정하고 있어 세계의 다른 나라와 마찬가지로 사회보장의 정의와 범위를 동일시하여 사회보험, 공적부조, 사회복지 서비스 및 관련 복지제도의 결합으로 규정하고 있다(신수식, 1992). 사회보험이란 국민에게 발생하는 사회적 위험을 보험방식에 의하여 대처함으로써 국민건강과 소득을 보장하는 복지제도를 말하며(제3조 제2호), 공적부조란 국가 또는 지방단체의 책임 하에 생활유지 능력이 없거나 생활이 어려운 국민의 최저생활을 보장하고 자립을 지원하는 복지제도를 말한다(제3조 제3호). 또한 사회복지 서비스란 국가, 지방단체 및 민간부문의 도움을 필요로 하는 모든 국민에게 상담, 재활, 직업 소개 및 지도, 사회복지시설의 이용 등을 제공하여 정상적인 사회생활이 가능하도록 지원하는 복지제도를 말한다(제3조 제4호).

즉, 우리나라 사회보장법의 범위는 일반적으로 사회보험, 공적부조, 사회복지 서비스제도에 관한 것이며, 범위를 확대하면 각종 원호법(援護法), 노동법, 경제법, 공중위생 및 공해대책에 관한 법률 등 관련 입법과 폭넓은 관계를 유지하고 있다(장훈, 1984). 우리나라의 주요한 사회복지 관련법률은 다음과 같다.

(1) 사회보험에 관한 법률

국민건강보험법, 산업재해보상보험법, 국민연금법, 공무원연금법, 사립학교교원연금법, 군인연금법, 사회보장에관한법률

(2) 공적부조에 관한 법률

국민기초생활보장법, 의료급여법, 국가유공자예우등에관한법률, 귀순북한동포보호법

(3) 사회복지 서비스에 관한 법

사회복지사업법, 아동복지법, 영유아보육법, 노인복지법, 장애인복지법, 모자복지법, 정신보건법, 윤락행위방지법

(4) 기타

- 사회복지의 총론에 해당하는 법: 사회보장기본법, 최저임금법
- 사회복지제도에 관한 법: 사회복지사업법, 사회복지공동모금법
- 여성복지에 관한 법: 여성발전기본법, 모자보건법, 남녀고용평등법, 가정폭력방지법, 윤락행위방지법

2) 의료보장의 범위와 방법

의료보장이란 국가가 그 책임 하에 모든 국민에 대하여 의료보험, 의료부조 및 공공보건 서비스 등 이른바 포괄적 의료를 그 범위로 하여 국민 건강의 회복, 보호유지 및 증신을 도모하는 것이라고 규정할 수 있다. 의료보장의 필요성은 의료의 공공성과 수요의 불확실성으로부터 기인한다. 즉, 의료는 모든 국민이 누구라도 국민으로서의 필요한 최저한의 의료혜택을 받을 수 있도록 공적인 보장이 이루어져야 하며, 사람들은 언제 질병에 걸릴지 모르므로 질병의 발생과 소요 의료비의 불확실성이 있다. 즉, 이러한 의료의 공공성과 수요의 불확실성에 대한 사회적 대처의 필요성 때문에 의료보장제도가 필요한 것이다. 의료보장의 방법은 다음과 같다(신섭중, 1996).

(1) 의료보험(medical insurance, health insurance)

일반적으로 피보험자에 질병, 부상 등의 사고가 발생한 경우에 치료 또는 요양비를 급여하는데, 가입이 강제되며 대개는 공영보험으로서의 사회보험이다. 유럽이나 우리나라는 국가가 관리하지만 미국 같은 경우는 의료보험이 사립보험으로 되어 있어 의료보장제도가 미흡하다.

(2) 의료부조(public medical assistance, 우리나라의 의료보호)

곤궁 때문에 최저한도의 생활을 유지할 수 없는 생활곤궁자에 대하여 치료와 요양을 할 수 있도록 갹출금 없이 필요한 보호를 제공한다.

(3) 공공보건 서비스(public health service)

의료 비용의 전부 또는 대부분을 공비(公費)로 부담하며, 급여 범위에는 치료뿐만 아니라 예방이나 건강증진도 포함된다.

우리나라의 사회보장 체계에 있어 의료보장에 속하는 것으로는 사회보험 부문의 국민건강보험법을 위시하여 산업재해보상보험법에 따른 요양 및 장해급여, 군인연금법에 따른 치료보상 등의 현물급여가 있다.

공적부조 부문에 있어서는 국민기초생활보장법에 따른 의료급여법, 산업재해보상보호법에 따른 수용치료 등의 현금급여 등이 있으며, 국민보건 서비스 부문에는 일반보건 서비스, 모자보건 서비스, 결핵관리 서비스, 전염병관리 서비스 및 기생충관리 서비스 등의 모든 서비스가 여기에 포함된다(신섭중, 1996).

3. 의료보장제도의 발전과정

우리나라 의료보장제도는 의료보험제도와 의료보호제도를 양축으로 발전되어 왔다.

먼저, 의료보험제도는 1963년에 의료보험법과 시행령의 제정으로 법률적인 기초는 마련되었으나, 강제 적용을 전제로 하지 않아 실효를 거두지 못하였다. 이후 1970년에 1차 의료보험법의 개정을 통하여 강제가입제도로 전환시켰으나 재정 등의 여건이 호전되지 않아 역시 실효를 거두지 못하였다. 1976년에 강제가입을 전제로 한 2차 의료보험법 개정을 계기로 1977년 7월부터 본격적인 실시에 들어갔다. 이때 개정된 의료보험법의 적용 대상자는 생활보호대상자를 제외한 전 국민으로 하되, 공무원, 사립학교 교직원, 군인 등은 적용 대상에서 분리하였으며, 직장의료보험과 지역의료보험으로 운영되었다. 1977년 12월에 공무원 및 사립학교 교직원 의료보험법을 별도로 제정하고, 그 이듬해 시행령을 만들어 1979년 1월 1일부터 시행하였다.

의료보험법과 공무원 및 사립학교 교직원 의료보험법은 그 적용 대상을 꾸준히 확대하여 1989년 7월 1일, 전 국민 의료보장을 달성하게 되었으며, 이후 1999년 2월 8일에 국민건강보험법을 제정하고, 일부 개정을 거쳐 2000년 7월 1일 이후 현행 국민건강보험법을 시행 중에 있다.

또한, 의료보호제도는 1961년 생활보호법에 따라 65세 이상의 노령자 등을 대상으로 보건소, 국 · 공립병원 및 그 밖의 비영리 의료기관을 중심으로 영세민에게 무료로 진료를 실시해 왔다. 이후 1977년 1월 4일에 의료보호에 관한 규칙을 보건사회부령으로 제정, 시행하다가 같은 해 12월 31일에 법률 제3076호로 의료보호법을 제정하여 의료보호에 관한 규칙을 폐지하고, 1979년 1월 1일부터는 새로운 의료보호법에 의해 본격적인 의료보호사업을 실시하였다. 이후 수차례의 개정을 거쳐 현재에 이르고 있으며, 현행 의료보호법은 대상자를 1종과 2종으로 구분하여 이를 시행하고 있다.

4. 의료전달체계

1) 의료보험

의료보험제도에 있어서 정부는 의료보험 환자의 종합병원에로의 편중 현상의 완화와 더불어 의료전달체계의 확립을 도모하고자 하는 정책의 일환으로 1989년 7월 1일부터 3단계 의료전달체계를 실시하였으며, 2000년 7월 1일부터는 건강보험법 요양급여 규칙 제2조에 의하여 2단계 의료전달체계에 입각한 요양급여의 절차를 정하고 있는데, 그 내용은 다음과 같다. 즉, 요양급여는 2단계로 구분하며, 가입자 또는 피부양자(이하 "가입자 등"이라 한다)는 1단계 요양급여를 받은 후 2단계 요양급여를 받아야 한다. 1단계 요양급여는 국민건강보험법 제40조 제2항의 규정에 의하여 인정된 종합전문 요양기관을 제외한 요양기관에서 받는 요양급여(건강진단 또는 건강검진을 포함)를 말하며, 2단계 요양급여는 종합전문 요양기관에서 받는 요양급여를 말한다. 2단계 요양급여를 받고자 하는 때에는 종합전문 요양기관에서의 요양급여가 필요하다는 의사 소견이 기재된 요양급여의뢰서(또는 건강진단결과서, 건강검진결과서)를 건강보험증과 함께 제출해야 한다. 단, 가입자 등이 응급환자인 경우, 분만의 경우, 치과에서 요양급여를 받는 경우, 등록 장애인 또는 단순 물리치료가 아닌 작업치료 · 운동치료 등의 재활치료가 필요하다고 인정되는 자가 재활의학과에서 요양급여를 받는 경우, 가정의학과에서 요양급여를 받는 경우, 당해 요양기관에서 근무하는 가입자가 요양급여를 받는 경우, 혈우병 환자가 요양급여를 받는 경우에 해당하는 경우 등에는 종합전문 요양기관에서 1단계 요양급여를 받을 수 있다.

2) 의료급여

또한 의료급여제도의 경우에 있어서는 의료급여 진료기관을 제1차 진료기관, 제2차 진료기관, 제3차 진료기관으로 나누고, 성병 감염자와 분만보호가 필요한 때 외에는 제1차 진료기관에 의료보호를 신청하도록 하고, 제2차 진료기관 또는 제3차 진료기관의 진료가 필요한 경우에는 진료의뢰서를 발급받아 이를 제출함으로써 의료급여를 받을 수 있도록 하고 있다.

5. 의료보장제도의 내용

1) 국민건강보험법

2000년 12월 29일 개정된 국민건강보험법(법률 제6320호)은 국민의 질병, 부상에 대한 예방, 진단, 치료, 재활과 출산, 사망 및 건강 증진에 대하여 보험급여를 실시함으로써 국민보건을 향상시키고 사회보장을 증진함을 목적으로 하며(제1조), 보건복지부 장관이 관장한다(제2조).

(1) 적용대상 및 가입자

① 적용대상 등

국내에 거주하는 국민으로서 건강보험의 가입자 또는 피부양자이며, 피부양자는 직장 가입자의 배우자, 직계존속(배우자의 직계존속 포함), 직계비속(배우자의 직계비속 포함), 형제자매를 말한다. 단, 의료보호법과 독립유공자예우에관한법률 및 국가유공자등예우및지원에관한법률에 의하여 의료보호 적용을 받는 자는 제외한다(제5조).

② 가입자의 종류

가입자는 직장 가입자와 지역 가입자로 구분되는데, 직장 가입자는 모든 사업장의 근로자 및 사용자와 공무원 및 교직원은 직장가입자가 된다. 제2장은 또한 자격취득의 시기(제7조), 자격의 변동(제8조), 자격 상실의 시기(제9조), 자격 득실의 확인(제10조), 건강보험증(제11조)에 대하여 정하고 있다.

(2) 보험급여의 내용

① 요양급여 및 요양비

가입자 및 피부양자의 질병, 부상, 출산 등에 대하여 진찰 · 검사, 약제 · 치료재료의 지급, 처치 · 수술 기타의 치료, 예방 · 재활, 입원, 간호, 이송 등의 요양급여를 실시한다(제39조).

공단은 가입자 및 피부양자가 보건복지부령이 정하는 긴급 기타 부득이한 사유로 인하여 요양기관과 유사한 기능을 수행하는 기관으로서 보건복지부령이 정하는 기관에서 질병, 부상, 출산 등에 대하여 요양을 받거나 요양기관 외의 장소에서 출산을 한 때에는 그 요양급여에 상당하는 금액을 보건복지부령이 정하는 바에 의하여 그 가입자 또는 피부양자에게 요양비로 지급한다. 이때 요양을 실시한 기관은 보건복지부 장관이 요양비 명세서 또는 요양의 내역을 기재한 영수증을 요양을 받은 자에게 교부해야 하며, 요양을 받은 자는 이를 공단에 제출하여야 한다(제45조). 요양비의 지급사유와 지급금액 등에 관하여는 시행규칙 제15조에서 정하고 있다.

② 임의급여(장제비와 본인부담액 보상금)

공단은 건강보험법에 규정한 요양급여 외에 대통령령이 정하는 바에 의하여 장제비, 상병수당 기타의 급여를 실시할 수 있다(제45조). 법 제45조에 규정한 임의급여는 장제비와 본인부담액 보상금으로 하는데, 장제비는 가입자 또는 피부양자가 사망한 경우에 그 장제를 행한 자에게 지급하되, 그 지급액은 25만 원으로 한다(영 제25조 제2항). 또한, 본인부담액 보상금은 본인부담액이 매 30일간에 100만 원을 초과한 경우에 지급하되, 그 지급액은 초과한 금액의 100분의 50으로 한다(영 제25조 제3항). 장제비와 본인부담액 보상금을 지급받고자 하는 때에는 필요한 서류를 공단에 제출하여야 한다(규칙 제16조, 제17조).

③ 장애인에 대한 특례

공단은 장애인복지법에 의하여 등록한 장애인인 가입자 및 피부양자에게는 보장구에 대하여 보험급여를 실시할 수 있다(제46조). 장애인 보장구에 대한 보험급여를 받고자 하는 자는 필요한 서류를 공단에 제출하여야 한다(규칙 제18조).

④ 건강검진

공단은 가입자 및 피부양자에 대하여 질병의 조기발견과 그에 따른 요양급여를 하기 위하여 건강검진을 실시한다(제47조). 건강검진을 받을 수 있는 자는 직장 가입자, 세대주인 지역 가입자, 40세 이상인 지역 가입자 및 40세 이상인 피부양자로 한다. 건강검진은 2년마다 1회 이상 실시하되, 사무직에 종사하지 아니하는 직장 가입자에 대하여는 1년에 1회 실시한다(영 제26조).

⑤ 구상권

공단은 제3자의 행위로 인한 보험급여 사유가 발생하여 가입자에게 보험급여를 한 때에는 그 급여에 소요된 비용의 한도 내에서 그 제3자에 대한 손해배상 청구의 권리를 얻으며, 보험급여를 받은 자가 제3자로부터 이미 손해배상을 받은 때에는 공단은 그 배상액의 한도 내에서 보험급여를 하지 아니한다(제53조).

⑥ 급여의 제한

공단은 보험급여를 받을 수 있는 자가 ① 고의 또는 중대한 과실로 인한 범죄행위에 기인하거나 고의로 사고를 발생시킨 때, ② 고의 또는 중대한 과실로 공단이나 요양기관의 요양에 관한 지시에 따르지 아니한 때, ③ 업무상 또는 공무상 질병 부상, 재해로 인하여 다른 법령에 의한 보험급여나 보상 또는 보상급여를 받게 되는 때 등은 보험급여를 하지 않으며, ④ 가입자가 보험료를 체납한 경우에는 보험료를 납부할 때까지 보험급여를 실시하지 않을 수 있다. 다만, 체납한 가입자가 보험급여 개시일로부터 10일 이내에 체납된 보험료를 완납한 경우에는 그러하지 아니한다(제48조).

⑦ 급여의 정지

보험급여를 받을 수 있는 자가 국외에 여행 중인 때, 국외에서 업무에 종사하고 있는 때, 단기복무하사 및 무관후보생으로 복무 중인 때, 교도소 기타 이에 준하는 시설에 수용되어 있는 때에는 그 기간 중 보험급여를 하지 아니한다(제49조).

이 외에 제4장에서는 본인일부부담금(제41조), 급여의 확인(제50조), 요양비 등의 지급(제51조), 부당이득의 징수(제52조), 수급권의 보호(제54조) 등에 관하여 정하고 있다.

(3) 보험료

① 보험료(제62조)

직장 가입자의 월별 보험료액은 표준 보수월액(제63조)에 보험료율(제65조)을 곱하여 얻은 금액으로 하며, 지역 가입자의 월별 보험료액은 세대단위로 선정하되, 지역 가입자가 속한 세대의 월별 보험료액은 부과표준소득(제64조)에 따라 대통령령이 정하는 등급 구분에 의하여 재정운영위원회의 의결을 거쳐 공단의 정관이 정하는 금액으로 한다. 그러나 도서 · 벽지 · 농어촌 등 대통령령이 정하는 지역에 거주하는 자(농어촌 거주자는 농어민 등 보건복지부령이 정하는 자), 65세 이상인 자, 등록장애인, 국가유공자 등은 보험료의 일부를 경감할 수 있다. 그리고 일정한 경우에는 보험료를 면제한다(제66조).

② 보험료의 부담(제67조)

직장 가입자의 보험료는 직장 가입자와 사업주, 국가 또는 지방자치단체가 100분의 50씩 부담한다. 다만, 직장 가입자가 교직원인 경우에는 직장 가입자가 100분의 50, 사립학교 설립 · 운영자가 100분의 30, 국가가 100분의 20을 부담한다. 지역 가입자의 보험료는 그 가입자가 속한 세대의 지역 가입자 전원이 연대하여 부담한다.

③ 보험료의 납부의무(제68조)

직장 가입자의 보험료는 사용자가 납부하며, 사용자는 직장 가입자가 부담하여야 하는 그 달의 보험료액을 그 보수에서 공제하고 직장 가입자에게 그 공제액을 통지하여야 한다.

지역 가입자의 보험료는 그 가입자가 속한 세대의 지역 가입자 전원이 연대하여 납부한다.

또한 제6장은 보험료 납부기한(제69조), 보험료 등의 독촉 및 체납처분(제70조), 가산금(제71조), 결손처분(제72조), 보험료 등의 징수순위(제73조), 보험료 등의 납입고지(제74조), 보험료 등의 충당과 환급(제75조) 등에 대하여 정하고 있다.

(4) 관계기관

① 건강보험 심의조정위원회

요양급여의 기준(제39조 제2항)과 요양급여비용(제42조 제3항), 기타 건강보험에 관한 주요 사항을 심의하기 위하여 보건복지부 장관 소속 하에 건강보험 심의조정위원회(이하 "심의조정위원회")를 두며(제4조 제1항), 심의조정위원회는 연 2회 이상 개최한다(제4조 제4항).

② 건강보험 심사평가원

건강보험 심사평가원은 요양급여비용의 심사, 요양급여의 적정성 평가, 심사 및 평가 기준의 개발 등에 관한 업무를 관장한다(제55조, 제56조). 그리고 심사평가원의 업무를 효율적으로 수행하기 위하여 심사평가원에 진료심사평가위원회(이하 "심사위원회")를 둔다(제59조). 심사위원회는 위원장을 포함한 30인 이내의 상근 심사위원과 600인 이내의 비상근 심사위원으로 구성하며, 진료과목별 분과위원회를 둘 수 있다. 이 외에 제5장에서는 법인격 등(제57조), 임원(제58조), 자금의 조달(제60조), 준용규정(제61조) 등에 관하여 정하고 있다.

③ 국민건강보험공단

건강보험의 보험자는 국민건강보험공단(이하 "공단")이며(제12조), 관장 업무는 가입자 및 피부양자의 자격관리, 보험료 등의 부과, 징수, 보험급여의 관리, 건강예방사업, 보험급여비용의 지급, 자산의 관리, 운영 및 증식사업, 의료시설의 운영, 건강보험에 관한 교육훈련, 홍보, 조사연구, 국제협력 등이다(제13조). 공단의 주요 사항에 대한 심의 · 의결은 이사회에서 하며(제24조), 보험료의 조정 기타 보험재정과 관련된 주요 사항을 심의 · 의결하기 위하여 재정운영위원회를 둔다(제31조). 이 외에 제3장에서는 법인격 등(제14조), 사무소(제15조), 정관(제16조), 등기(제17조), 해산(제18조), 임원(제19조), 임원의 직무(제20조), 임원의 결격사유(제21조), 임원의 당연퇴임 · 해임(제22조), 임원의 겸직금지(제23조), 직원의 임면(제25조), 벌칙적용에 있어서의 공무원의 의제(제26조), 규정 등(제27조), 대리인의 선임(제28조), 대표권의 제한(제29조), 이사장의 권한의 위임(제30조), 재정운영위원회의 구성 등(제32조), 회계(제33조), 예산(제34조), 차입금(제35조), 준비금(제36조), 결산(제37조), 민법의 준용(제38조) 등에 대하여 정하고 있다.

④ 요양기관

요양급여(간호 및 이송 제외)는 의료법에 의하여 개설된 의료기관, 약사법에 의하여 등록된 약국, 지역보건법에 의한 보건소 · 보건의료원 및 보건지소, 농어촌 등 보건의료를 위한 특별조치법에 의하여 설치된 보건진료소 등의 요양기관에서 행한다. 보건복지부 장관은 요양급여를 효율적으로 하기 위하여 필요한 경우에는 보건복지부령이 정하는 바에 의하여 시설, 장비, 인력 및 진료과목 등 보건복지부령이 정하는 기준에 해당하는 요양기관을 종합 전문요양기관 또는 전문요양기관으로 인정할 수 있고, 요양급여 절차 및 요양급여비용을 다른 요양기관과 달리 할 수 있다(제40조).

이 외에 제4장에서 요양급여비용의 산정(제42조), 요양급여비용의 청구와 지급(제43조), 요양비(제44조)에 대하여 정하고 있다.

(5) 이의신청 및 심사청구

가입자 및 피부양자의 자격과 보험료 등, 보험급여 및 보험급여비용에 관한 공단의 처분에 이의가 있는 자는 처분이 있은 날부터 90일 이내에 문서로 공단에 이의신청을 할 수 있으며(제76조), 이의신청에 대한 결정에 불복이 있는 자는 건강보험 분쟁조정위원회에 심사청구를 할 수 있다. 또한, 공단 또는 심사평가원의 처분에 이의가 있는 자와 이의신청 또는 심사청구에 대한 결정에 불복이 있는 자는 행정소송법이 정하는 바에 의하여 행정소송을 제기할 수 있다(제78조).

6. 의료급여법

2004년 3월 5일에 개정된 의료급여법(법률 제7182호)은 생활이 어려운 자에게 의료급여를 실시함으로써 국민보건의 향상과 사회복지의 증진에 이바지함을 목적으로 한다(제1조).

1) 수급권자

수급권자는 다음과 같으며(제3조), 1종 수급권자와 2종 수급권자로 구분한다. 수급권자가 다른 법령에 따라 의료급여를 받고 있는 경우에는 이 법에 의한 의료급여를 행하지 아니한다(제5조). 시장 · 군수 · 구청장은 수급권자에 대하여 의료급여증을 발급하여야 하며(제8조), 의료급여증의 유효기간은 매년 1월 1일부터 12월 31일까지로 한다.

1. 국민기초생활보장법에 의한 수급자
2. 재해구호법에 의한 이재민
3. 의사상자예우에관한법률에 의한 의상자(의상자) 및 의사자(의사자)의 유족
4. 입양촉진및절차에관한특례법에 의하여 국내에 입양된 18세 미만의 아동
5. 독립유공자예우에관한법률 및 국가유공자등예우및지원에관한법률의 적용을 받고 있는 자와 그 가족으로서 국가보훈처장이 의료급여가 필요하다고 요청한 자 중 보건복지부장관이 의료급여가 필요하다고 인정한 자
6. 문화재보호법에 의하여 지정된 중요무형문화재의 보유자(명예보유자를 포함한다) 및 그 가족으로서 문화재청장이 의료급여가 필요하다고 요청한 자중 보건복지부장관이 의료급여가 필요하다고 인정한 자

7. 북한이탈주민의보호및정착지원에관한법률의 적용을 받고 있는 자와 그 가족으로서 보건복지부장관이 의료급여가 필요하다고 인정한 자
8. 광주민주화운동관련자보상등에관한법률 제8조의 규정에 의하여 보상금등을 받은 자와 그 가족으로서 보건복지부장관이 의료급여가 필요하다고 인정하는 자
9. 그 밖에 생활유지의 능력이 없거나 생활이 어려운 자로서 대통령령이 정하는 자

2) 급여의 내용

수급권자의 질병·부상·출산 등에 대한 의료급여의 내용은 진찰·검사, 약제·치료재료의 지급, 처치·수술과 그 밖의 치료, 예방·재활, 입원, 간호, 이송과 그 밖의 의료목적의 달성을 위한 조치 등이다.

3) 급여비용의 부담 및 대불

의료급여에 소요된 비용은 1종 수급권자에 대하여는 급여비용의 전부를 기금에서 부담하며, 2종 수급권자에 대하여는 시행령 제13조에서 상세히 정하고 있다(법 제10조, 영 제13조).

급여비용의 일부를 의료급여기금에서 부담하는 경우에 그 나머지 급여비용에 대하여는 수급권자 또는 그 부양의무자의 신청에 따라 의료급여기금에서 이를 대불할 수 있다. 이 경우 대불금의 상환은 무이자로 한다(제21조). 대불금의 신청은 대불신청서에 진료를 행한 의료급여 진료기관의 확인을 받아 해당 시·군·구의 사회과(사회복지과)에 제출함으로써 이루어진다(규칙 제27조).

4) 의료급여 행정체계

(1) 의료급여기관

의료급여기관이란 수급권자에 대한 진료 · 조제 또는 투약 등을 담당하는 의료기관 및 약국 등을 말한다(제2조).

① 제1차 의료급여기관은 의료법에 따라 시장 · 군수 · 구청장에게 개설신고를 한 의료기관, 지역보건법에 의한 보건소 및 보건지소, 농어촌 등 보건의료를 위한 특별조치법에 의한 보건진료소, 약사법에 따라 등록된 약국 등을 말한다.
② 제2차 의료급여기관은 의료법에 따라 시 · 도지사가 개설허가를 한 의료기관을 말한다.
③ 제3차 의료급여기관은 제2차 의료급여기관 중에서 보건복지부 장관이 지정하는 의료기관을 말한다.

(2) 의료급여심의위원회

의료급여사업의 실시에 관한 사항을 심의하기 위하여 보건복지부와 시 · 도와 시 · 군 · 구에 각각 의료급여심의위원회를 둔다. 보건복지부에 두는 중앙의료급여심의위원회는 의료급여사업의 기본방향 및 대책 수립에 관한 사항, 의료급여기준 및 수가에 관한 사항, 그 밖에 보건복지부장관 또는 위원장이 부의하는 사항 등을 심의한다. 보건복지부와 시 · 도 및 시 · 군 · 구에 두는 의료급여심의위원회의 기능과 각 의료급여심의위원회의 구성 · 운영 등에 관하여 필요한 사항은 대통령령으로 정한다(법 제6조).

(3) 보장기관

의료급여에 관한 업무는 수급권자의 거주지를 관할하는 시장 · 군수 · 구청장이 행한다. 다만, 주거가 일정하지 아니한 수급권자에 대하여는 그가 실제 거주하는 지역을 관할하는 시장 · 군수 · 구청장이 행한다.

5) 의료급여기금

급여비용의 재원에 충당하기 위하여 시 · 도에 의료급여기금은 국고보조금과 지방자치단체의 출연금, 상환받은 대불금 등의 재원으로 조성한다.

7. 국민기초생활보장법에서의 의료보장

1999년 9월 7일에 공포된 국민기초생활보장법(법률 제6024호)은 생활이 어려운 자에게 필요한 급여를 행하여 이들의 최저생활을 보장하고 자활을 조성하는 것을 목적으로 한다(제1조). 부양의무자의 부양과 다른 법령에 의한 보호는 이 법에 의한 급여에 우선하여 행하여지는 것으로 한다. 다만, 다른 법령에 의한 보호의 수준이 이 법에서 정한 수준에 이르지 아니하는 경우에는 나머지 부분에 관하여 이 법에 의한 급여를 받을 권리를 잃지 아니한다(제3조 제2항).

1) 급여의 종류와 방법

급여의 종류로는 생계급여, 주거급여, 의료급여, 교육급여, 해산급여, 장제급여, 자활급여 등이 있다. 이 법에 의한 급여는 생계급여와 수급자의 필요에 따라 타 급여를 함께 행하는 것으로 한다. 이 경우 급여의 수준은 생계급여, 주거급여, 의료급여, 교육급여, 자활급여와 수급자의 소득인정액을 포함하여 최저 생계비 이상이 되도록 하여야 한다(제7조). 제29조와 제30조는 급여의 변경과 중지에 대하여 정하고 있다.

수급권자와 그 친족, 기타 관계인은 관할 시장 · 군수 · 구청장에게 수급권자에 대한 급여를 신청할 수 있다. 또한, 사회복지 전담공무원은 이 법에 의한 급여를 필요로 하는 자가 누락되지 아니하도록 하기 위하여 관할 지역 내에 거주하는 수급권자에 대한 급여를 직권으로 신청할 수 있다. 이 경우 수급권자의 동의를 구하여야 하며, 이를 수급권자의 신청으로 볼 수 있다(제21조). 의료급여는 의료보호법에서 정한 바에 따르며, 그 외에 의료와 관련된 급여 내용과 신청방법은 다음과 같다.

(1) 해산급여

해산급여는 수급자에게 조산(助産) 및 분만 전과 분만 후의 필요한 조치와 보호에 대하여 급여를 행하는 것으로 한다(제13조). 해산급여는 보건복지부령이 정하는 바에 따라 보장기관이 지정하는 의료기관에 위탁하여 행할 수 있으며, 해산에 필요한 금품의 지급을 받고자 하는 자는 해산급여 지급신청서를 관할 시장 · 군수 · 구청장에게 제출하여야 한다. 해산급여의 지급신청은 출생신고로 갈음할 수 있으며, 사산의 경우에는 의사 · 한의사 또는 조산사의 사실확인서나 사산의 사실을 증빙할 수 있는 이웃주민의 확인서를 첨부하여 신청하여야 한다(규칙 제17조). 해산급여에 필요한 수급품은 보건복지부령이 정하는 바에 따라 수급자나 그 세대주 또는 세대주에 준하는 자에게 지급한다. 다만, 그 급여를 의료기관에 위탁하는 경우에는 수급품을 그 의료기관에 지급할 수 있다(제13조).

(2) 장제급여

장제급여는 수급자가 사망한 경우 사체의 검안 · 운반 · 화장 또는 매장 기타 장제조치를 행하는 것으로 한다. 장제급여는 보건복지부령이 정하는 바에 따라 실제로 장제를 행하는 자에게 장제에 필요한 비용을 지급함으로써 행한다. 다만, 이에 의할 수 없거나 이에 의하는 것이 적당하지 아니하다고 인정하는 경우에는 물품을 지급함으로써 행할 수 있다(제14조). 장제에 필요한 비용을 지급받고자 하는 자는 장제급여 지급신청서를 시장 · 군수 · 구청장에게 제출해야 하며, 시장 · 군수 · 구청장은 단독가구주의 사망 등 불가피한 경우에는 직접 장제를 행할 수 있는 자를 지정하여 장제급여를 할 수 있다(규칙 제18조).

2) 급여의 신청, 조사, 결정 및 실시

시장 · 군수 · 구청장은 급여신청이 있는 경우에는 사회복지 전담공무원으로 하여금 급여의 결정 및 실시 등에 필요한 사항을 조사하게 하거나 수급권자에게 보장기관이 지정하는 의료기관에서 검진을 받게 할 수 있다(제22조). 시장 · 군수 · 구청장은 제22조의 규정에 의하여 조사를 한 때에는 지체없이 급여실시의 여부와 급여의 내용을 결정하여야 하며(제26조), 급여의 개시는 급여의 신청일부터 실시한다(제27조). 다만, 제6조의 규정에 의하여 보건복지부 장관이 매년 결정 · 공표하는 최저 생계비의 변경으로 인하여 매년 1월에 새로이 수급자로 결정되는 자에 대한 급여는 해당 연도의 1월 1일을 그 급여 개시일로 한다. 시장 · 군수 · 구청장은 제26조 규정에 의한 급여실시 여부의 결정 전이라도 수급권자에게 급여를 해야 할 긴급한 필요가 있다고 인정될 때에는 급여의 일부를 행할 수 있다. 또한, 시장 · 군수 · 구청장은 수급자 및 수급자에 대한 급여의 적정성을 확인하기 위하여 매년 연간조사계획을 수립하고 관할구역 안의 수급자를 대상으로 매년 1회 이상 정기적으로 조사를 실시하여야 하며, 특히 필요하다고 인정하는 경우에는 보장기관이 지정하는 의료기관에서 검진을 받게 할 수 있다(제23조).

8. 산업재해보상보험법에서의 의료보장

산업재해보상보험제도는 선진복지의 근간이 되는 의료보험, 국민연금, 고용보험과 함께 4대 사회보험제도 중의 하나이다. 1994년 12월 22일에 개정된 산업재해보상보험법(법률제4826호)은 산업재해보상보험사업을 행하여 근로자의 업무상의 재해를 신속하고 공정하게 보상하고, 이에 필요한 보험시설을 설치 · 운영하며 재해 예방 기타 근로자의 복지증진을 위한 사업을 행함으로써 근로자 보호에 이바지함을 목적으로 한다(제1조). 산업재해보상보험법에 의한 보험사업은 노동부 장관이 이를 관장하며(제2조), 노동부장관의 위탁을 받아 산업재해보상보험법 제1조의 목적을 달성하기 위한 사업을 효율적으로 수행하기 위하여 근로복지공단을 설립한다(제13조).

1) 의료보험법상 보험급여와의 관계

산업재해보상보험법에 의한 보험사고는 "업무상"의 것에 국한되는 데 반하여, 의료보험법에 의한 보험사고는 "업무 외"의 것을 대상으로 한다. 따라서 의료보험법상의 보험급여는 산업재해보상보험법에서는 인정되지 않는 부분이 포함된다. 또한, 보험사업에 소요되는 비용부담에 있어서 산업재해보상보험법의 경우는 사업주가 부담하며, 의료보험법의 경우는 가입자와 국가 등이 비용을 부담한다. 끝으로 보험급여의 종류와 내용에 차이가 있는데, 산업재해보상보험이 상대적으로 높은 수준을 유지한다.

2) 산업재해보상법에서의 의료보장 관련 보험급여

(1) 요양급여(제40조)

요양급여는 요양비의 전액으로 하되, 공단이 설치한 보험시설 또는 공단이 지정한 의료기관에서 요양을 하게 하거나, 부득이한 경우에 요양에 갈음하여 요양비를 지급할 수 있다. 그러나 부상 또는 질병이 3일 이내의 요양으로 치유될 수 있는 때에는 요양급여를 지급하지 아니한다. 요양급여는 ① 진찰, ② 약제 또는 진료 재료와 의지 기타 보철구의 지급, ③ 처치, 수술 기타의 치료, ④ 의료시설에의 수용, ⑤ 간병, ⑥ 이송, ⑦ 기타 노동부령이 정하는 사항을 그 범위로 한다. 공단은 근로자가 요양하고 있는 보험시설 또는 의료기관의 소재지, 인력 또는 시설 등이 그 근로자의 요양에 적합하지 아니하다고 인정되는 경우에는 근로복지공단이 다른 보험시설 또는 의료기관을 지정하여 그 보험시설 또는 의료기관에서 요양하게 할 수 있다.

(2) 재요양(제40조의 2)

요양급여를 받은 자가 치유 후 요양의 대상이 되었던 업무상의 부상 또는 질병이 재발하거나 치유 당시보다 상태가 악화되어 이를 치유하기 위한 적극적인 치료가 필요하다는 의학적 소견이 있는 경우에는 제40조의 규정에 의한 요양(재요양)을 받을 수 있다. 장해보상연금을 선급받은 자가 그 선급기간 중에 재요양을 받는 경우 휴업급여 및 상병보상연금은 그 선급기간 중에는 대통령령이 정하는 바에 따라 지급한다.

(3) 후유증상의 진료(제45조의 2)

공단은 제40조의 2의 규정에 의한 재요양의 요건에 해당하지 아니하나, 당해 업무상의 부상 또는 질병의 특성상 치유된 후에 후유증상이 발생되었거나 발생될 우려가 있는 자에 대하여는 제40조 제2항의 규정에 의한 의료기관에서 필요한 조치를 받도록 할 수 있다.

(4) 휴업급여(제41조)

휴업급여는 요양으로 인하여 취업하지 못한 기간에 대하여 지급하되, 1일당 지급액은 평균임금의 100분의 70에 해당하는 금액으로 한다. 다만 취업하지 못한 기간이 3일 이내인 때에는 이를 지급하지 아니한다. 그러나 일정한 사유에 의하여 휴업급여를 감액하여 지급한다.

(5) 장해급여(제42조)

장해급여는 근로자가 업무상의 사유에 의하여 부상을 당하거나 질병에 걸려 치유 후 신체 등에 장해가 있는 경우에 당해 근로자에게 지급한다. 장해급여는 장해 등급에 따라 장해보상연금 또는 장해보상일시금으로 하고, 수급권자의 선택에 따라 이를 지급한다. 다만, 노동력을 완전히 상실한 장해 등급의 근로자에 대하여는 장해보상연금을 지급한다. 그러나 장해급여를 연금의 형태로 지급하는 것이 곤란한 경우로서 대통령령이 정하는 경우에는 장해보상 일시금을 지급한다.

장해보상연금은 수급권자의 신청이 있는 경우에는 그 연금의 최초의 1년분 또는 2년분을 선급할 수 있다. 다만 노동력을 완전히 상실한 장해등급의 근로자에게는 그 연금의 최초의 1년분 내지 4년분을 선급할 수 있다. 장해보상연금 수급권자가 사망한 경우에는 이미 지급한 연금액을 지급 당시의 각각의 평균임금으로 나눈 일수의 합계가 장해보상일시금의 일수에 미달하는 경우에는 그 미달하는 일수에 사망 당시의 평균임금을 곱하여 산정한 금액을 유족에게 일시금으로 지급한다.

(6) 장해특별급여(제46조)

보험가입자의 고의 또는 과실로 발생한 업무상 재해로 인하여 근로자가 대통령령이 정하는 장해등급에 해당하는 장해를 입은 경우에 수급권자가 민법에 의한 손해배상 청구에 갈음하여 장해특별급여를 청구한 때에는 제42조의 장해급여 외에 장해특별급여를 지급할 수 있다. 다만, 근로자와 보험가입자 사이에 장해특별급여에 관하여 합의가 이루어진 경우에 한한다. 장해특별급여를 받은 때에는 동일한 사유에 대하여 보험가입자에게 민법 기타 법령의 규정에 의한 손해배상을 청구할 수 없으며, 근로복지공단이 장해특별급여를 지급한 때에는 대통령령이 정하는 바에 의하여 그 급여액의 전액을 보험가입자로부터 징수한다.

(7) 간병급여(제42조의 3)

간병급여는 법 제40조 규정에 의한 요양급여를 받은 자가 치유 후 의학적으로 상시 또는 수시로 간병이 필요하여 실제로 간병을 받는 자에게 지급한다.

(8) 유족급여(제43조)

유족급여는 근로자가 업무상의 사유에 의하여 사망한 경우에 유족에게 지급하며, 유족보상연금 또는 유족보상 일시금으로 하되, 유족보상연금의 지급기준 및 방법 기타 필요한 사항은 대통령령으로 정한다.

(9) 유족특별급여(제47조)

보험가입자의 고의 또는 과실로 발생한 업무상 재해로 인하여 근로자가 사망한 경우에 수급권자가 민법에 의한 손해배상 청구에 갈음하여 유족특별급여를 청구한 때에는 제43조의 유족급여 외에 대통령령이 정하는 유족특별급여를 지급할 수 있다. 다만, 근로자와 보험가입자 간에 유족특별급여에 관한 합의가 이루어진 경우에 한한다. 유족특별급여를 받은 때에는 동일한 사유에 대하여 보험가입자에게 민법 기타 법령의 규정에 의한 손해배상을 청구할 수 없으며, 근로복지공단이 유족특별급여를 지급한 때에는 대통령령이 정하는 바에 의하여 그 급여액의 전액을 보험가입자로부터 징수한다.

(10) 상병보상급여(제44조)

요양급여를 받는 근로자가 요양 개시 후 2년이 경과된 날 이후에 다음의 요건에 해당하는 상태가 계속되는 경우에는 요양급여 외에 상병보상연금을 수급권자에게 지급한다. 이 경우 장해보상연금을 지급받고 있던 자가 부상 또는 질병이 재발하여 요양하고 있는 경우에는 요양개시 후 2년이 경과된 것으로 본다.

① 당해 부상 또는 질병이 치유되지 아니한 상태에 있을 것.
② 그 부상 또는 질병에 의한 폐질의 정도가 대통령령이 정하는 폐질등급기준에 해당할 것.

상병보상연금은 폐질등급에 따라 지급하되, 상병보상연금 수급권자에게는 휴업급여를 지급하지 아니한다. 그러나 일정한 사유에 의하여 상병보상연금을 감액하여 지급한다.

(11) 장의비(제45조)

장의비는 근로자가 업무상의 사유에 의하여 사망한 경우에 지급하되, 평균임금의 120일분에 상당하는 금액을 그 장제를 행하는 자에게 지급한다.

9. 장애인복지법에서의 의료보장

1999년 2월 8일에 개정된 장애인복지법(법률 제5931호)은 장애인의 인간다운 삶과 권리 보장을 위한 국가와 지방자치단체 등의 책임을 명백히 하며, 장애발생의 예방과 장애인의 의료, 교육, 직업재활, 생활환경개선 등에 관한 사업을 정함으로써 장애인 복지대책의 종합적 추진을 도모하며, 장애인의 자립, 보호 및 수당의 지급 등에 관하여 필요한 사항을 정함으로써 장애인의 생활안정에 기여하는 등 장애인의 복지증진 및 사회활동 참여 증진에 기여함을 목적으로 한다(제1조).

장애인복지의 기본이념은 장애인의 완전한 사회참여와 평등을 통한 사회통합을 이루는 데 있으며(제3조), 법은 제15조 내지 제27조에서 장애발생 예방, 의료 · 재활치료, 사회적응훈련, 교육, 직업재활 등에 대한 기본 시책의 강구에 관하여 정하고 있다. 사회복지사는 보건복지부의 장애인 판정지침 및 등록지침을 이해함으로써 클라이언트의 권리를 옹호하는 한편, 장애인 복지시책을 클라이언트의 자원체계로 이해하여 활용할 수 있다.

1) 장애인의 정의

장애인은 신체적 · 정신적 장애로 인하여 장기간에 걸쳐 일상생활 또는 사회생활에 상당한 제약을 받는 자를 말하며, 장애인복지법의 적용을 받는 장애인은 다음에 해당하는 장애를 가진 자로서 대통령령이 정하는 장애의 종류 및 기준에 해당하는 자를 말한다(제2조).

- 신체적 장애라 함은 주요 외부신체 기능의 장애, 내부기관의 장애 등을 말한다.
- 정신적 장애라 함은 정신지체 또는 정신적 질환으로 발생하는 장애를 말한다.

2) 주요 복지시책

(1) 장애인 등록(법 제29조 및 시행규칙 제3조, 제4조)

장애인, 그 법정대리인 또는 대통령령으로 정하는 보호자는 장애상태 기타 보건복지부령이 정하는 사항에 관하여 시장 · 군수 또는 구청장에게 등록하여야 하며, 장애인의 등록을 신청하고자 하는 자는 신청서에 사진 3매를 첨부하여 관할 읍 · 면 · 동장을 거쳐 시장 · 군수 · 구청장에게 제출하여야 한다.

등록신청을 받은 시장 · 군수 · 구청장은 등록 대상자와의 상담을 통하여 그 장애상태가 장애인의 기준에 명백하게 해당되지 아니하는 경우 외에는 지체 없이 의료기관에 장애진단을 의뢰하여야 하며, 장애진단을 의뢰받은 의료기관은 장애인의 장애상태를 진단한 후 진단서를 장애진단을 의뢰한 시장 · 군수 · 구청장에게 통보하여야 한다. 시장 · 군수 · 구청장은 진단결과를 통보받은 때에는 장애등급에 해당하는지의 여부를 확인하여 장애인 등록카드를 작성하고, 당해 장애인에게 장애인 등록증을 교부하여야 한다.

(2) 의료비의 지급(법 제33조 및 규칙 제18조, 제19조)

장애인 복지실시기관은 의료비의 부담이 곤란하다고 인정되는 장애인에 대하여 경제적 부담능력 등을 고려하여 장애의 정도에 따라 의료에 소요되는 비용을 지급할 수 있다. 의료비를 지급받을 수 있는 자는 국민기초생활보장법에 의한 수급자 또는 유사한 자로서 의료비를 지급할 필요가 있다고 인정되는 장애인 중 소득과 재산을 고려하여 매년 예산의 범위 안에서 보건복지부 장관이 정한다. 의료비는 국민건강보험법 및 의료보호법에 의하여 제공되는 의료에 소요되는 비용 중 당해 장애인이 부담하여야 할 비용에 한한다. 의료비 지급을 요하는 장애인이 진료를 받고자 하는 경우에는 장애인등록증, 의료보장증(또는 의료보호대상자 증명서나 의료보험증)을 의료기관에 내보여야 한다. 관계 서류를 제시받은 의료기관은 진료를 받고자 하는 장애인이 의료비지급 대상자임을 확인하여야 하며, 당해 장애인에게 의료를 제공한 때에는 그 의료를 행한 달의 다음 달 말일까지 의료비지급 대상자를 관할하는 시장 · 군수 · 구청장에게 의료비를 청구하여야 한다. 시장 · 군수 · 구청장은 의료비의 지급을 청구받은 때에는 이를 심사하여 지체 없이 지급하여야 한다. 그러나 장애인 재활보조기구에 대한 의료비는 그 비용의 지급을 청구한 자에게 지급할 수 있다.

(3) 재활보조기구의 교부(법 제57조, 규칙 제37조 내지 42조)

재활보조기구란 장애인이 장애의 예방과 보완 및 기능의 향상을 위하여 사용하는 의지 · 보조기 기타 보건복지부 장관이 정하는 보장구와 일상생활의 편의 증진을 위하여 사용하는 생활용품을 말한다.

재활보조기구의 교부 · 대여 또는 수리 등을 신청할 수 있는 자는 국민기초생활보장법 수급자인 장애인 또는 그와 유사한 자로서 보건복지부 장관이 정하는 기준에 해당하는 자다. 교부 등의 신청인이 신청서를 시장 · 군수 · 구청장에게 제출하면, 시장 · 군수 · 구청장이 의료기관에 당해 장애인의 진단을 의뢰하고, 의료기관의 진단 결과에 따라 교부 여부를 결정한 후 직접 재활보조기구를 구입하여 교부하거나 당해 신청인에게 재활보조기구 교부(수리)의뢰서를 교부한다. 신청인은 재활보조기구 제조 ·

수리업자에게 교부받은 의뢰서를 제출하고, 장애인 등록증 또는 본인임을 증명할 수 있는 서류를 내보이면 재활보조기구 제조 · 수리업자는 의뢰서에 따라 재활보조기구를 제조 또는 수리하여 당해 장애인에게 교부한다.

시장 · 군수 · 구청장은 재활보조기구의 교부 또는 수리대상자 중 재활보조기구를 교부하거나 수리하여 주는 것이 소요예산 및 재활보조기구의 이용 또는 제조 · 수리 측면에서 비효율적이거나 곤란한 경우에는 당해 장애인에게 그 비용을 지급할 수 있다.

10. 기타 법률에서의 의료보장

1) 국민연금법

2000년 1월 12일의 개정 국민연금법(법률 제6164호)은 국민의 노령 · 폐질 또는 사망에 대하여 연금급여를 실시함으로써 국민의 생활안정과 복지증진에 기여함을 목적으로 한다(제1조). 국민연금법에 의한 급여로는 노령연금, 장애연금, 유족연금, 반환일시금, 사망일시금 등이 있다(제45조).

2) 공무원연금법

2000년 12월 26일의 개정 공무원연금법(법률 제6290호)은 공무원의 퇴직 또는 사망과 공무로 인한 부상 · 질병 · 폐질에 대하여 적절한 급여를 실시함으로써, 공무원 및 그 유족의 생활안정과 복리향상에 기여함을 목적으로 한다(제1조). 공무원의 공무로 인한 질병 · 부상과 재해에 대하여는 제34조의 규정에 의하여 공무상 요양비, 공무상 요양일시금, 재해부조금, 사망조위금 등의 단기급여를 지급하며, 공무원의 퇴직 · 폐질 및 사망에 대하여는 제42조의 규정에 의하여 퇴직급여, 장해급여, 유족급여, 퇴직수당 등의 장기급여를 지급한다.

3) 군인연금법

2000년 12월 26일의 개정 군인연금법(법률 제6290호)은 군인이 상당한 연한 성실히 복무하고 퇴직하거나 심신의 장애로 인하여 퇴직 또는 사망한 때 또는 공무상의 질병·부상으로 요양하는 때에 본인이나 그 유족에게 적절한 급여를 지급함으로써 본인 및 그 유족의 생활안정과 복리향상에 기여함을 목적으로 한다(제1조). 군인연금법에 의한 급여의 종류는 퇴역연금, 퇴역연금일시금, 퇴역연금공제일시금, 퇴직일시금, 상이연금, 유족연금, 유족연금 부가금, 유족연금 특별부가금, 유족연금 일시금, 유족일시금, 재해보상금, 사망조위금, 재해부조금, 퇴직수당, 공무상 요양비 등이 있다(제6조).

4) 가정폭력방지및피해자보호등에관한법률

1997년 12월 3일의 개정 가정폭력방지및피해자보호등에관한법률(법률 제5487호)은 가정폭력을 예방하고 가정폭력의 피해자를 보호함으로써 건전한 가정을 육성함을 목적으로 한다(제1조). "가정폭력"이라 함은 가정구성원 사이의 신체적, 정신적 또는 재산상 피해를 수반하는 행위를 말하며, 동 법률에서는 치료보호에 대하여 규정하고 있는 바, 즉 의료기관은 피해자 본인·가족·친지 또는 상담소나 보호시설의 장 등의 요청이 있을 경우에는 피해자에 대하여 보건에 관한 상담 및 지도, 신체적·정신적 피해에 대한 치료, 기타 대통령령이 정하는 의료에 관한 사항 등에 대하여 치료보호를 실시해야 한다.

치료보호에 필요한 일체의 비용은 가정폭력 행위자가 부담한다. 다만, 가정폭력 행위자가 비용을 부담할 능력이 없는 때에는 국가 또는 지방자치단체가 이를 부담한 후 가정폭력 행위자에 대하여 구상권을 행사한다(제18조).

5) 아동복지법

2000년 1월 12일의 개정 아동복지법(법률 제6151호)은 아동이 건강하게 출생하여 행복하고 안전하게 자라나도록 그 복지를 보장함을 목적으로 한다(제1조). 아동복지법은 18세 미만의 자를 아동으로 정의하고, 보호자를 포함한 성인에 의하여 아동의 건강 · 복지를 해치거나 정상적 발달을 저해할 수 있는 신체적 · 정신적 · 성적 폭력 또는 가혹행위 및 아동의 보호자에 의하여 이루어지는 유기와 방임을 아동학대로 정의하고 있다(제2조).

국가와 지방자치단체는 학대아동의 발견, 보호, 치료에 대한 신속한 처리 및 아동학대예방을 전담하는 아동보호 전문기관을 설치하여야 하며(제24조), 아동보호 전문기관은 ① 학대받은 아동의 발견, 보호, 치료의뢰, ② 아동학대의 예방 및 방지를 위한 홍보, ③ 아동학대 행위자를 위한 상담 · 교육 등, ④ 아동학대 행위자, 아동학대 행위자로 신고된 자 및 그 가정에 대한 조사, ⑤ 기타 학대받은 아동의 보호를 위하여 필요한 사항 등의 업무를 수행한다(제25조).

또한, 누구든지 아동학대를 알게 된 때에는 아동보호 전문기관 또는 수사기관에 신고할 수 있다. 교원, 의료인, 아동복지시설의 종사자 및 그 장, 장애인 복지시설에서 장애아동에 대한 상담 · 치료 · 훈련 또는 요양을 행하는 자, 보육시설의 종사자, 아동복지지도원, 사회복지 전담공무원 등은 그 직무상 아동학대를 알게 된 때에는 즉시 아동보호 전문기관 또는 수사기관에 신고하여야 하며, 신고인의 신분은 보호되도록 정하고 있다. 아동학대 신고를 접수한 아동보호 전문기관 직원이나 사법경찰 관리는 지체 없이 아동학대의 현장에 출동하여야 하며, 아동학대 행위자로부터의 격리 또는 치료가 필요한 때에는 아동보호 전문기관 또는 치료기관의 인도에 필요한 조치를 하여야 한다(제27조).

6) 영유아보육법

1999년 9월 7일의 영유아보육법(법률 제6024호)은 보호자가 근로 또는 질병 기타 사정으로 인하여 보호하기 어려운 영아 및 유아를 심신의 보호와 건전한 교육을 통하여 건강한 사회성원으로 육성함과 아울러 보호자의 경제적·사회적 활동을 원활하게 하여 가정복지 증진에 기여함을 목적으로 한다(제1조).

영유아보육법에서 사용하는 영·유아라 함은 6세 미만의 취학 전 아동을 말한다(제2조). 동 법률에서는 건강진단에 대하여 규정하고 있는 바, 즉 보육시설의 장은 보건복지부령이 정하는 바에 의하여 보육하고 있는 영·유아에 대한 건강진단을 실시하여야 하며, 보육시설의 장은 건강진단을 실시한 결과 치료를 요하는 영·유아에 대하여는 그 보호자와 협의하여 필요한 조치를 하여야 한다(제20조).

7) 모자보건법

1999년 2월 8일의 개정 모자보건법(법률 제5859호)은 모성의 생명과 건강을 보호하고 건전한 자녀의 출산과 양육을 도모함으로써 국민보건 향상에 이바지함을 목적으로 한다(제1조).

모자보건법은 임산부의 신고(제8조), 모자보건수첩의 발급(제9조), 임산부·영유아·미숙아 등의 건강관리(제10조), 안전분만조치(제11조), 피임약과 피임시술의 제공(제12조), 임신중절시술의 허용한계(제14조) 등에 대하여 정하고 있다. 모자보건법에서 사용하는 용어의 정의는 다음과 같다(제2조).

- "임산부"라 함은 임신 중에 있거나 분만 후 6월 미만의 여자를 말한다.
- "영유아"라 함은 출생 후 6년 미만의 자를 말한다.
- "신생아"라 함은 출생 후 28일 미만의 영유아를 말한다.

- "미숙아"(시행령 제1조의 2)라 함은 임신 37주 미만의 출생아 또는 출생 시 체중이 2,500그램 미만인 자로서 보건소장 또는 의료기관의 장이 임신 37주 이상의 출생아 등과는 다른 특별한 의료적 관리와 보호가 필요하다고 인정하는 자를 말한다.
- "선천성 이상아"(시행령 제1조의 2)라 함은 보건복지부 장관이 선천성 이상의 정도·발생빈도 또는 치료에 소요되는 비용을 감안하여 법 제6조의 규정에 의한 모자보건심의회의 심의를 거쳐 정하는 선천성 이상에 관한 질환이 있는 영·유아로서 선천성 이상으로 사망할 우려가 있거나, 기능적 장애가 현저하거나, 기능의 회복이 어려운 영·유아를 말한다.

8) 노인복지법

2000년 1월 12일에 개정된 노인복지법(법률 제6124호)은 노인의 질환을 사전예방 또는 조기발견하고 질환상태에 따른 적절한 치료·요양으로 심신의 건강을 유지하고, 노후의 생활안정을 위하여 필요한 조치를 강구함으로써 노인의 보건복지 증진에 기여함을 목적으로 한다(제1조). 노인복지법에 의한 주요 복지시책으로는 건강진단과 보건교육(법 제27조, 영 제20조, 규칙 제9조), 치매관리사업(법 제29조, 규칙 제12조), 노인재활 요양사업(법 제30조, 규칙 제13조) 등이 있다.

9) 고용보험법

2000년 1월 12일에 개정된 고용보험법(법률 제6124호)은 고용보험의 시행을 통하여 실업의 예방, 고용의 촉진 및 근로자의 직업능력의 개발·향상을 도모하고, 국가의 직업지도·직업소개 기능을 강화하며, 근로자가 실업한 경우에 생활에 필요한 급여를 실시함으로써, 근로자의 생활의 안정과 구직활동을 촉진하여 경제·사회발전에 이바지함을 목적으로 한다(제1조).

고용보험법은 질병 또는 부상으로 직업안정기관에 출석할 수 없었던 경우 등에 대한 진찰명령(제82조), 수급자격자가 실업의 신고를 한 이후에 질병 또는 부상으로 취업이 불가능한 경우 등에 대하여 상병시의 특례조항을 마련하고 있다(제49조).

제17장

의료사회사업 관련 사회복지시설

의료사회복지사는 자원의 결핍이나 부족의 문제가 클라이언트의 사회적 기능수행에 장애로 작용하는 경우에 자원연결 서비스를 제공함으로써 클라이언트를 지원할 수 있다.

이러한 점에서 의료사회사업에 관련된 사회복지기관은 의료사회복지사가 클라이언트의 욕구에 적합한 기관으로의 의뢰나 정보제공을 위한 자원체계로 이해될 수 있다. 장애인, 정신질환자, 노인, 영·유아, 아동, 모자 등에 대한 사회복지시설의 주요한 내용은 다음과 같다.

1. 장애인 복지시설

1999년 2월 8일에 개정된 장애인복지법(법률 제 5931호)은 제49조 내지 제52조에서 시설의 설치와 운영에 대하여 정하고 있는 바, 장애인 복지시설의 종류는 다음과 같다(제48조).

1) 장애인 생활시설

장애인이 필요한 기간 동안 생활하면서 재활에 필요한 상담, 치료, 훈련 등의 서비스를 받아 사회복귀를 준비하거나 장애로 인하여 장기간 요양하는 시설

2) 장애인 지역사회 재활시설

장애인복지관, 의료재활시설, 체육시설, 수련시설, 공동생활가정 등 장애인에게 전문적인 상담, 치료, 훈련 등을 제공하거나 여가활동 및 사회참여활동 등에 필요한 편의를 제공하는 시설

3) 장애인 직업재활시설

일반고용이 어려운 장애인이 특별히 준비된 작업환경에서 직업훈련을 받거나 직업생활을 영위할 수 있도록 하는 시설

4) 장애인 유료 복지시설

장애인이 필요한 치료, 훈련 등 편의를 제공받고 이에 소요되는 일체의 비용을 시설운영자에게 납부하여 운영하는 시설

5) 기타 대통령령으로 정하는 시설

2. 정신보건시설

2000년 1월 12일에 개정된 정신보건법(법률 제6152호)은 제8조 내지 제

20조에서 시설의 설치와 운영에 관하여 정하고 있는 바, 정신보건시설의 종류는 다음과 같다(제3조).

1) 정신의료기관

의료법에 의한 정신병원, 정신과 의원 및 병원급 이상의 의료기관에 설치된 정신과

2) 정신질환자 사회복귀시설

정신보건법에 의하여 설치된 시설로서 정신질환자를 정신의료기관에 입원시키거나 정신요양시설에 입소시키지 아니하고 사회복귀 촉진을 위한 훈련을 행하는 시설을 말하며, 세부 종류는 다음과 같다(제16조).

(1) 정신질환자 생활훈련시설

정신질환 때문에 가정에서 일상생활을 영위하는 데 지장이 있는 정신질환자를 위하여 일상생활에 적응할 수 있도록 저렴한 요금으로 거실 기타 시설을 이용하게 하고 필요한 훈련 및 지도를 함으로써 정신질환자의 사회복귀를 촉진할 것을 목적으로 하는 시설

(2) 정신질환자 작업훈련시설

고용되기 곤란한 정신질환자가 자활할 수 있도록 저렴한 요금으로 거실 기타 시설을 이용하게 하고 필요한 훈련을 하며 직업을 알선함으로써 사회복귀 촉진을 도모하는 것을 목적으로 하는 시설

(3) 기타 보건복지부령으로 정하는 시설

3) 정신요양시설

정신보건법에 의하여 설치된 시설로서 정신의료기관에서 의뢰된 정신질환자와 만성 정신질환자를 입소시켜 요양과 사회복귀 촉진을 위한 훈련을 행하는 시설

3. 노인복지시설

2000년 1월 12일에 개정된 노인복지법(법률 제6124호)은 제31조 내지 제44조에서 노인복지시설의 설치와 운영에 관하여 징하고 있는 바, 그 종류로는 노인주거복지시설(제32조), 노인의료복지시설(제34조), 노인여가복지시설(제36조), 재가노인복지시설(제38조) 등이 있다.

1) 노인주거복지시설

(1) 양로시설

노인을 입소시켜 무료 또는 저렴한 요금으로 급식과 기타의 일상생활에 필요한 편의를 제공함을 목적으로 하는 노인복지시설

(2) 실비 양로시설

노인을 입소시켜 저렴한 요금으로 급식과 기타의 일상생활에 필요한 편의를 제공함을 목적으로 하는 노인복지시설

(3) 유료 양로시설

노인을 입소시켜 급식과 기타의 일상생활에 필요한 편의를 제공하고, 이에 소요되는 일체의 비용을 입소한 자로부터 수납하여 운영하는 노인복지시설

(4) 실비 노인복지주택

보건복지부 장관이 정하는 일정 소득 이하의 노인에게 저렴한 비용으로 분양 또는 임대 등을 통하여 주거의 편의와 생활지도, 그리고 상담 및 안전관리 등의 일상생활에 필요한 편의를 제공함을 목적으로 하는 노인복지시설

(5) 유료 노인복지주택

노인에게 유료로 분양하거나 임대하여 주거의 편의와 생활지도, 그리고 상담 및 안전관리 등의 일상생활에 필요한 편의를 제공함을 목적으로 하는 노인복지시설

2) 노인의료복지시설

(1) 노인요양시설

노인을 입소시켜 무료로 또는 저렴한 요금으로 급식과 요양 및 기타의 일상생활에 필요한 편의를 제공함을 목적으로 하는 노인복지시설

(2) 실비 노인요양시설

노인을 입소시켜 저렴한 요금으로 급식과 요양 및 기타의 일상생활에 필요한 편의를 제공함을 목적으로 하는 노인복지시설

(3) 유료 노인요양시설

노인을 입소시켜 급식과 요양 및 기타의 일상생활에 필요한 편의를 제공하고, 이에 소요되는 일체의 비용을 입소한 자로부터 수납하여 운영하는 노인복지시설

(4) 노인전문요양시설

치매나 중풍이 심한 질환노인을 입소시켜 급식과 요양 및 기타의 일상

생활에 필요한 편의를 제공함을 목적으로 하는 노인복지시설

(5) 유료 노인전문요양시설

치매나 중풍이 심한 질환노인을 입소시켜 급식과 요양 및 기타의 일상생활에 필요한 편의를 제공하고, 이에 소요되는 일체의 비용을 입소한 자로부터 수납하여 운영하는 노인복지시설

(6) 노인전문병원

보건복지부령이 정하는 시설 및 인력을 갖추고 주로 노인을 대상으로 의료를 행하는 노인복지시설

3) 노인여가복지시설

(1) 노인복지회관

무료 또는 저렴한 요금으로 노인에 대하여 각종 상담에 응하고, 건강의 증진, 교양, 오락 기타 노인의 복지증진에 필요한 편의를 제공함을 목적으로 하는 노인복지시설

(2) 경로당

지역 노인들이 자율적으로 친목도모, 취미활동, 공동작업장의 운영 및 각종 정보 교환과 기타 여가활동을 할 수 있도록 하는 장소를 제공함을 목적으로 하는 노인복지시설

(3) 노인교실

노인들에 대하여 사회활동 참여 욕구를 충족시키기 위하여 건전한 취미생활, 노후건강 유지, 소득보장, 일상생활과 관련한 학습 프로그램을 제공함을 목적으로 하는 노인복지시설

(4) 노인휴양소

노인들에 대하여 심신의 휴양과 관련한 위생시설, 여가시설, 기타 편의시설을 단기간 제공함을 목적으로 하는 노인복지시설

4) 재가노인복지시설

(1) 가정봉사원 파견시설

신체적 · 정신적인 장애로 일상생활을 영위하기 곤란한 노인이 있는 가정에 가정봉사원을 파견하여 노인의 일상생활에 필요한 각종 편의를 제공하여 지역사회 안에서 건전하고 안정된 노후생활을 영위하도록 하는 노인복지시설

(2) 주간 보호시설

부득이한 사유로 가족의 보호를 받을 수 없는 심신이 허약한 노인과 장애노인을 낮 동안 시설에 입소시켜 필요한 각종 편의를 제공하여 이들의 생활안정과 심신기능의 유지와 향상을 도모하고 그 가족의 신체적 · 정신적 부담을 덜어주기 위한 노인복지시설

(3) 단기 보호시설

부득이한 사유로 가족의 보호를 받을 수 없어 일시적으로 보호가 필요한 심신이 허약한 노인과 장애노인을 시설에 단기간 입소시켜 보호함으로써 노인 및 노인가정의 복지증진을 도모하기 위한 노인복지시설

4. 영유아 보육기관

1999년 9월 7일에 개정된 영유아보육법(법률 제6024호)에서는 6세 미만의 취학 전 아동을 영유아라 하고, 보호자가 근로 또는 질병 기타 사정

으로 영유아를 보호하기 어려운 경우에 보호자의 위탁을 받아 영유아를 보육하는 시설을 보육시설이라고 정의하고 있다(제2조).

법은 제6조 내지 제20조에서 보육시설의 설치와 운영에 대하여 정하고 있는 바, 보육시설의 종류는 다음과 같다(제6조).

1) 국공립 보육시설

국가와 지방자치단체가 설치하여 운영하는 시설

2) 민간 보육시설

국가와 지방자치단체 외의 자가 설치하여 운영하는 시설

3) 직장 보육시설

사업주가 사업장의 근로자를 위하여 설치하여 운영하는 시설

4) 가정 보육시설

개인이 가정 또는 그에 준하는 곳에서 설치하여 운영하는 시설

5. 아동복지기관

2000년 1월 12일에 개정된 아동복지법(법률 제6151호)은 18세 미만의 자를 아동이라고 정의하고 있으며(제2조), 제14조 내지 제21조에서 아동복지시설의 설치와 운영에 관하여 정하고 있는 바, 아동복지시설의 종류는 다음과 같다(제16조).

1) 아동양육시설

보호를 필요로 하는 아동을 입소시켜 보호, 양육하는 것을 목적으로 하는 시설

2) 아동 일시보호시설

보호를 필요로 하는 아동을 일시 보호하고 아동에 대한 향후의 양육대책 수립 및 보호조치를 행하는 것을 목적으로 하는 시설

3) 아동보호 치료시설

불량행위를 하거나 불량행위를 할 우려가 있는 아동으로서 보호자가 없거나 친권자나 후견인이 입소를 신청한 아동 또는 가정법원, 지방법원 소년부지원에서 보호 위탁된 아동을 입소시켜 그들을 선도하여 건전한 사회인으로 육성하는 것을 목적으로 하는 시설

4) 아동 직업훈련시설

아동복지시설에 입소되어 있는 만 15세 이상의 아동과 생활이 어려운 가정의 아동에 대하여 자활에 필요한 지식과 기능을 습득시키는 것을 목적으로 하는 시설

5) 자립 지원시설

아동복지시설에서 퇴소한 자에게 취업준비 기간 또는 취업 후 일정기간 보호함으로써 자립을 지원하는 것을 목적으로 하는 시설

6) 아동 단기보호시설

일반 가정에 아동을 보호하기 곤란한 일시적 사정이 있는 경우 아동을 단기간 보호하며 가정의 복지에 필요한 지원조치를 하는 것을 목적으로 하는 시설

7) 아동상담소

아동과 그 가족의 문제에 관한 상담, 치료, 예방 및 연구 등을 목적으로 하는 시설

8) 아동 전용시설

어린이공원, 어린이놀이터, 아동회관, 체육, 연극, 영화, 과학실험 전시 시설, 아동휴게 숙박시설, 야영장 등 아동에게 건전한 놀이·오락 기타 각종 편의를 제공하여 심신의 건강유지와 복지증진에 필요한 서비스를 제공하는 것을 목적으로 하는 시설

9) 아동복지관

지역사회 아동의 건전육성을 위하여 심신의 건강유지와 복지증진에 필요한 서비스를 제공하는 것을 목적으로 하는 시설

6. 모자복지시설

1999년 9월 7일에 개정된 모자복지법(법률 제6024호)은 제19조 내지 제24조에서 모자복지시설의 설치와 운영에 관하여 정하고 있는 바, 모자복

지시설의 종류는 다음과 같다(제19조).

1) 모자보호시설

생활이 어려운 모자가정을 일시 또는 일정기간 수용하여 생계를 보호하고 퇴소 후 자립기반을 조성하도록 지원하는 것을 목적으로 하는 시설

2) 모자자립시설

자립이 어려운 모자가정에 대하여 일정기간 주택편의만을 제공함을 목적으로 하는 시설

3) 미혼모시설

미혼여성이 임신을 하였거나 출산을 하였을 경우 안전하게 분만하게 하고 심신의 건강을 회복할 때까지 일정기간 보호함을 목적으로 하는 시설

4) 일시 보호시설

배우자(사실혼 관계에 있는 자를 포함한다)가 있으나 배우자의 물리적·정신적 학대로 인하여 아동의 건전 양육 또는 모의 건강에 지장을 초래할 우려가 있을 경우 일시적으로 또는 일정기간 그 모와 아동 또는 모를 보호함을 목적으로 하는 시설

5) 여성복지관

모자가정 및 미혼여성에 대한 각종 상담을 실시하고 생활지도, 생업지도, 탁아 및 직업보도를 행하는 등 모자가정 및 미혼여성의 복지를 위한

편의를 종합적으로 제공하는 것을 목적으로 하는 시설

6) 모자가정 상담소

모자가정에 대한 조사, 지도, 시설 입소 등에 관한 상담업무를 수행할 것을 목적으로 하는 시설

제18장

정신보건 서비스 개관

정신보건 분야는 가정폭력 문제부터 시작하여 우울, 정신분열증의 치료에 이르기까지 범위가 넓다. 알코올중독이나 약물중독의 치료 또한 정신건강 서비스에 포함된다. 사회복지사들은 병원의 입원 및 외래 세팅에서뿐만 아니라 각종 공공 및 사립기관을 통해 정신건강 서비스를 제공한다. 정신건강에 종사하는 사회복지사들은 점차 증가 추세에 있는데, 미국의 경우 사회복지사의 33%가 자신의 주요 실천 분야를 정신건강으로 지목하고 있다. 우리나라에서도 1995년 12월 정신보건법의 시행과 함께 정신보건복지사 자격증이 공식적으로 지급됨에 따라 관심의 폭이 넓어지고 있다. 이 장에서는 정신건강 서비스에 대해 개관해 보고자 한다.

1. 정신건강 서비스의 역사

초기 그리스 문헌을 보면 정신질환을 가지고 있는 사람들은 주로 도덕적으로 부패하였거나 악마에 사로잡혀 있다고 간주되었다(물론 이 시기에도 신체적 요인이 원인이 된다고 보는 관점도 있었다). 중세까지는 이러한 관점에서 정신장애인들이 다루어졌다. 19세기에 들어서 정신질환의 치료를 위해 도덕적 및 생물학적 치료가 진행되었다. 정신질환이 있는 사람들을 보호하기 위해 프랑스의 Phillipe Pinel이라는 의사는 '도덕적 치료(moral treatment)'를 주창하였다. 이런 인본주의적 접근이 모든 정신장애인에게 제공되지는 않았다. 여전히 많은 사람들이 수용소나 교도소에 수감되었다. 1800년대 중반에 사회개혁가인 Dorothea Dix는 정신질환자들이 처한 어려움을 해결하기 위해 노력했는데, 그는 정신장애인을 범죄자나 걸인 같은 사람들과 분리시키려 노력하였다. 그는 또한 정신기관의 상태를 개선시키는 데 일조하였다.

정신치료기관을 개혁하려는 Dix의 노력에 뒤이어 Clifford Beers는 정신위행운동을 소개하였다. 그는 정신치료기관의 비인간적인 상태를 잘 알고 있었나. 그 자신이 정신장애를 겪은 당사자였기 때문이다. 그는 정신치료기관의 상태를 사회에 알리려고 노력하였고 많은 진전을 보았다. 또한 정신질환을 일으키는 사회적 스트레스를 방지하는 데 힘을 기울임으로써 정신질환을 좀더 사회적으로 문제화시키고 지역사회 지향적으로 해결하도록 하는 데 기여하였다. 한편 Adolf Meyer는 정신과 환자를 생물심리사회적 존재(biopsychosocial being)로 보았고, 생활사건과 정신질환과의 관계를 연구하였다. 그는 1913년에 이미 지역사회 내에서의 치료소 개발을 강조함으로써 '제3의 정신과 혁명'이라고 불리는 미국의 지역사회 정신건강 운동의 최초 주창자가 되었다(홍강의, 1987: 68). 그러나 수용 및 입원 위주의 치료가 계속되었다.

20세기 초반에 정신건강분야의 전문가들은 프로이트의 영향을 많이 받았다. 프로이트의 의료적 모델은 정신 내적 요인에 초점을 맞추게 하였고 환경 속의 개인을 보는 견지를 약화시켰다.

제2차 세계 대전을 통해 군대 내에서의 정신건강에 대한 문제들과 귀환병들의 정신건강 문제가 확대됨에 따라 1946년에 국민정신건강법이 통과되었고, 1949년에는 국립정신건강연구소인 NIMH가 설립되었다. 국민정신건강법의 통과로 인해 정신의료사회복지사, 심리학자, 작업치료사, 정신과 의사 등의 실무자를 위한 수련 프로그램, 정신장애인의 예방과 치료를 위한 정신건강 서비스의 실시, 다양한 연구 프로그램 등이 이루어지게 되었다(김규수, 1992).

1950년대는 정신치료 약물이 개발되어 정신치료에 획기적 발전을 보게 되었다. 이 약물들은 정신질환의 증세를 줄일 수 있었고 정신장애인들의 자유로운 생활을 허용할 수 있게 하였다. 또한 입원기간을 줄일 수 있게 되고 지역사회에서의 생활이 가능하게 되었다. 정신치료 약물의 개발은 1963년 지역사회정신건강법의 제정에 토대를 구축하였다. 주정부 산하의 정신병원이 형편없는 수용시설에 불과하다는 비판이 증대하는 속에서 1963년에 케네디 대통령이 지역사회정신건강법을 제정하였고, 지역사회로 정신장애인이 복귀하게 되었다. 인구 7만 5천에서 20만 명에 이르는 인구밀집 지역마다 지역사회 정신건강센터가 전국에 걸쳐 설립되었다. 지역사회 정신건강 운동의 일부로서 이 법은 지역사회를 기반으로 하는 보호를 강조하였다.

이러한 지역사회 정신건강 운동은 정신과 진료체계와 진료방법의 혁신을 가져왔다. 치료 및 재활에 있어서 사회환경적 요소의 중요성을 인식하여 통합적인 접근을 시도하였고 예방과 재활에도 힘을 기울이게 되었다. 1990년대 현재 미국에서는 700여 개의 지역사회 정신건강센터(Community Mental Health Center; CMHC)가 운영되고 있는데 2,000개 정도는 필요하다고 한다.

지역사회 정신건강센터와 낮병원의 서비스가 한동안 치료적인 면과 경제적인 면에서 성공적인 효과를 거두었다. 그러나 시간이 경과함에 따라 높은 재입원율과 거리 배회자가 증가하는 등의 문제가 발생하게 되어 지역사회를 활용한 치료를 재평가하게 되었다(문인숙 · 양옥경, 1991: 125-126).

결국 1977년 NIMH는 지역사회 지지 프로그램(community support program)을 시작했다. 기존 지역사회 정신건강 프로그램의 부족한 점을 보완하려는 의도에서 지역사회 지지 프로그램은 주거, 치료시설, 재정적 자원, 옹호 서비스 등을 포함하여 지역사회의 능력을 향상시키는 데 목적을 두었다. 지역사회 내에 빠져 있는 요소를 파악하여 계획을 세우고 지원하였다.

2. 정신건강/정신질환의 개념

정신건강(mental health), 정신질환(mental illness)은 다양한 이미지를 내포하게 된다. 정신건강은 긍정적인 심리적 기능을 제시하는 반면 정신질환은 정신건강의 반대 상태로서 정신건강이 부재한 상태로 규정되기도 하고 역기능을 의미하기도 하며, 질병(disease) 또는 의료적 모델을 제시하기도 한다.

정신적으로 건강한 개인은 정신적 장애, 즉 DSM(정신장애의 진단 및 통계편람)에 나타나 있는 장애를 가지고 있지 않으며 또한 기능적이다. 즉, 자신을 돌볼 수 있는 능력을 가지고 있고 지역사회에 목적을 갖고 건설적으로 참여할 수 있는 능력이 있다.

정신장애는 일반적으로 다음 다섯 가지 측면을 갖게 된다. ① 개인이 자신의 주관적인 고충을 호소한다. ② 비효과적인 심리사회적 기능, 즉 자기보호(목욕, 옷 입기, 먹기)나 사회기능(직장, 학교, 대인관계)에 문제가 있고, 자기 파괴적 행위를 보이며, 비효과적인 문제해결(예: 공격적) 방식을 갖는다. ③ 기묘한 행동을 보인다. 즉, 목적 없이 사회규범에 맞지 않는 행동을 한다. ④ 감각 기능에 문제가 있어 환청이나 환상을 본다. ⑤ 사고능력에 문제가 있다.

한편, 1960년대 초반 Thomas Szasz(1960)는 정신질환의 개념을 사용하는 데 대해 반대했다. Szasz는 정신질환이라는 용어는 기질적 뇌질환이나 신경질환에 적용되는 것은 적절하지만 이 용어가 정신질환의 증상으로 보통 간주되는 이상한 생각, 가치, 행동, 사회적 관계 등을 묘사하는 것은 아니라고 보았다. 정신적으로 아프다고 판단된 많은 사람들은 이상한 신념(예: 나는 하나님이다)을 가지고 있거나 사회규범을 어기는 경우가 많다. 하지만 이들이 객관적인 신체적 병을 가지고 있지는 않다. 이들이 문제를 가지고 있긴 하지만 그것은 정신질환이 아닌 '삶의 문제(problems in living)' 또는 사회적 적응에 있어 어려움을 겪고 있는 것이라고 Szasz는 말한다. 여러 증상들은 질병의 실체가 아니라 다만 정신적 고통이 은유적으로 표현된 것뿐이라는 것이다.

그러므로 의학적으로 병적인 증거가 없는 경우에 정신질환은 하나의 통념(myth)이라고 Szasz는 말한다. 이러한 편견이 의미를 찾으려는 인간적인 고군분투를 정신질환으로 위장시킨다는 것이다. 그는 생존하는 데서 오는 문제를 가지고 고군분투하는 개인에게 낙인(label)을 찍지 말고, 삶의 문제를 이야기하며 그들에게 관심을 보여야 한다고 말한다.

현재 문헌에서는 정신질환, 정신장애, 정신병리, 비정상 심리 등의 용어가 상호교환적으로 사용된다.

3. 정신보건 분야에서 사회복지사의 역할

정신보건 서비스 체계는 오랫동안 사회사업실천의 주요한 영역이었다. 정신의료 사회사업은 정신보건기관이나 정신위생 프로그램에서 이루어지는 사회사업으로 그 목적은 지역사회의 정신보건을 향상시키는 사업과 정신적 · 정서적 장애가 있는 사람들에게 서비스를 제공하는 데 있다(O' keefe, 1960). 사회복지사들은 다른 학문의 전문가들과 함께 상호작용하면서 개별 또는 집단 치료자로서 기능해왔다. 정신과 전문의는 약물을 처방할 수 있는 유일한 자격을 가지고 있고 클라이언트의 신체적 상태에 많은 초점을 둔다. 간호사들은 약물을 전달 · 관리하고, 심리사들은 심리검사와 해석을 주로 맡는다. 그러면 사회복지사들은 어떤 역할을 맡는지 알아보도록 하자.

정신보건 서비스를 제공한 첫 번째 사회복지사는 1900년대 초기에 미국 뉴욕과 보스턴의 정신병원에 채용된 바 있다. 이들은 주로 입원한 정신질환자에 대한 개별상담을 제공하고 요양원으로 퇴원한 환자들의 보호와 감독에 대한 책임을 맡고 있었다. 1920년대에 아동상담소(child guidance centers)의 설립과 함께 정신보건 분야가 확대됨에 따라 전문적으로 훈련받은 사회복지사들은 아동과 가족에게 서비스를 제공하였는데, 주로 일대일 기반으로 아동에게 심리치료를 제공하였다.

오늘날 사회복지사는 정신보건 서비스와 발달장애 서비스의 연속선상에서 서비스를 제공한다. 지역사회 정신건강센터, 아동상담소, 정신병원, 약물치료기관 등 다양한 세팅에서 서비스를 제공하고 개인상담 등 다양한 역할을 수행하고 있다. 정신장애인을 위한 서비스를 제공하는 것이 주요 기능이지만 정신보건이란 분야는 매우 포괄적이기 때문에 이외에도 사회복지사들은 가정폭력(매 맞는 여성들을 위한 쉼터에서 어머니와 아동), 자살, 가출청소년, 아동학대, 성폭력, 기타 위기 상황에서의 위기개입 서비스를 제공한다. 발달장애를 가지고 있는 아동들, 이혼가정의 아동, 분노 통제, 학교 부적응 같은 영역에서도 개인 및 가족상담을 제공한다. 또한 많은 사회복지사들이 알코올 및 약물남용 치료 프로그램에서 상담가로 고용된다. 사실상 정신보건 서비스가 제공되는 어느 곳에서나 사회복지사가 고용되어 있어, 미국에서 사회복지사는 공공 정신보건 서비스 분야에서 가장 규모가 큰 전문가 집단이라 할 수 있다.

정신보건 프로그램은 다학문간의 팀 접근을 시행하고 있는데 사회복지사, 정신과 의사, 심리학자, 정신과 간호사, 아동발달 전문가 등이 참여한다. 사회복지사들은 여러 가지 측면에서의 역할이 있지만 주로 클라이언트의 가족과 지역사회를 다루는 책임을 맡게 된다. 이들은 체계/생태학적인 견지에서 훈련받았기 때문에 보통 필요한 자원(예: 주거, 직장)을 확보하는 역할을 하게 된다. 정신보건 세팅에서 사회복지사들의 대표적인 역할은 무엇보다도 사례관리 서비스에 연루된다는 점인데, 정신건강 서비스의 초점이 사례관리에 모아지고 있기 때문이다. 또한 사회복지사들은 각종 자조집단을 설립하는 데도 많은 도움을 주고 있다.

사회복지사는 옹호자로서 역할도 수행한다. 정신장애인들이 필요로 하는 서비스를 확보하도록 돕는 것이다. 예를 들어, 정신지체 아동에게 특수교육을 받을 수 있도록 주선한다든지, 지역사회 내에 주거가 확보되도록 지역사회와 협의하는 일을 하게 된다. 사회복지사는 또한 정신보건 법안이나 정책개발에도 참여하게 된다.

4. 정신병원에서의 사회사업

병원에 처음으로 입원하게 되는 환자들은 대개 시설이나 프로그램이 자신에게 좋지 못한 것이라는 태도를 갖고 있다. 더군다나 가족성원들도 치료계획을 수행하는 데 도움이 되지 않는 왜곡된 생각이나 선입견을 가지고 온다. 사실 많은 사람들에게 있어서 정신병원은 최후에 마지막으로 가는 곳이라는 선입견이 있다. 입원시킨다는 것은 "버린다"는 의미이고, 한 번 정신병에 걸리면 영원히 그렇다는 생각 그리고 입원은 자유의 손실이라는 생각이 만연되어 있다. 처음 입원하는 환자는 다른 환자들을 두려워하고, 정체감도 부족하다. 외로워하고 박탈감을 갖고 있는 환자는 입원과 함께 더욱 거절감을 느끼고 외로움이 심화된다. 그러므로 사회복지사는 환자의 두려움을 누그러뜨리고, 분리되는 고통을 완화시키며 병원에 잘 적응하도록 도와야 한다. 또한 가족이 환자의 입원을 수용하고 환자의 치료 프로그램을 받아들이도록 도와야 한다.

가족들은 종종 입원을 가족문제의 해결책으로 잘못 활용하는 경우가 있다. 사실 오랫동안 문제가 있어 왔는데, 누군가의 사망이나 해고, 기타 심각한 스트레스로 인해 한 가족성원에게 정신질환이 수반되었을 때, 더 이상 참지 못하고 정신병원에 오게 되는 경우가 많다. 예를 들어, 정신병원에 입원하는 청소년이 많이 있는데, 이들은 종종 가족 갈등의 희생양이 되어 입원하는 경우가 있다. 사회복지사는 이러한 가족문제를 도울 수 있다.

정신장애인은 가족이 계속적으로 관여할 것이라는 확신이 있을 때 치료에 잘 순응할 수 있다. 가족이 가지고 있는 모든 강점이 충분히 동원될 때 환자의 회복이 빠르고 가족과의 재통합이 이루어질 수 있다. 가족 내의 상호작용도 분명히 이해될 필요가 있다. 또한 가족은 환자의 질환을 잘 이해하지 못하고 재통합이 불가능하다는 입장을 가지고 있을 수도 있으며, 어떻게 환자와 같이 살아가야 하는지의 방법도 모른다. 이런 모든 것이 사회복지사에게 달려있는 과제라고 할 수 있다.

어떤 지역사회는 정신병원에 있던 환자들이 자신의 지역 내에 있는 요양원에 거주한다는 사실을 듣고는 분노에 차서 데모를 하기도 했다. 사실 지역사회 주민들은 환자들과 그들의 질환을 이해하는 데 도움이 필요하며 장애인들이 정상적인 삶을 누릴 수 있는 능력이 있음을 이해하는 데도 도움이 필요하다. 지역사회가 장애인에 대한 편견을 없애도록 돕는 방법으로 반상회를 이용한다든지 종교단체 인사들과 소모임을 갖는 등의 행사를 갖는 것도 좋을 것이다.

사회복지사는 병원 내에서의 환자의 관계형성뿐만 아니라 가족, 지역사회에 대한 관계에도 신경을 써야 한다. 환자들은 병원직원들을 믿고 신뢰하는 가운데 그들과 협력할 수 있을 때 치료에 잘 순응한다. 또한 치료를 받는 동안 가족, 고용, 지역사회에 대한 환자의 관심이 잘 유지될 때 재활은 성공적으로 성취될 수 있다. 사회복지사는 건전한 대인관계 형성이 유지되도록 환자를 돕는 데 핵심이 되는 인물이다. 그리고 환자가 정상적 활동을 회복하도록 하는 데 있어서 가족과 지역사회 자원을 활용하도록 돕는 사람이 바로 사회복지사다.

5. 포괄적인 정신건강 서비스 요소

심각한 정신적 문제를 가지고 있는 사람들은 장기간에 걸쳐 보호를 필요로 하며 포괄적인 서비스를 필요로 한다. 여기에는 어떤 서비스가 필요한지 나열해 보도록 한다.

첫째, 치료 서비스에는 24시간 위기개입 서비스가 반드시 포함되어야 한다. 이를 통해 즉각적인 도움이 필요한 사람들이 의료시설이나 서비스 기관에 연결될 수 있고 응급처치를 받을 수 있다.

둘째, 모든 환자는 학제간 팀에 의해 진단적 평가를 받는다. 물론 가족으로부터의 정보도 참조된다. 그 다음 심리적 · 사회적 · 의료적 욕구를 고려하는 치료계획이 만들어진다.

셋째, 개별상담, 집단치료를 포함하는 외래치료가 제공되어야 한다. 증상이 심각하여 24시간 감독이 필요한 사람은 입원이나 주거하면서 치료하는 센터에 들어갈 필요가 있다. 장기입원보다는 단기간의 집중적 치료를 받는 입원이 선호된다.

넷째, 심리사회적 재활서비스를 통해 정신장애인이 지역사회에서 성공적으로 적응하면서 살 수 있도록 필요한 기술을 가르친다. 즉, 환자들은 일반 생활상황에서 처신하는 방법, 직장에서 적응하는 법을 배운다. 특히 고용에 대한 준비와 임시 작업장 및 지지적인 고용주들을 확보하는 고용서비스가 절실히 요청된다.

다섯째, 정신장애인은 완벽한 지지체계가 필요하다. 환자가 독립적인 생활로 들어갈 때는 슈퍼비전이 가능한 그룹 홈 같은 주거가 제공되어야 한다. 사례관리를 통해 환자가 배워 왔던 기술들이 제대로 실천되고 있는지를 확인할 필요가 있다. 자조집단을 통해 동료 지지를 얻어야 하고 필요한 교통수단도 제공되어야 한다.

여섯째, 가족은 위기상황과 문제행동을 다루는 법을 배워야 한다. 또한 정신치료 약물의 이점과 부작용에 대해서도 교육받아야 한다. 때때로 가족은 정신장애인을 돌보는 부담을 덜기 위해 휴식서비스(respite)는 물론 각종 상담과 정서적 지지를 제공받을 필요가 있다.

일곱째, 이러한 모든 서비스는 사례관리 서비스를 통해 조정되어 제공되는 것이 좋다. 또한 사례관리를 통해 지역사회 자원을 잘 활용함으로써 장기적이고 보호적이며 지지적인 관계망을 만들어준다. 사례관리자는 필요한 서비스를 확보하는 데 직접적인 도움을 주기도 하고, 정신건강체계 내외의 각종 기관과 함께 서비스들을 조정하거나 점검하기도 한다.

6. 정신장애의 진단 및 통계 편람

정신장애의 진단 및 통계 편람(Diagnostic and Statistical Manual of Mental Disorders; DSM)은 모든 정신장애를 분류해 놓고 있다. 각 정신장애의 구체적 진단기준을 서술해놓고 있어 임상가들이 신뢰성 있는 진단을 내릴 수 있도록 도와준다. 17개의 주요 진단범주가 포함되어 있는데 이는 〈표 18-1〉과 같다.

표 18-1 주요 장애 범주

유아기, 소아기, 청소년기에 흔히 처음으로 진단되는 장애
섬망, 치매 그리고 기억상실장애 및 기타 인지장애
일반적인 의학적 상태로 인한 정신장애
물질관련 장애
정신분열병과 기타 정신증적 장애
기분장애
불안장애
신체형장애
허위성장애
해리성장애
성적장애 및 정체감장애
섭식장애
수면장애
달리 분류되지 않는 충동조절장애
적응장애
인격장애
임상적 관심의 초점이 되는 기타 장애

1994년에 DSM-IV가 제정되었고, 곧 DSM-V가 출판될 예정이다. 현재 DSM-IV는 다축체계(multiaxial system)를 갖추고 있는데, 이 다축체계를 활용함으로써 개인 기능의 심리적 · 생물학적 · 사회적 양상이 평가되며, 그 결과가 각 축에 기록된다. DSM-IV에는 5개의 축이 있는데, 이는 〈표 18-2〉와 같다. 각 축은 실천가들이 치료계획을 세우고 결과를 예견하는 데 도움을 준다. 축 1과 축 2는 모든 정신장애가 기록될 수 있다. 축 2에는 특별히 성격장애(personality disorders)와 정신지체(mental retardation)만 기록되는데, 이 두 장애는 보통 증상이 다른 장애에 비해 만성적이고 온화하여 쉽게 간과되기 때문에 따로 빼놓은 것이다. 축 3에는 일반적인 의료장애가 기록되고, 축 4에는 진단이나 치료계획 그리고 예후에 영향을 줄 수 있는 심리사회적 그리고 환경적 문제를 기록하게 된다. 마지막으로 축 5에는 개인의 전반적 기능수준을 평가하는 척도가 제공된다. 이러한 다축체계는 전통적으로 사회사업에서 중요하게 고려해왔던 정보들을 강조하고 있다. 즉, 심리사회적 · 환경적 문제와 적응 기능에 대한 정보를 중요시하고 있어 환경 속의 인간이라는 초점을 유지하고 있다. DSM-I이나 DSM-II에는 정신장애의 간단한 묘사만이 있었다. DSM-IV의 진단기준은 진단의 신뢰도를 매우 향상시켰고, 정신건강 전문가들 간에 효과적인 의사소통을 촉진시켰다. 그러나 높은 신뢰도가 반드시 진단의 높은 타당도를 나타내는 것은 아니라는 점을 인식해야 한다.

표 18-2 DSM-IV의 다축평가

축 1	임상적 장애, 임상적 관심의 초점이 되는 기타 장애
축 2	인격장애, 정신지체
축 3	일반적인 의학적 상태
축 4	심리사회적 · 환경적 문제
축 5	전반적인 기능 평가

DSM-IV에는 또한 관계상의 문제도 포함하고 있는데, 정신장애와 관련 있는 관계상의 문제(relational problems), 부모와 아동의 관계상의 문제, 배우자간의 관계상의 문제, 형제간의 관계상의 문제를 측정하도록 되어있다. DSM-IV의 부록 B에 관계상의 기능척도인 Global Assessment of Relational Functioning Scale이 첨부되어 있다.

DSM은 클라이언트를 낙인찍는다는 비판도 있지만, 정신장애의 정확한 분류를 통해 임상 및 조사 분야에서 많은 진전을 보게 했다. 임상사회복지사들은 DSM-IV에 대해 많이 알고 있을 필요가 있는데, 이 매뉴얼은 정신건강 전문가들 사이에서 매우 보편적으로 활용되고 있기 때문이다. 또한 조사의 기본자료로서뿐만 아니라 치료계획 및 평가에도 많은 공헌을 하고 있기 때문이다.

7. 정신장애에 대한 관점

정신장애의 원인에 대한 네 가지 학파의 견해를 제시하고자 한다. 이 이론들이 상호 배타적이지는 않지만, 각각은 서로 다른 인간의 경험상의 요소를 강조한다. 그렇기에 각 학파에 따라 정신질환을 다루는 방법도 다르다.

1) 생물학적 설명

정신질환이 생물학적 원인 때문이라는 신념은 오랜 역사를 가지고 있다. 고대 그리스에서는 신체질병처럼 정신이상이 질환으로 간주되었다. 1800년대 후반에 과학자들은 매독균과 정신질환과의 관계를 증명한 바 있다. 생물학적 요인에 대한 관심은 프로이트가 성격발달이론을 발전시킴에 따라 다소 위축되었다. 그러나 1950년대 정신치료 약물의 발견과 함께 다시 고양되었다. 더욱이 최근에 학자들은 정신질환의 유전적 · 화학적 원인 가능성을 제시하고 있고, 뇌의 이상과 정신질환과의 관계를 연구하고 있다.

정신분열증의 유전적 요인을 발견하려는 노력의 하나로 과학자들은 정신분열증을 가지고 있는 부모의 아동을 태어나자마자 입양하여 연구하였다. 일반적으로 이 연구들은 정신분열증이 될 성향을 갖게 하는 유전적 요소가 있다는 것을 확인하고 있다. 그러나 유전적 요인만으로 정신질환이 발병한다고 주장하기에는 아직 미흡한 단계에 있다.

2) 심리적 설명

정신질환에 대한 심리적 발달 모델은 정신장애를 개인의 성격발달의 부산물로 본다. 특히 프로이트에 의해 발달한 이 접근방식은 과거의 경험이 현재의 기능에 어떻게 영향을 주는지를 본다. 사회적 원인보다 개인의 성격에 대한 강조는 개인주의 성격이 강한 미국에 적합하기에 프로이트 심리학은 유럽보다는 미국에서 더욱 강력히 옹호되었다.

후기 이론가들은 프로이트의 아이디어를 확장하여 사회적 요인에 대해서도 강조를 하였다. Anna Freud나 Erikson 등에 의해 발달한 자아심리학은 성격발달에 있어서 방어기제의 역할, 성장과정의 심리사회적 양상 그리고 생의 전반에 걸친 생활주기에 초점을 두었다. Erikson은 인간의 성격은 일련의 단계를 거쳐 발달하는데, 각 단계마다 수행되어야 할 과제 또는 해결되어야 할 위기가 있다고 이론화하였다. 예를 들어, 유아는 기본적 신뢰와 불신 사이에서 갈등을 직면하게 된다. 건강한 성장을 위해서 유아는 자신의 주변환경(중요한 인물들)과 친숙하고 편안한 감정 및 신뢰감을 발전시킴으로써 갈등을 해결해야만 한다. 이러한 해결을 통해 유아는 다음 발달단계로 넘어가게 된다. 다양한 발달단계마다 위기의 긍정적 해결을 통해 통합적이고 건강한 성격을 형성하게 된다. 그렇지 않다면 미래에 정서적인 문제를 갖게 된다. 예를 들어, 아동기에 심각한 신체적 · 성적 학대, 부모로부터의 격리를 경험한 아동은 나중에 정신적인 문제를 더욱 경험하게 될 가능성이 커진다고 볼 수 있다.

인지이론은 사고, 신념, 해석에 초점을 둔다. 정서적 반응이나 부적응적 행동은 사고에 의해 중재된다고 가정된다.

3) 사회환경적 설명

정신질환에 대한 행동주의적 접근은 성격의 내적 과정(inner processes of personality)에는 관심을 두지 않는다. 대신 행동에 초점을 두고 정신질환은 보상과 벌에 의한 학습된 반응의 결과라고 본다. 예를 들어 아동의 과도한 행동은 부모의 관심 같은 강화요인에 의해 발생한다고 보고, 그 강화요인을 없애는 것이 문제행동을 제거하는 길이라고 본다. 한편 사회학습이론의 견지는 관찰적 학습을 강조한다. 개인의 인지(cognition)에도 관심을 두고, 관찰된 행동과 수행되는 행동 사이를 중재하는 정신적 과정을 인정한다. 행동은 다른 사람이나 사건을 관찰하여 학습된 것이라고 제시한다.

사회학자들은 정신질환이 다양한 생활 스트레스에 기인한다고 본다. 특히 빈곤, 성차별, 인종차별로 인한 생활 스트레스가 정신질환을 발생시킨다고 본다. 빈곤한 개인이나 소수민족은 스트레스적인 생활상황을 더 많이 맞게 된다.

낙인이론에서는 정신질환이 사람들에 의해 창출된 사회적 개념, 또는 낙인 찍힌 사람들이 수행해야 하는 사회적 역할이라고 본다. 즉, 사회가 사회적 반응과정을 통해 정신적으로 문제가 있는 개인을 창출한다고 본다. 사회적 규범을 설정해 놓고 그에 맞지 않게 행동하는 사람들을 비행적으로 다룸으로써 사회는 그들을 정신적 문제가 있는 사람들이라고 낙인찍는다. 다시 말해, 개인이 어떤 지역사회나 집단의 규범을 어기는 방식으로 행동하게 되면(예: 길거리에서 잠을 잠, 눈을 맞추지 않고 이야기 함, 폭력적으로 화를 표시함 등) 정신적으로 아프다는 낙인이 붙게 되고 그 개인은 그 기대된 역할을 지속하게 된다.

4) 체계/생태학적 견지

체계/생태학적 견지는 정신질환의 원인에 대한 여러 가지 견지를 종합하고 있다. 다양한 방식으로 상호작용하는 다양한 요인들의 결과로 정신보건의 문제가 발생한다는 것이다. 예를 들어, 어떤 정신장애인은 생물학적으로 정신보건 문제를 경험할 성향을 가지고 태어날 수 있고, 어린 시절에 성폭행을 당했을 수도 있고, 부모가 정신장애를 경험했을 수도 있다. 또는 현재에 극도의 스트레스적 생활상황에 놓여 있을 수도 있다. 이 경우 어느 한 요인이 정신질환에 직접적인 원인이 되었다고 말하기가 불가능하다.

체계/생태학적 견지는 정신보건 문제를 다루는 데 있어서 우리들로 하여금 개인의 신체적 특성뿐만 아니라 개인의 과거와 현재의 환경 내에 있는 모든 요인들에 초점을 맞추도록 안내해 준다.

정신질환이론은 한 가지 요인 모델보다는 다양한 원인을 중시하는 모델로 초점이 옮겨지고 있다. 체계/생태학적 모델과 같은 선상에서 제시되는 모델은 스트레스-체질모델(stress-diathesis 또는 stress-vulnerability-coping-competence model)로서 현재 가장 설득력 있는 모델이며 생리심리사회적 견지를 가지고 있는데 다음처럼 묘사된다(Liberman, 1988).

생물학적 특성으로 인해 개인이 정신질환 성향을 갖게 된다. 생활사건이나 변화 같은 스트레스적 조건이나 지속되는 긴장으로 인해 정신장애의 발생을 가져올 수 있다. 그러나 개인적 또는 사회적 자원 같은 중재요인으로 인해 어떤 개인들은 정신장애의 촉진 조건을 성공적으로 극복할 수 있다.

참고문헌

김규수(1994). 의료사회사업론. 형설출판사.

김덕희(1997). 소아당뇨병의 치료. 일신개발.

김동배 · 권중돈(1998). 인간행동이론과 사회복지실천. 학지사.

김만두(1997). 사례관리실천론. 홍익재.

김융일 외(1998). 사회사업실천론. 나남출판.

김정호 · 조용래 · 박상학 · 김학렬 · 김상훈 · 표경식(2002). 한국판 Beck Depression Inventory(BDI)의 요인구조: 임상표본을 대상으로 한 확인적 요인분석의 적용. 한국심리학회지: 임상, 21(1), pp. 247-258.

김진호 · 한태륜(1997). 재활의학. 서울: 군자출판사.

김혜란 감수, 서울대 사회복지실천연구회 역(1998). 사회복지실천기법과 지침. 나남출판.

남궁기 · 이호영 · 이만홍 · 신승철 · 김병후(1989). 한국 일 농촌지역(강화도) 노인 주정중독의 역학적 연구. 신경정신의학 28호.

남세진 · 조흥식(1995). 한국사회복지론. 나남출판사.

대구장애인복지관(1993). 장애예방의 이해. 대구장애인복지관.

문현상 · 장영식 · 김유경 · 전학석(1994). 한국가족보건사업의 현황과 정책과제. 한국보건사회연구원.

민성길 외(2000). 최신정신의학. 일조각(이 부분은 정신과 부분에 해당).

박지영(1998). 알코올중독 노인의 특성에 관한 연구-정신과 입원환자를 중심으로. 이화여자대학교 대학원 사회복지학과 석사학위논문.

박희석 · 손정락 · 오상우(1993). 스트레스, 사회적지지, 역기능적 태도 및 대처 방식의 우울에 대한 효과. 한국심리학회지, 12(2), pp. 179-196.

백경선 · 최경숙(2000). 뇌성마비아동 어머니의 양육경험에 대한 이해. 한국질적연구센터, 1(2), pp. 50-59.

법제처 http://www.moleg.go.kr/

보건복지부(1996). 여성복지시설현황. 보건복지부.

보건사회연구원(1995). 한국인의 보건의식행태-1995년도 국민건강 및 보건의 식행태조사.

삼성서울병원 홈페이지(http://www.samsunghospital.com/care_part/genetics/)

삼성서울병원(1999). 삼성서울병원 공개강좌자료. 삼성서울병원.

신섭중(1996). 사회보장정책론. 대학출판사.

신수식(1992). 사회보장론. 박영사.

오미경(1993). 암환아 어머니를 위한 의료사회사업 서비스 프로그램 개발에 관한 연구. 서울여자대학교 대학원 사회사업학과 석사학위논문.

오승혜(1998). 발달장애아동 어머니들의 심리사회적 적응을 위한 지지집단 프로그램에 관한 연구. 가톨릭대학교 석사학위논문.

이길주(1995). 우리나라 소아암환아의 의료사회사업에 관한 연구. 경희대학교 행정대학원 사회복지학과 석사학위논문.

이승희 · 김나영 · 윤호열(2000). 정신지체아동의 부모가 지각하는 스트레스와 우울 간의 관계. 발달장애학회지, 4(1), pp. 89-99.

이영호(1993). 귀인양식, 생활사건, 사건귀인 및 무망감과 우울의 관계: 공변량 구조모형을 통한 분석. 서울대학교 대학원 박사학위논문.

이영호 · 송종용(1991). BDI, SDS, MMPI-D 척도의 신뢰도 및 타당도에 관한 연구. 한국심리학회지: 임상, 10(1), pp. 98-113.

이윤로(2002). 정신보건사회복지론. 학지사.

이윤로(2005). 사회복지실천기술론. 학지사.

이윤로 · 박종한(1996). 치매의 원인과 치료. 학문사.

이혜경(1998). 노인의 음주, 알코올 상식백과. 대한주류공업협회.

임숙빈(2000). 전반적 발달장애아동을 위한 모-아 애착 증진 프로그램의 효과. 대한간호학회지, 30(5), pp. 1133-1144.

장인협(1991). 사회사업실천방법론. 서울대학교출판부.

장훈(1984). 사회보장법. 대구대학교출판부.

조인수 · 김환규(2000). 정신지체아 부모의 스트레스와 대처방식. 발달장애학회지, 4(1), pp. 73-87.

최윤미(1987). 상담자의 반응의도와 상담회기의 효율성에 관한 분석적 연구. 이화여자대학교 박사학위논문.

최천송(1977). 한국사회보장론. 산경문화사.

충남대병원 홈페이지(http://rehab.chungnam.ac.kr)

한겨레신문. 1998. 4. 6.

한국여성개발원(1984). 미혼모실태에 관한 연구. 한국여성개발원 84 연구보고서.

한인영(1998). 한국사회사업의 쟁점과 과제. 서울여자대학교 사회사업학과.

한인영 · 최현미(2000). 의료사회사업론. 학문사.

한홍무 · 염태호 · 신영우 · 김교헌 · 윤도준 · 정근재(1986). Beck Depression Inventory의 한국판 표준화 연구. 신경정신의학, 25, pp. 487-500.

홍강의(1987). 미국의 사회정신의학. 서울대정신의학, 12(2).

홍영수(1999). 소아암환자 가족을 위한 사례관리 실천모형 연구. 연세대학교 행정대학원 사회복지전공 석사학위논문.

홍창의(1993). 소아과학. 대한교과서.

Adams, W. L., Barry, K. K., & Fleming, M. F. Screening for problem drinking in older primary care patients. *Journal of the American Medical Association, 276*, 1964-1967.

Alford, G. S., Koehler, R. A., & Leonard, J. (1991). Alcoholics Anonymous-Narcotics Anonymous model inpatient of chemically dependent adolescents: A 2-year outcome study. *Journal of Studies on Alcoholism, 52*(2), 118-126.

Atkinson, J. H., & Schuckit, M. A. (1981). Alcoholism and over-the-counter and prescription drug misuse in the elderly. In C. Eisdorfer (Eds.), *Annual review of gerontology & geriatrics, 2*. New York: Springer.

Atkinson, R. M. (1984). Substance use and abuse in late life. In R. M. Atkinson (Eds.), *Alcohol and drug abuse in old age*. Washington, DC: American Psychiatric Press Monograph Series.

Atkinson, R. M., & Kofoed, L. L. (1984). Substance use and abuse in old age,

Substance Abuse, *5*, 12–17.

Baker, R. L. (1995). *The Social Work Dictionary* (3rd ed.). NASW Press.

Baldwin, S., & Carlisle, J. (1994). *Social Support for Disabled Children and Their Families*. London: HMSO.

Beck, A. T. (1967). *Depression: Clinical, Experimental and theoretical aspects.* Harper & Row.

Beckman, P. (1983). "Influence of selected child characteristics on stress in families of handicapped infants". *American Journal on Mental Deficiency, 88,* pp. 150–156.

Blume, S. B. (1983). Early intervention: a clinician's guide to secondary prevention of alcoholism, *Postgrad, Med.*, *74*, 146–155.

Blume, S. B. (1985). Group psychotherapy in the treatment of alcoholism. In S. Zimberg, J, Wallace, & S. B. Blume (Eds.), *Practical approaches to alcoholism psychotherapy*(pp. 7–107). New York: Plenum.

Bosch, L. A. (1996). "Needs of parents of young children with developmental delay: Implication for social work practice". *Families in Society, 77*(8), 477–487.

Bracht, N. F. (1978). *Social Work in Health Care*. New York: Haworth Press.

Bucholz, K. K., Sheline, Y. I., & Helzer, J. E. (1995). The epidemiology of alcohol use, problem, and dependence in elders. In T. Bresford (Eds.), *A review, alcohol and aging*. New York: Oxford University Press.

Compton, B. R. (1994). *Social work processes*. Wadsworth. Inc.

Coogle, L. C., Osgood, N. J., Pyles, M.A., & Wood, H. E. (1995). The impact of alcoholism education on service providers, elders, and their family members. *Journal of Applied Gerontology*, *14*, 321–332.

Cotton, N. A. (1979). The familial incidence of alcoholism. *Journal of Studies on Alcohol*, *40*, 89–116.

Curtis, J. R. et al. (1989). Characteristics, diagnosis, and treatment of alcoholism in elderly patients. *Journal of the American Geriatrics Society*, *37*, 310–316.

Davis, B. (1987). "Disability and grief". *Social Casework, 68*, pp. 352–357.

Desoto, C. B., O'Donell, W. E., Alfred, L. J., & Lopes, C. E. (1985).

Symptomatology in alcoholics at various stages of abstinence. *Alcoholism: Clinical and Experimental Research, 9.*

Dinitto, D. M., & McNeece, C. A. (1997). Social Work. Allyn and Bacon.

Dupree, L. W., Broskowski, H., & Schonfeld, L. (1984). The gerontology alcohol project: A behavioral treatment program for elderly alcohol abusers. *The Gerontologist, 24*, 510-516.

Folkman, S., Bernstein, L., & Lazarus, R. S. (1987). Stress processes and the misuse of drugs in older adults. *Psychology and Aging, 2*, 366-374.

Frey, K., Greenberg, M., & Fewell, R. (1989). "Stress and coping among parents of handicapped children: A multidimensional approach". *American Journal on Mental Retardation, 94,* pp. 240-249.

Friedman, A. S., & Glickman, N. W. (1987). Residential program characteristics for completion of treatment by adolescent drug abusers. *Journal of Nervous and Mental Disease, 175*, 419-424.

Gaitz, C. M., & Baer, D. E. (1971). Characteristics of elderly patients with alcoholism. *Archives of General Psychiatry, 24*, 372-378.

Gambert, S. R., Newton, M., & duthie E. H. (1984). Medical issues in alcoholism. In J. T. Hartford, & T. Samorjski (Eds.), *Alcoholism in the Elderly*. New York: Raven Press.

Glantz, M. (1983). Alcohol use and abuse. In U. S. Department of Health and Human Services: Drugs and the elderly adult. *Research Issue, 32.*

Goodwin, D. W. (1981b). Genetic component of alcoholism. *Annual Review of Medicine, 32*, 93-99.

Goodwin, D. W., Hill. S., Powell, B., & Viamontes, J. (1973). Effects of alcohol on short-term memory in alcoholics. *British Journal of Psychiatry, 122*, 93-94.

Graham, K., Carver, V., & Brett, P. J. (1995). Alcohol and drug use by older women: Results of a national survey. *Canadian Journal on Aging, 14,* 769-791.

Heffernan, J. et al. (1992). *Social Work and Social Welfare*. West Publishing Company.

Hoffman, A. L., & Heinemann, M. E. (1986). Alcohol problems in elderly persons. In N. J. Estes & M. E. Heinemann (Eds.), *Alcoholism*. St. Louis: The C. V. Mosby Company.

Holland, B. E. (1989). *Prediction of alcohol treatment outcome for the elderly alcohol abuser*, South Illinois University at Carbondale(RHD).

Hooyman, N. R., & Kiyak, H. A. (1999). *Social gerontology*. Allyn & Bacon.

Jennison, K. M. (1992). The impact of stressful life events and social support on drinking among older adults: A general population survey. *International Journal of Aging and Human Development, 35*, 99−123.

Kaij, L. (1960). *Alcoholism in twins: Studies on the etiology and sequels of abuse of alcohol*. Stockholm: Almquist & Wiskell.

Karis, J. M., & Karin, E. (1995). Wandrei. *Person−in−Environment In Encyclopedia of Social Work* (19th ed., Vol. 3). edited by Richard Edwards. NASW Press.

Knox, D., & Schacht, C. (1999). *Marriage and Family*. Belmont: Wadsworth Publishing Company.

Liberman, R. P. (1988). Coping with chronic mental disorders: A framework for hope. In R. P. Liberman (Eds.), *Psychiatric rehabilitation of chronic mental patients*. American Psychiatric Press.

Molgaard, C. A., Nakamura, C. M., Stanford, E. P., Peddecord, M., and Morton, D. M. (1990). *Journal of Community Health, 15*, 239−251.

Moos, R. H., Brennan, P. L., fondacaro, M. R., & Moos, B. S. (1990). Approach and avoidance coping responses among older problem and nonproblem drinkers. *Psychology and Aging, 5*, 31−40.

NASW(1995). *Encyclopedia of social work* (19th ed.). NASW Press.

Osgood, N, J., Wood, H. E., & Parham, I. A. (1995). *Alcoholism and Aging*. Westport: Greenwood Press.

Poole, D. L. (1995). Health Care: Direct Practice."In *Encyclopedia of Social Work*. NASW press.

Rathbone−McCuan, E., Schiff, S. M., & Resch, J. E. (1987). The aging alcoholic: A summary of the Michigan Experiment as a model of outreach and intervention. In G. Lesnoff−Caravaglia (Eds.), *Handbook of Applied Gerontology*. New York: Human Sciences Press.

Ryan, C., & Butters, N. (1980). Futher evidence for a continuum of impairment encompassing male alcoholic Korsakoff patients and chronic alcoholic men. Alcoholism: *Clinical and Experimental Research, 4*, 190–198.

Schonfeld et al., (1987). Alcohol abuse and the elderly: *Comparison early & late–life onset.* Presented at the 95th annual convention of the American Psychological Association.

Schuckit, M. A. (1977). Geriatric alcoholism and drug abuse. *Gerontologist, 17*, 168–174.

Seybold, J., Fritz, J., & MacPhee, D. (1991). "Relation of social support to the self–perceptions of mothers with delayed children", *Journal of Community Psychology, 19*, pp. 29–36.

Sharon, L. G. (1998). "Parental coping strategies and strengths in families of young children with disabilities". *Family Relations, 47*(3), pp. 263–268.

Shields, G. et al. (1995). *Social Work in Pediatric Oncology: A Family Needs Assessment. Social Work in Health Care, 21*(1).

Skidmore, R. A. et al. (1991). *Introduction to Social Work.* Prentice–Hall.

Steinglass (1981). The impact of alcoholism on the family, *Journal of Studies on Aocoholism, 42.*

Stiles, W. B., & Snow, J. S. (1984). "Dimensions of psychotherapy session impact across clients", *British Journal of Clinical Psychology, 23*, pp. 59–63.

Szasz, T. S. (1960). The myth of mental illness. *The American Psychologist, 15*, 113–118.

Tardy, C. (1985). "Social support measurement", *American Journal of Community Psychology, 13*(2), pp. 187–202.

Tavormina, J., Boll, T., Dunn, N., Luscomb, R. & Taylor, J. (1981). "Psychosocial effects on parents of raising a physically handicapped child". *Journal of Abnormal Child Psychology, 9*, pp. 121–131.

Wiens, A. N., Menustik, C. E., Miller, S. I., & Schmitz, R. E. (1983). Medical–behavioral treatment of the older alcoholic patient. *American Journal of Drug and Alcohol Abuse, 9*, 461–475.

Williams, M. E. (1984). *Alcohol and the elderly: an overview. Alcohol Health Research World, 8*, 3–9.

Williams, M. E. (1995). *The American geriatrics society's complete guide to aging and health*. New York: Harmony Books.

Wilson, J. (1981). The plight of the elderly alcoholic, *Geriatric Nursing, 2,* 114–118.

Zarit, S. H. (1980). *Aging and Mental Disorders*. New York: Free Press.

Zimberg, S. (1975). The elderly alcoholic. *Gerontologist, 14*, 221–224.

Zuroff, D. C., & Blatt, S. J. (2002). "Vicissitudes of life after the short-term treatment of depression: Roles of stress, social support, and personality". *Journal of Social and Clinical Psychology, 21*(5), pp. 473–496.

찾아보기

저자 소개

■ 이 윤 로

〈학력〉

연세대학교 사회복지학과 졸업(B.A.)

미국 University of Wisconsin-Madison 사회복지학 석사(M.S.S.W.)

미국 University of Texas at Austin 사회복지학 박사(Ph.D.)

〈주요 경력〉

前 제1회, 제2회 사회복지사 국가고시 출제위원
2004년도 청소년상담사 국가고시 출제위원
서울여자대학교 사회복지연구센터 소장

現 서울여자대학교 사회사업학과 교수
한국임상사회사업학회(www.kacsw.or.kr) 회장
한국노인복지학회 편집이사
서울시공동모금회 배분분과위원

〈주요 저서 및 역서〉

『사회복지실천론』(공저, 학지사, 1999)
『정신보건사회복지론』(공저, 학지사, 2002)
『사회사업실천기술론』(공역, 현학사, 2003)
『치매노인과 사회복지 서비스』(학지사, 2003)
『사회복지조사방법의 이해』(공저, 학지사, 2004)
『집단사회사업의 실천과 평가』(공저, 21세기사, 2004)
『사회복지실천기술론』(학지사, 2005)
『사례로 배우는 사회복지실천』(공역, 창지사, 2005)
『사회복지조사론, 핵심 예상문제』(창지사, 2005)

■ 홍 영 수

〈학력〉

연세대학교 사회복지학과 졸업(B.A.)

연세대학교 행정대학원 사회복지학 석사(M.S.W.)

연세대학교 사회복지대학원 사회복지학 박사(Ph.D.)

〈주요 경력〉

前 삼육재활병원, 영동세브란스병원, 삼성서울병원 사회복지사
서울여자대학교 사회사업학과 겸임교수

現 순천향대학교 사회복지학과 전임강사
국임상사회사업학회(www.kacsw.or.kr) 이사

〈논문〉

「청소년의 생활스트레스가 자살생각에 미치는 영향 및 사회적 지원의 완충효과」(2005)
「가출청소년의 자살행동 경험」(2004)
「청소년의 자살행동에 대한 생활스트레스 및 자기존중감의 영향」(2004)
「청소년 자살행동의 유병률 및 위험요인과의 관계」(2004)
「장애아동을 양육하는 어머니의 스트레스와 우울 감소를 위한 프로그램의 효과」(2003)
「발달장애아동 어머니의 우울과 배우자지지」(2003)
「발달장애아동 어머니의 정신건강 개선 프로그램 개발과 효과성 평가」(2003)
「미혼모의 문제와 의료사회사업적 지원」(1998)
「근육병환자에 대한 사회사업적 개입: 병원세팅을 중심으로 한 사례관리」(1997)

〈개정판〉

의료사회사업론

2001년 8월 15일 1판 1쇄 발행
2005년 3월 20일 1판 5쇄 발행
2005년 4월 15일 2판 1쇄 발행
2014년 4월 10일 2판 10쇄 발행

지은이 • 이윤로 ·홍영수

펴낸이 • 김 진 환

펴낸곳 • (주) 학지사

121-838 서울특별시 마포구 양화로 15길 20 마인드월드빌딩 5층

대표전화 • 02) 330-5114 팩스 • 02) 324-2345

등록번호 • 제313-2006-000265호

홈페이지 • http://www.hakjisa.co.kr
커뮤니티 • http://cafe.naver.com/hakjisa

ISBN 978-89-5891-093-0 93330

정가 **14,000**원